交通类高等院校素质教育教材

Introduction to Traffic Safety

交通安全概论

《交通类高等院校素质教育教材》编审委员会组织编写

主　编　雷正保［长沙理工大学］

副主编　乔维高［武汉理工大学］
　　　　姜华平［山东交通学院］

主　审　王建军［长安大学］

人民交通出版社

内 容 提 要

本书为交通类高等院校素质教育教材。全书共分七章，主要内容包括：交通安全导论、驾驶员与交通安全、汽车与交通安全、道路与交通安全、环境与交通安全、交通安全管理、交通事故调查与处理。

本书可作为汽车服务工程、车辆工程、交通工程、交通运输、交通管理专业高年级本科生的专业教材，也是为从事汽车运用、汽车设计类工程技术人员拓展知识面、更新知识层次准备的重要读物，对交通安全领域的研究生及专家学者，对从事公路与城市道路科研、规划、设计、施工、管理，从事交通运输规划与管理、道路交通安全管理等专业的技术、管理人员均具有参考价值。

图书在版编目（CIP）数据

交通安全概论 / 雷正保主编 .—北京：人民交通出版社，2010.1

ISBN 978-7-114-08044-9

Ⅰ.交… Ⅱ.雷… Ⅲ.公路运输－交通运输安全－高等学校－教材 Ⅳ.U491.4

中国版本图书馆 CIP 数据核字（2010）第 005041 号

交通类高等院校素质教育教材

书　　名：交通安全概述
著 作 者：雷正保
责任编辑：富砚博
出版发行：人民交通出版社
地　　址：(100011)北京市朝阳区安定门外外馆斜街 3 号
网　　址：http://www.ccpress.com.cn
销售电话：(010)59757973
总 经 销：人民交通出版社发行部
经　　销：各地新华书店
印　　刷：北京盈盛恒通印刷有限公司
开　　本：787 x 1092　1/16
印　　张：14
字　　数：330 千
版　　次：2010 年 1 月　第 1 版
印　　次：2017 年 7 月　第 3 次印刷
书　　号：ISBN 978－7－114－08044－9
印　　数：4001 ~ 5000 册
定　　价：35.00 元

《交通类高等院校素质教育教材》
编审委员会名单

序

2000年前后,我国高等教育管理体制进行了重大改革,部门办学体制基本结束,形成由中央和省级政府两级办学、以地方管理为主的新体制。在此背景下,原交通部属高校除大连海事大学外,其他或合并进入教育部,或划归地方管理,与交通部共建。由于交通运输部不再直接管理高校,如何在新的高等教育管理体制下加强交通类专业建设,培养适应现代交通运输业发展要求的高素质交通建设人才,面临许多新的问题。高质量的教材是培养高质量人才的基本保证,为适应培养高素质交通建设人才的急切需求,编辑出版普通高等学校交通类专业通用的具有鲜明交通行业特色的系列素质教育教材,被提上议事日程。

中国交通教育研究会高教分会和人民交通出版社就教材出版进行了充分的酝酿与协商,2007年中国交通教育研究会高教分会学术年会暨换届选举大会在重庆市召开期间,中国交通教育研究会高教分会常务理事会研究并决定组织编写交通类专业素质教育系列教材,本系列教材将反映交通行业需求、体现交通教育特色、与交通专业课程有序衔接。为了把本系列教材组织好、编写好、出版好、使用好,还专门成立了教材编审委会,充分依靠各学科专家发挥的咨询、评审、决策等作用,对教材编写与使用的全过程进行组织、把关和监督,最后确定了统筹安排、分期出版、成熟一本推出一本的原则。2008年西安学术年会期间,进一步确定了教材的书目和大纲,以及主编、副主编、主审单位。

本系列教材由一批长期从事交通高等教育、具有丰富的教学和科研造诣的教授和专家编写而成,第一批共5本,包括:《交通安全概论》、《水上交通安全导论》、《物流概论》、《船舶概论》和《交通文化概论》。主要适用于作为普通高等学校、高职高专院校的交通类相关专业素质教育教材,同时适用于交通行业从业人员在职培训教育。

《交通类专业系列素质教材》编审委员会主任:
中国交通教育研究会高教分会理事长: 严新平
武汉理工大学副校长、博士生导师、教授:

2009年12月1日

前　言

国民经济的持续稳定增长,会使公路交通运输事业的重要性更加凸显。美国人在其州际公路系统运行40周年时,对公路交通运输事业有这样的评价:“州际公路系统是推动美国40年空前繁荣并在21世纪保持杰出大国地位的发动机,是国家曾经作出的最佳投资”。这个评价也可以说是对公路交通运输事业的最佳诠释。

正因为如此,我国早已把公路交通运输事业作为整个国民经济发展的重中之重,一方面,在公路基础条件建设与车辆制造能力上,我国只用了10余年的时间就走过了西方发达国家几十年的发展历程,成绩斐然;另一方面,汽车保有量的增速呈现出远大于公路里程增速的强劲发展势头,人—车—路—环境系统的矛盾依然严峻。我国汽车保有量仅占全球汽车保有量的6.19%,而每年死于交通事故的人数却占全球该人数的15%~20%;交通事故已连续10余年居世界第一位,单车事故率相当于美国的13倍、日本的40倍。在各类事故中,道路交通事故约占各类事故总起数和死亡人数的71%、76%,位居事故多发行业首位。

显然,不解决好人—车—路—环境系统的矛盾,就会引发社会问题,并影响公路交通运输事业、汽车工业乃至国民经济的可持续发展。

本书是为了适应公路交通事业发展对交通安全专业人才的需求,由《交通类高等院校素质教育教材》编审委员会组织编写的。本书的编写主要以作者的研究成果为基础,同时,借鉴、吸收了国内外相关资料之精华。选材时遵循“全面系统、重点突出”的原则,涵盖了基础理论、应用技术、CAE分析三个层面;系统地介绍了交通安全的基本内容、交通事故的处理方法、实现交通安全的关键技术;将人、车、路、道路交通环境、道路交通管理作为一个有机的整体,阐明了它与交通安全的内在联系与相互作用机理。除基础理论与方法的论述外,本书突出了CAE技术在交通安全领域的应用,且紧紧围绕典型工程技术问题进行论述,并从最新科研成果中提取了一系列重要结论,强化了最新科研成果在教材中的体现,注重理论与实践的结合。

本书由长沙理工大学雷正保教授担任主编并负责全书的统稿工作,由武汉理工大学乔维高教授、山东交通学院姜华平教授担任副主编。

本书由雷正保、乔维高、姜华平、路平、尹靓、龙科军、王学明、何宏宇合作共同编写。具体的编写分工为:导论由雷正保编写;第一章由路平编写;第二章由乔维高编写;第三章由尹靓编写;第四章由龙科军编写;第五章由王学明编写;第六章由何宏宇编写。其中第五、第六章的统稿工作由姜华平教授完成。全书由长安大学王建军教授担任主审。

在写作过程中,《交通类高等院校素质教育教材》编审委员会积极组织专家对大纲和书稿进行评审,同时得到了许多业界同仁的关心和指点,在此向他们致以诚挚的谢意。

本书编者参考了大量的国内外文献资料,在此向文献资料原著者表示感谢。限于编者水平,书中错误和不妥之处在所难免,恳请读者批评指正。

作　者

2009年5月

目　录

导　论

一、交通安全在国民经济中的地位和作用

随着我国国民经济的持续稳定增长,公路交通运输正发挥着越来越重要的作用。据统计,20 世纪 50 年代初,铁路货运量占货运总量的 60%,享有“铁老大”美誉,但到 70 年代却降到 36.1%,而同期,公路货运比重从 20% 上升到 40%,居各类运输手段首位,公路客运量于 1996 年超过铁路稳居第一位。

公路交通运输事业呈现出来前所未有的勃勃生机,把我国的公路建设推向了辉煌的发展时期。2008 年全国交通工作会议上发布的数据显示,截至 2007 年底,我国的公路总里程已达 357.3 万 km,与新中国成立初期的 8 万 km 相比,增长了近 44 倍。其中,高速公路里程达 5.36 万 km 并稳居世界第二位,我国只用 10 余年的时间就走过了西方发达国家几十年的发展历程,成绩斐然。同期,我国的汽车年产量已于 2007 年突破 888 万辆,年销量 879 万辆,位居世界第三位,我国汽车保有量已从新中国成立初期的 5.1 万辆增长到 2008 年 6 月底的 6122.18 万辆,增长了约 1199 倍,其年均增长速度是公路里程年均增长速度的 17 倍多!

结果是,与西方发达国家经过的历程一样,伴随着经济的持续稳定增长,在道路运输条件不断得到改善的同时,汽车保有量的增速呈现出远大于公路里程增速的强劲发展势头,人—车—路—环境系统的矛盾将进一步凸显,交通安全状况日益严峻!不解决好这个问题,就会引发社会问题,并影响公路交通行业、汽车工业乃至国民经济的可持续发展。

二、交通事故的严重性

交通安全是一个永恒的话题。据测算,自 1886 年汽车问世以来的 120 多年内,全球已有 3300 多万人死于车祸、1 亿多人伤残。目前,在每年的车祸中有 120 多万人死亡、1200 多万人伤残,全球 50% 的交通事故受害者年龄在 15 ~ 24 岁,每年交通事故造成的经济损失达 5180 亿多美元,相当于每年发生两次日本广岛核爆炸,道路交通伤害被公认为人类第十大死亡原因。

我国 1901 年有人将两辆美国产汽车运抵上海,自此以后,汽车给国人带来了方便同时也带来了灾害。据统计,从 1970 ~ 1985 年的 15 年中,车祸导致 132 万人受伤、27 万人死亡。1985 年后,随着汽车拥有量的剧增,车祸致死人数也剧增:1985 年为 4 万人;1987 年为 5 万人;1992 年为 6 万人;1995 年为 7 万人;1999 年为 8 万人;2000 年为 9.4 万人;2001 年为 10.6 万人;2002 年为 10.9 万人(历史最高峰);2003 年为 10.4 万人。

2004 年初,交通部决定在全国组织实施以“消除隐患、珍视生命”为主题的公路安全保障工程。用 3 年时间基本完成了全国国省干线公路上的急弯、陡坡、视距不良、路侧险要等路段的综合整治工作。经过这次综合整治,我国的交通事故上升势头得到了一定的遏制,车祸致死人数呈逐年下降趋势:2004 年为 10.7 万人;2005 年为 9.9 万人;2006 年为 8.9 万

人,到2007年底,全国共发生道路交通事故327209起,造成81649人死亡、380442人受伤,直接财产损失12亿元。与2006年相比,事故起数减少51572起,下降13.6%;死亡人数减少7806人,下降8.7%;受伤人数减少50697人,下降11.8%;直接财产损失减少3.0亿元,下降19.5%。

据统计,2007年全球汽车保有量约9.2亿辆,中国汽车保有量为56967765辆,仅占全球汽车保有量的6.19%,而每年死于交通事故的人数却占全球该人数的15%~20%,成为交通事故多发国家。交通事故已连续十几年居世界第一位,单车事故率相当于美国的13倍、日本的40倍。

我国道路交通事故的死亡人数比其他各种运输方式的死亡人数都多,超过了各种生产事故的非正常死亡人数的总和,近10年平均每年发生各类事故70多万起、死亡12万多人、伤残70多万人。在各类事故中,道路交通事故平均每年发生50多万起,死亡9万多人,约占各类事故总起数和死亡人数的71%、76%,而工矿商贸企业事故平均每年发生1.6万多起、死亡1.6万多人,约占各类事故死亡人数的13%,这种状况目前并未得到明显改善。

道路交通事故已毫无悬念地成为人类安全的第一杀手!我国的道路交通事故造成的损失远大于世界发达国家,道路交通事故致死率也远大于发达国家。从相对指标来看,我国道路交通事故增长率和万车死亡率都在下降,但交通安全形势依然十分严峻。因此,研究我国道路交通事故的特点、分析其成因,具有非常重要的意义。

三、交通事故的基本概念

1. 交通事故的定义

《中华人民共和国道路交通安全法》第119条明确规定了道路、车辆、机动车、非机动车、交通事故等用语的含义,即:

"道路"是指公路、城市道路和虽在单位管辖范围但允许社会机动车通行的地方,包括广场、公共停车场等用于公众通行的场所。

"车辆"是指机动车和非机动车。

"机动车"是指以动力装置驱动或者牵引,上道路行驶的供人员乘用或者用于运送物品以及进行工程专项作业的轮式车辆。

"非机动车"是指以人力或者畜力驱动,上道路行驶的交通工具,以及虽有动力装置驱动但设计最高时速、空车质量、外形尺寸符合有关国家标准的残疾人机动轮椅车、电动自行车等交通工具。

"交通事故",是指车辆在道路上因过错或者意外造成的人身伤亡或者财产损失的事件。

2. 交通事故构成要素

(1)道路要素:交通事故只有发生在道路上。

(2)违章要素:交通事故是由违章行为引起的。

(3)损害后果要素:交通事故必须有损害后果。

(4)过失要素:交通事故的责任人的主观心理状态应是过失的。

3. 交通事故分类

(1)按情节轻重和伤亡损失的大小分为4类,如表0-1所示。

交通事故按情节轻重和伤亡损失大小分类表　　表 0-1

事故类型	人员伤害	财产损失
轻微事故	轻伤 1 ~ 2 人	机动车事故 <1 万元,非机动车事故 <200 元
一般事故	重伤 1 ~ 2 人,或轻伤 3 人以上	<3 万元
重大事故	死亡 1 ~ 2 人,或重伤 3 ~ 10 人	3 万 ~ 6 万元
特大事故	死亡 3 人以上,或者重伤 11 人以上; 或者死亡 1 人,同时重伤 8 人以上; 或者死亡 2 人,同时重伤 5 人以上	7 万元以上

(2)按第一当事人的内在原因可分为三类,如表 0-2 所示。

交通事故按第一当事人的内在原因分类表　　表 0-2

观察错误	①心理原因导致对外界环境的客观信息没有正确的观察; ②生理原因如疲劳、疾病等导致对道路交通环境、交通规制状况以及其他交通动向的观察失误; ③道路条件不好、交通标志和路面交通标示不清楚以及由于交叉路口冲突区域太大等引起的观察错误; 观察错误约占全部事故的 60%
判断错误	①对对方车辆的行动判断有误; ②对道路的形状和线形判断有误; ③对对方车辆的速度、本车与对方车辆的距离判断有误; ④对本车的性能和速度、车身安全空间的大小等判断有误
操作错误	①技术不熟练、对车辆和道路不熟悉,遇紧急情况时不能应付自如; ②车辆制动系统和转向系统不灵

(3)按交通事故的对象分类,如表 0-3 所示。

交通事故按事故对象分类表　　表 0-3

汽车—汽车事故	包括正面碰撞、追尾碰撞、侧面碰撞、超车时的刮擦; 发达国家约 70%,我国约 20% 的事故为汽车—汽车事故
汽车—行人事故	①机动车冲上人行道; ②人行横道内的交通事故; ③行人乱穿马路的交通事故; 我国 25%、工业化国家 10% ~ 20% 的事故为汽车—行人事故
汽车—自行车	我国 30% 以上、有的城市高达 50% 的事故是汽车—自行车事故
汽车单车事故	①汽车下坡、转弯或掉头时所发生的翻车事故; ②在桥上因大雾或机械失灵而产生的坠入江河事故等; 这类事故数量较少,但多为恶性事故
汽车—障碍物	汽车撞击固定物的碰撞事故,如汽车撞击电线杆、桥墩、房屋等
汽车—火车	铁路道口事故

(4)按违反交通法规的对象分类,如表0-4所示。

交通事故按违反交通法规的对象分类表 表0-4

驾驶员事故	机动车驾驶员违规而发生的事故,包括违反安全驾驶规程、违反规定速度行驶、强行超车、逆行、通过交叉路口不减速、左右转弯及掉头不适当、违反临时停车、违反优先通行规则、闯红灯过路口、与前车不保持安全距离、转载不当、酒后开车、机械失灵、过度疲劳等,国外高达95%,我国为60%
骑车人事故	骑自行车人违规在快道上骑车、逆行、骑快车等
行人事故	行人违规而发生的事故,如穿马路、在高速公路上行走等

(5)按交通事故发生的区域和地点分类。

按交通事故发生的区域可分为市区交通事故、公路交通事故和乡村交通事故等。按交通事故发生的地点可分为平直路段事故、交叉口事故、弯道事故、坡道事故等。

4. 交通事故统计指标

(1)绝对指标:交通事故发生次数、死亡人数、受伤人数、直接经济损失。

(2)相对指标:一般用交通事故率来表示,包括人口、车辆、运行事故率三类,如表0-5所示。

表0-5

人口事故率	表示在所研究区域内,每10万人口因交通事故而死的人数
车辆事故率	表示在所研究的区域内,用该区域的机动车拥有量来平均的交通事故次数、伤、亡数字,一般指每一万辆车的交通事故死亡(伤人)率
运行事故率	表示在所研究的区域内,用该区域内交通事故次数、伤、亡数字和所有运行车辆与其运行距离的乘积之比

5. 交通事故统计有关规定

交通事故统计的有关规定如表0-6所示。

交通事故统计有关规定表 表0-6

死亡	以事故发生后7天内死亡为限
重伤	按《人体重伤鉴定标准》执行
轻伤	按《人体轻伤鉴定标准》执行
财产损失	指事故造成的车辆、财产直接损失折款,不包括现场抢救(险)、人身伤亡善后处理的费用,也不含停工、停产、停业等所造成的间接损失
不列入统计的情况	①轻微事故; ②不通行社会车辆的专用道路上发生的事故(厂矿、油田、农场、林场自建的专用道路,农村机耕道,机关、学校、单位大院,车站、机场、港口、货场内以及住宅区楼群之间的道路); ③在道路上举行军事演习、体育竞赛、施工作业路段中发生的事故; ④军车、武装警察车辆发生未涉及地方车辆或人员的事故; ⑤铁路道口及渡口发生的事故; ⑥蓄意驾车行凶、自杀、酗酒者、精神病患者自己碰撞车辆发生的事故等; ⑦车辆尚未开动发生的事故(人员挤、摔伤亡事故); ⑧由于自然灾害所发生的事故(地震、台风、山洪、雷击)
统计口径	①由交通警察部门或交通运输部门统计,有严格的时间限制,一般国际标准为30天,大约80%的国家采用此标准,中国内地和意大利为7天,法国为6天,希腊和奥地利为3天,西班牙、日本和中国台湾为1天; ②由卫生部门统计,统计时间为一年。原则上卫生部门统计的交通事故死亡数字要比警察部门或运输部门的统计数字高30%左右

6. 影响交通事故的基本因素

影响交通事故的基本因素如表 0-7 所示。

影响交通事故的基本因素表

表 0-7

人	机动车驾驶员（80% ~90%）、非机动车驾驶员、行人
车	车辆结构与性能、状态（发达国家 0.5% 以下、日本 0.1、我国 5%）
路	道路条件（几何参数、路面附着系数、道路安全设施、绿化、隔离带等）
环境	交通流状态、恶劣气候（雨、雾、冰、雪）、夜间行车、山区道路、道路景观
管理	机动车管理、驾驶人管理、车辆运行管理、运输企业管理

7. 交通事故的宏观安全对策

为了保障道路交通安全，从宏观上来看，可以从工程措施、执法管理和安全教育三方面采取措施。

1）工程措施

（1）改进汽车设计，研制新的安全结构；

（2）采用耐撞击的车身结构、安全玻璃、安全带、气囊、靠枕、防滑轮胎、灵敏可靠的制动器、变光灯、安全油箱等；

（3）改善道路设计，在城市道路两侧设人行道；尽量避免形成多于四路相交的复杂交叉口；对长大下坡路段设置避险车道等；

（4）必要时封闭与干线街道相交的某些横向街道，修建环岛或立交道口等；

（5）修建安全设施，如设人行横道、修建人行过街天桥或人行过街地道、安装信号灯和安全监测设备，设立护栏、设置交通安全标志，研发新型护栏等。

2）执法管理

（1）制定和严格执行交通法规；

（2）制定驾驶员甄选标准，对驾驶员实行考核，颁发驾驶执照，加强对驾驶员的管理；

（3）拟定车辆检验标准，办理车辆牌照，严格车辆管理；控制车辆进入道路的数量；

（4）限制车速，将无法达到某种车速的车辆分离出去，也不允许车速超标；

（5）按车流分布规律组织交通；纠正违法，维护正常交通秩序。

3）安全教育

安全教育主要采用学校教育和社会教育两种形式。学校教育是对在校学生进行交通法规、交通安全和交通知识教育，社会教育是通过报刊、广播、电视、广告等方式，广泛宣传交通安全的意义和交通法规，同时对驾驶员定期进行专业技术知识、守法思想、职业道德、交通安全等方面的教育。

四、交通事故的基本特点

我国政府一直十分重视交通安全工作，制定了“安全第一、预防为主”的交通管理方针，逐步建立、健全了交通管理体系；制定了一批交通管理法规；加强了交通警察队伍建设；强化了交通管理；提升了科研与设施装备水平，加大了交通安全宣传力度。特别是 1986 年国务院决定将全国道路交通管理统一交由公安机关负责以来，交通警察在维护交通秩序，缓解阻塞，管理车辆和驾驶员，依法处理违章和肇事者的工作逐步深入和规范化，特别是交通部在全国组织实施以"消除隐患、珍视生命"为主题的公路安全保障工程以来，交通事故的上升势头得到了有效遏制。但总体来说，我国道路交通事故已居世界首位十几年且目前仍稳居世界首位，交通安全之路任重而道远，分析发现，我国道路交通事故呈现如下特征：

1. 交通违法事故多

交通违法是引发交通事故最主要的原因。

2001 年的统计数据显示：交通违法导致了 89% 的交通事故，而其中机动车驾驶员比重最大，由于机动车驾驶员违章行车导致了 8.2 万人死亡，占死亡人数总数的 77%，也就是说 3/4 的死亡是由于机动车驾驶员违章行车造成的。在机动车驾驶员的违章行为中，违章超车、超速行车、不按规定行车、措施不当和疏忽大意等原因导致了 4.4 万人死亡，占总数的 41%。

据 2002 年的统计数据显示：由于机动车驾驶员违章行车导致了 8.595 万人死亡，占死亡人数总数的 78.56%。因疏忽大意、超速行驶、措施不当、违规超车、不按规定让行、违规占道行驶、酒后驾车造成 56128 人死亡，占交通事故死亡总数的 51.3%，占机动车驾驶员原因造成死亡总数的 65.3%。

2007 年的统计数据显示：超速行驶仍是机动车肇事的主要原因，超速行驶导致 4904 人死亡，占总死亡人数的 13.3%，仍然是导致事故死亡人数最多的违法行为；未按规定让行、无证驾驶、违法占道行驶、逆行分别导致 4348 人、2227 人、1789 人、1744 人死亡，共占总死亡人数的 27.5%。

而群众交通法规观念淡薄，违章严重则是普遍存在的社会现象。不论城市街道还是乡镇公路上，许多交通参与者没有养成遵守交通法规的习惯，任意违章行车和走路，给交通安全带来重大隐患。仅北京市每年就纠正严重违章 1000 万余起。有些城市繁华路口行人遵守交通指挥信号的仅占通行人数的百分之十几。

农村人口、进城农民工以及城市个体劳动者是交通事故伤亡的主要人员。改革开放以来，由于我国经济持续稳定发展，城市范围不断扩大，道路不断延伸，农村人口、进城务工农民以及个体劳动者出行大幅度增长，交通参与活动日趋频繁，但同时由于这部分人口受教育程度相对较低，交通安全意识薄弱，容易发生交通事故并造成伤亡。2003 年农林牧渔业等农村人口、农民工和城市个体劳动者交通违法引发交通事故分别造成 11914 人、12603 人和 16447 人死亡，45189 人、48778 人和 97264 人受伤。此三类人员共死亡 40964 人、受伤 191231 人，分别占因交通违法引发交通事故造成的死伤总人数的 39.2% 和 38.7%。

2. 混合交通事故多

混合交通条件下发生的交通事故占总数的 5.9%，同时还是主要的死亡原因（占67.2%）；当混合交通且缺少交通控制时，造成的交通事故占总数的 50.8%，死亡人数占 62.4%。

2008 年 6 月，全国机动车保有量为 16571.33 万辆，其中汽车 6122.18 万辆，占 36.94%，而农用运输车、拖拉机、挂车等则占 63.06%，因此，车辆整体性能较差，由这些车辆构成的混合交通流将对交通安全造成致命的威胁。

对各种交通方式责任事故的分析可知，驾驶摩托车、拖拉机、农用运输车等肇事比率占总数的 21.15%，事故死亡率占总数的 27.79%。

3. 公路交通事故多，碰撞事故是主要的事故形态

公路交通的事故死亡率远高于城市道路交通事故死亡率，且大多发生在一级至三级公路

上，高速公路相对较安全；正面相撞、侧面相撞的事故次数、死伤人数都很高。

2003年的统计数据显示：公路与城市道路事故起数比为1.4:1，而公路交通事故死亡人数是城市道路死亡人数的3倍，公路上平均每5起事故死亡1人，城市道路上平均每12起事故死亡1人。2007年的统计数据显示：公路交通事故导致27556人死亡，占总死亡人数的74.6%。其中，国、省道公路导致25783人死亡，占公路交通事故总死亡人数的69.8%。

客运车辆事故则是群死群伤特大事故的主体，约占特大事故总数的70%，且尤以大型客车事故居多。

在公路交通事故中，包括：正面碰撞、侧面碰撞、追尾碰撞、对向刮擦、同向刮擦、碾压、翻车、坠车、失火、撞固定物、其他共11种事故形态。根据1995～2001年公安部统计，碰撞事故占事故总数的比例达57%以上，由此造成的人员伤亡占伤亡人员总数的70%～90%；2007年的统计数据显示：碰撞事故导致27667人死亡，占总死亡人数的74.9%。其中，正面相撞和侧面相撞分别造成10638人和9604人死亡，分别占总死亡人数的28.8%和26%，碰撞事故成为现代道路交通事故的主要形态。

4. 经济快速发展，交通流量激增，事故越多

从20世纪70年代末开始，我国实行改革开放，经济发展一直保持强劲的发展势头，运输任务持续快速增长，同期，汽车保有量与公路总里程都得到飞速发展，但汽车保有量的增长速度远高于公路里程的增长速度，其年均增长速度是公路里程年均增长速度的17倍多，且随着汽车设计制造水平的不断提升，汽车的行驶速度、加速性能等均得到进一步提高，致使当前车—路系统的矛盾比历史上任何时期都更加凸显。其结果是：经济发达地区较不发达地区交通事故多，死亡人数多；沿海地区较内陆地区交通事故多，死亡人数多。根据2002年道路交通事故统计得知，广东、浙江、山东、江苏与四川五省道路交通事故数量位于全国前五位，合计297701起，占全国的38.5%。交通事故死亡人数位于前五位的广东、山东、江苏、浙江与河南，合计41409人，占全国的37.9%，除四川、河南外，其他省份均属于我国沿海及经济发达省份。

其实，越是经济快速发展期间，交通流量增长就越快，交通事故也就越多的事实早就为发达国家所证实。根据以往各国的经验，凡国民经济（GNP）年发展速度超过4%时，交通事故总是呈上升趋势，即经济快速发展时期，道路、车辆、交通量持续快速上升，道路交通事故也将快速上升。美国及西方发达国家20世纪六、七十年代汽车工业快速发展，汽车普及率及汽车行驶速度大幅提高；公路，特别是高速公路大规模兴建，导致交通事故数以每年5%～12%的速度递增，死亡人数以5%的速度增加，到70年代初期达到了历史最高峰。我国国民经济的发展速度远远超过4%这一水平，因此交通事故的增加从某种角度上说是必然的，大量的交通事故并不能完全归因于交通管理不力，更不能简单对待。

可见，在我国具体的交通工程实践中，普遍存在的那种单纯地为提高道路等级，简单地将道路路面硬化的做法，难以从根本上解决车—路系统的矛盾，其结果只能是使驾驶员产生错觉，甚至由此引发更多的交通事故。

5. 交通事故的死亡率非常高

我国交通事故的致死率是世界最高的，为27.3%，而美国为1.3%，日本只有0.9%。拿两个规模相当的城市比较，北京的交通事故致死率为14%，东京则为0.7%。

在发达国家的交通死亡事故中，机动车驾驶员与交通弱者（行人、乘客、骑自行车人）的死

亡比是3:1,而我国则恰恰相反,这一比例为1:3,就是说有75%以上死亡人数为交通弱者。国内道路大多是行人、自行车、摩托车和汽车混行,交通事故比例也就非常高。在欧洲,有12%的交通事故死亡者为行人,在美国为11%,我国则超过50%。

2000年中国发生交通事故61.7万起,美国发生交通事故639.4万起,美国是中国的10.36倍;2000年中国交通事故死亡9.39万人,美国死亡4.18万人,中国是美国的2.25倍;2000年中国交通事故受伤41.29万人,美国为318.9万人。交通事故中受伤人数与死亡人数之比,中国为4.4:1,美国为76:1。

交通事故的死亡率非常高,其原因包括群死群伤的重特大交通事故多、发生交通事故后报警慢、到达现场慢、急救不及时。同时,也进一步说明目前中国的公路客运的运营管理,特别是对驾驶员和车辆的安全管理体系存在重大问题,交通事故的紧急救援体系存在严重问题。

五、交通事故的预防对策

统计结果显示,在引发道路交通事故的主要原因中,机动车驾驶员因素占78.6%、车辆机械故障占3.8%、道路因素占0.17%、其他因素占17.43%。但是,一切交通活动都是发生在人—车—路—环境这一系统中。对统计数据慎重的分析结果显示,国内外将大量交通事故发生的因素简单归结于人的因素是欠科学的,这种欠科学的分析出自两个原因:交通管理部门对责任认定的需要;割裂了交通活动发生的系统性和交通事故产生的系统条件。如果这种观念不得到改变,则会导致对车辆安全性研究、道路规划与设计等研究的偏废,同时对于交通安全的影响也将持续或者更加严峻。

诚然,交通事故的发生,与驾驶员密切相关,本质上是与人类自身的进化程度密切相关。人类的大多数感觉器官天生习惯于感受和处理以5～15km/h的速度步行和小跑所获得的细节和印象,如果运动速度增加,观察细节和处理有意义的信息的可能性就大大降低。汽车的行驶速度已经远远超过了人类步行和小跑的速度,此时,一旦遭遇紧急情况,人类的本能将无法满足汽车行驶速度的要求,交通事故将难以避免。

其实,即使是驾驶员的违规行为,也是人类的自然天性使然,无拘无束地干自己想干的事永远是人类的最高追求,裴多菲的著名诗篇"生命诚可贵,爱情价更高,若为自由故,二者皆可抛"就是对这种最高追求的最佳表述。面对人类共同的最高追求与眼前血淋淋的交通事故,人们唯一可以做的就是不断提高汽车的智能化水平与道路的安全水平,通过开发先进的驾驶辅助系统、增强汽车对外界环境的感知能力、增加汽车的抗撞击能力、提高道路的设计水平、促进人—车—路—环境系统的和谐程度,实现对人类器官功能的大幅度延伸,最终将交通事故消灭在无形之中,既充分体现以人为本的理念,尊重人类追逐自由的伟大天性,又避免发生因人类本能的局限而带给自己的毁灭性事故。

根据当前的实际情况,下列途径将有助于减少交通事故或减轻交通事故的后果。

1.人的因素

1)驾驶员的交通安全法规意识薄弱

(1)提高驾驶员素质和安全法律意识,使其做到不违章开车、无证不开车、酒后不开车。社会的进步和人民生活水平的普遍提高,使汽车进入家庭成为现实,但却带来了另一个问题:大量非专业驾驶员进入机动车驾驶员队伍。以前,机动车驾驶员作为一种劳动手段与一种专

业行业时,培养其驾驶能力要花大量的时间和教育投入。而今天,许多人仅将机动车驾驶能力作为"捎带",且在驾驶技能需求不断扩大的基础上,一些驾驶培训学校应运而生,教学质量良莠不齐。这就必须对机动车驾驶员队伍的界定重新分类:分为专业机动车驾驶员和非专业机动车驾驶员两大类。

但在遵守法律法规的要求上,对所有的机动车驾驶员都是一样的。即自觉遵守道路交通法律法规、业务水平达到相应的熟练程度和具有与其行为相符的道德水准。增强法制观念和能自觉遵守道路交通法律法规是机动车驾驶员的首要条件,无论其为专业或非专业;具备熟练的驾驶技能是使车辆安全行驶的基本保障,对专业驾驶员而言,应在维修技能方面比非专业驾驶员高一筹;机动车驾驶员还应具备良好的心理素质和道德水平,才能应对路况不佳时的意外难题,减少事故的发生,维护安全行驶的交通环境。

对客车驾驶员应有重点、有针对性地进行安全教育,重点取缔客运车辆严重的交通违法行为,严管严防,对违法驾驶人进行再教育,资格再审查。建立高速公路、应急避险模拟驾驶、特殊气候条件下模拟驾驶的教育培训制度,建立应急避险能力的考试制度。

(2)提高交通管理机制,严密监督车主行为,加强对违章车辆的打击强度。在实践中,我们经常看到的是,违章肇事者造成的损失要远大于行政执法机关对违章者的处罚力度。这就给人一种错觉:违章无所谓,甚至一些常违章者还"习惯了"。如果不加强依法行政的力度及处罚力度,不仅对违章者达不到教育、教训和强制其承担法律义务的目的,而且是对社会治安的不负责任和对法律威信的不尊重。

(3)开发驾驶员违章报警系统。研制在车内安装自动监测驾驶员血液酒精含量的报警系统,若超标就出现信息提示,无法发动车辆的安全系统。研制对驾驶员驾前状态测试的软件系统,在发动车辆之前,测试驾驶员手脚反应灵活度、头脑清醒度。该软件系统也可建立在虚拟现实基础上,模拟2~5min开车场景,若不合格,则同样无法发动车辆。研制反馈不同路况信息的智能系统,在行驶过程中实时调整行驶最大速度,超出极限就触发报警系统。

2)驾驶员的疲劳驾驶

驾驶员长时间驾驶会引起精神疲劳和肌肉疲劳,精神疲劳降低驾驶员的警觉度,甚至进入睡眠状态,肌肉疲劳会使驾驶员肌肉酸痛,反应不灵敏。要解决驾驶员疲劳驾驶的问题,一般从以下两个方面改进:

(1)改进汽车设计,提高驾驶员的乘坐舒适性。首先要根据人体的生理特征设计驾驶员坐椅、转向盘、整体环境等,色彩、气味、造型、材料、人机界面等各个细节都要加以适当选取,达到对视觉、触觉、嗅觉的影响最佳。其次可以研制一种缓解疲劳的系统,主动调节驾驶员的心理和情趣。日本先锋公司开发了一种自动通过播放不同节奏的音乐,有效防止事故的音响系统。该音响系统通过安装在转向盘上的感知装置测出驾驶员的心跳节奏,分析其心电图。当开车者萌生睡意时,系统自动使车内响起快节奏的进行曲,让人精神振奋;焦躁不安时,车子则自动播放缓慢抒情的古典音乐,让人归于宁静。该系统和自动导航系统联动,驾驶员长时间在高速公路上行驶时,为了防止出现睡意,也可以用它选择欣赏自己喜爱的音乐。不仅可以通过音乐影响听觉来消除疲劳,也可以通过不同气味影响嗅觉来消除疲劳。

(2)安装疲劳报警器。安装了疲劳报警器,通过检测、显示驾驶员的疲劳指数,一旦邻近疲劳状态就能触发报警,提醒驾驶员就近停车休息。疲劳报警器不仅可广泛用于汽车驾驶,而且对各企业各岗位甚至学生都能起着至关重要的作用。疲劳报警器的核心技术包括疲劳测定、传感器技术、报警输出等,其中疲劳测定是关键,目前主要是通过肺活量、脑电图、人体电流的改变来测定疲劳的。

3)驾驶员的疏忽大意

对城市交通的调查还发现,城市交通事故高峰期,并非发生在交通出行的高峰期,而是处于城市交通由拥挤到消散的时期(称为高峰消散期)。其原因主要是:由于中国大部分城市存在道路供给不足,城市交通在高峰时期基本上处于拥堵状态,车速较慢,驾驶员驾驶谨慎,高峰期过后,车速由慢变快的突变过程易引发事故的发生;驾驶员在拥塞期等待通行的时间内所引起的烦躁情绪;对于非机动车出行者,高峰消散期内大多处于匆忙状态,容易忽略交通安全问题。

因此可采取的措施是:

(1)对驾驶员加强教育警告;

(2)完善道路工程设施,保持交通流连续单一,对主要交叉口进行科学的信号配时和渠化设计;

(3)通过学习、引进国外先进的管理理念、方法和手段,建设城市现代化交通信息系统,建立能实时监测车辆、路段状况,及时传输交通信息的网络。

4)乘车人和行人的安全意识

统计资料表明,我国交通事故中,行人、骑车人和乘客负主要责任的占全部交通事故的20%左右。乘车人在高速公路上随意上下车以及擅自在高速公路上穿行都是引发交通事故的原因。唯有加强对全社会的安全法规教育,加强高速公路安全附属设施的管理及维护,才能杜绝乘车人在高速公路上随意上下车及行人穿越高速公路现象的发生。

2. 车的因素

开展车辆的失效分析和安全性设计,本质上看就是开展车辆的风险预防技术研究。

车辆的风险预防水平,是由道路交通总的技术水平所决定的。车—路—环境的复杂程度较低,风险就越小,预防就越简单;反之则越复杂。根据目前最新的风险理论,风险对人类的影响划分,大致分为四类:一是造成大量死亡的风险,二是低概率的风险,三是预期后果非常可怕的风险,四是难以估价的风险。这其中,围绕交通事故进行的各种风险研究就是一个十分重要的内容。对风险的管理有两大基本对策,预防发生风险即交通预警系统和发生后减轻风险,即交通安全设施、交通事故紧急救援系统。风险预防除了采取安全带、安全气囊、新型汽车碰撞吸能结构、速度限定等具体措施外,还应把研究对策的眼界放宽到更广的领域。

1)汽车硬件失效

它包括轮胎爆裂、发动机故障、电气故障、燃料用尽等,其中轮胎爆裂是我国高速公路发生交通事故的最普通原因之一,因此而引起方向失控的情况十分严重,占车辆引起交通事故的19%。对此,首先要通过材料的改进和结构设计的合理化来提高车辆各部件的使用寿命。其次要定期对汽车进行整体检查,在行驶前还必须对车况尤其是发动机、轮胎、制动系统进行维护和检查。就像电脑开机的磁盘扫描一样,汽车也应该在起动前来个整体“扫描”,作为汽车智能化的一部分。

2)汽车速度

由于在出现不确定或者危险的情况时,任何人都需用额外的时间来作出决定并采取相应

的行动，车速越高，采取应急措施的可用时间就越少。因此，车速对交通事故的影响是显而易见的。显然，当速度越高时，交通事故造成的危害越严重。Solomon 对 10000 个交通事故分析的结果显示：当车速超过 96km/h 时，事故的严重性迅速增加；当车速超过 112km/h 时，发生交通死亡事故的概率急剧上升。由此可见，在一个路段上，由于交通事故与车速偏差量之间所存在的关系，可以通过利用相应的统计数据和道路交通流的观察值，对现有的交通流进行事故检测和预测，并给出该路段的合理限速范围。

还可以考虑在汽车上安装微型摄像机系统。摄像机比人眼更为敏锐，当有人进入车辆所行驶的道路时，摄像机就会捕捉到，如果轿车即将撞到此人，就立即发出报警信号，为驾车者提供足够的时间来转向或放慢车速，以免撞到行人。此外，研制基于雷达技术的预警系统，预先设定本车与前面汽车之间的最小距离，如果前面的汽车突然停下来，汽车就可以自动减速、制动。

3）汽车的被动安全性设计

汽车的被动安全性设计包括室内乘员保护系统的设计与汽车碰撞吸能系统的设计两个主要的方面。

对室内乘员保护系统的研究一直是人们研究的热点。事实上，人们在乘员保护系统领域的研究已取得了巨大的成就，保护措施与技术不断翻新，其中最典型的成就就是发展并完善了由坐椅、安全带、安全气囊、吸能式转向柱等组成的一整套乘坐室内保护系统。实践表明，该系统对乘员的保护措施是积极的、效果是显著的，不仅大幅度减轻了乘员受伤害的程度，而且还可以将乘员死亡率降低 12%。

然而，与汽车碰撞吸能系统相比，乘员保护系统虽然对乘员能够提供更直接的保护，但由于乘员保护系统制造材料及结构形式的制约，更由于乘员本身的耐冲击阈值的限制，使它只能也只允许吸收汽车碰撞系统中的极少部分能量。碰撞系统中的绝大部分能量，必须由汽车碰撞吸能系统承受。因此，汽车碰撞吸能系统是汽车的被动安全性设计的核心。

由于汽车的冲击动能与车速平方成正比，碰撞车速的少量提高，汽车要吸收的碰撞能量就提高很多。因此，时至今日，仍然不能将汽车碰撞速度标准提升到 80 ~ 100km/h 或更高，根本原因就在于汽车上已没有多余的空间去增加吸能区长度了（那种简单增加汽车长度的做法，因会明显增加汽车自重而不被业界接受。相应的，那种通过压缩乘坐空间来提供吸能区长度的做法，因将明显影响乘坐舒适性，同样不被业界接受）。因为高速碰撞的汽车，需要很长的碰撞吸能区才能使汽车的动能随吸能结构的渐进压溃而被均匀地耗散，并使瞬时冲击载荷强度降低到确保乘员安全的水平——这就是说，人们不能以提高“吸能密度”（即吸能元件单位长度的能量吸收）的方式来增加汽车的吸能能力了，受汽车自重的制约，吸能元件的吸能密度往往已用到了最佳状态，人们只能通过提高吸能元件的比吸能（即吸能元件单位重量的能量吸收）来降低吸能元件的自重，这就需要新的吸能原理。

一般来说，在交通事故中，因正面撞击引发的比例居于第一位，其次就是侧撞，其比例大约占到总量的 30% 左右，再次才是追尾。由于采取的保护措施比较少，侧撞是比较危险的。侧撞安全的问题主要是车身的吸能问题，也涉及油箱的泄漏问题，而追尾碰撞的安全问题，则主要是油箱的泄漏问题，本质上还是油箱周边车身结构的吸能问题。

显然，新的汽车碰撞吸能原理在汽车的各种碰撞事故中都能发挥主导作用。提出的螺纹剪切式汽车碰撞吸能原理，独具匠心，为汽车的被动安全性设计指明了一个新的方向，而螺纹剪切式汽车碰撞吸能原理与汽车安全预警技术的结合，又为汽车安全预警技术的低成本化开辟了一个新的途径。

3. 路的因素

道路的曲率半径过小、直线距离过长、视距过小、纵坡过大，平纵线形不协调等线形设计与交通事故关系较大。坡长弯多，容易导致车辆轮胎发热，制动片失灵酿成事故，降缓长坡或在长坡路段开通隧道为治本的方法。

路面的强度稳定性、平整度和抗滑性也是影响安全行驶的原因。如果在高速公路上，由于车速高，路面上的一个小石粒或路面上微小的破损都可能导致大的交通事故，故公路的养护也非常重要。

路面障碍对行车安全影响很大，有经验的驾驶员会在路面平整、视线良好的路段稍微放松一下心情。若此时突然遇到路面障碍物，加之车速过快，往往令驾驶员措手不及，产生心理学上所说的“应激反应”。如反应正确、措施得当躲过障碍物，汽车就会化险为夷；若反应错误，轻则撞及障碍物，重则发生交通事故。路面障碍还是导致驾驶员被迫绕行、被迫违反交通规则、越线行驶、被迫制动停车甚至被迫骑行或跨行等的主要原因。针对这种情况，要做到从源头做起，先清障碍，后修公路；加大管理力度，及时清理路面障碍物；提示引导，标志醒目；提高驾驶员素质，准确判断避免失误。

护栏的正确设置，则是确保失控车辆安全的最后一道防线。

4. 环境的因素

雨中行车，路面与轮胎间的附着系数会减小，很容易发生横滑或溜滑的现象，如果路面积水较多而车速又较高，则还极易诱发“水浮现象”，使汽车完全失去方向控制能力，此时，必须根据车辆和道路情况，适当控制车速，稳速行进才能确保安全。如果发现横滑或溜滑情况时，切勿使用紧急制动，应迅速减入低速挡，通过发动机牵阻制动减速。大雨或雨后，公路的路基变软，因此，车辆不要靠路边行驶；如发现路面有裂痕或崩塌现象时，应立即停车，设法修补加固后，再行通过。

在雾天或黑夜里，驾驶员的视觉受到严重影响，也容易造成交通事故。可以考虑使用热成像技术，如研制利用红外线传感器来察看汽车前灯照射范围之外的物体的夜视系统，以便驾驶员对前方物体了如指掌。

恶劣天气条件下，须制定交通流处置预案，加强区域间的合作。确实无法保障安全的情况下，应指挥车辆驶离高速公路或进人服务区内休息等待，对可能结冰的桥涵、路段要及时采取融解冰雪措施。

5. 管理的因素

1）加强安全教育

道路交通管理中的三“E”，即交通工程、交通法规和宣传教育，是国际公认的道路交通安全三大支柱之一。宣传教育主要是从交通法制教育、交通道德教育、交通安全常识教育和交通事故案例教育等几个方面来进行并发挥作用的。

(1)交通法制教育。通过广泛的宣传教育，使广大交通参与者牢固树立交通法制观念，养成自觉遵守交通法规的习惯，可为整个交通安全工作奠定坚实的社会基础。

(2)交通道德教育。交通道德具有广泛的社会性,必须经过宣传教育才能普遍形成,使广大交通参与者都能在自己的交通行为和公共交通活动中,互相尊重、关心、理解。

(3)交通安全常识教育。它包括行车走路安全常识,机动车驾驶技术,机动车性能知识,交通信号、标志标线知识,道路交通设施知识,安全防护知识,自觉急救知识,交通心理知识等。

(4)交通事故案例教育。通过从驾驶员的驾驶经历、连续驾驶时间、肇事前的精神状态,车辆运行、装载等方面,对典型的交通事故案例进行综合分析,查找出造成交通事故的原因、影响因素。

(5)交通事故宣传报道。利用报纸、广播、电视等覆盖面广的新闻媒介报道刚刚发生的典型交通事故,进行直接的教育。通过直观的血淋淋的事实,经常、及时地教育全社会,让广大交通参与者更深刻地吸取惨痛教训。

2)在全社会推行交通安全责任制

交通安全责任制的内容包括:道路交通的规划、设计、施工和竣工验收,必须符合道路交通法定的安全要求。国家机关、团体、企事业单位、其他组织及有车单位,应健全交通安全制度,确定交通安全监督员,组织交通安全检察、管理、教育驾驶员及所有成员,在交通活动中遵守交通法规。对违反交通法规的所属人员给予内部纪律处分。新闻、舆论媒体应积极参与交通安全宣传,保持正确的交通舆论导向,对机关、团体、单位或其他组织履行交通安全责任的情况进行督促、检查、对不履行义务的要追究责任并处罚。

交通安全责任制在我国实行多年,积累了丰富的经验。但随着经济体制的变革,道路交通要素日趋复杂化、社会化、探索建立更加实际、有效、有活力的新的交通安全责任制,是一个重要的课题。

3)对交通违法行为人严厉处罚

交通违法是引发并造成交通事故的根本原因,是交通安全工必须坚持不懈努力解决的重要问题。为此,必须坚持贯彻执行"严格执法"的要求:一是对交通违法者和交通肇事者必须严格处罚,形成严管重罚氛围;二是对交通违法者和交通肇事者必须进行再教育;三是强化单位、社区交通安全组织管理,把驾驶员置于社会化管理中。

4)严格车辆和驾驶员管理

(1)对机动车的安全管理,包括依法对机动车注册登记,对机动车进行常规的安全技术性能检验,对机动车安全运行状况进行临时抽检,防止机动车带"病"行驶,严格治理汽车超载行为,汽车超载不仅会影响汽车的制动性能,还是导致路面破坏的重要因素。

强制配备有效的乘员安全保护装置,如安全带、安全气囊、制动防抱死装置等。我国强制执行的上路行驶小客车驾驶员和前排乘坐人必须使用安全带的措施,对预防或减轻交通事故损失起到了积极的作用。

强制车辆报废,对达到报废年限,已自然损坏或因交通事故等原因造成大部分总体损坏,已没有修理价值的,应当强制报废。另外,一些从事客运、货运的车主单纯追求经济效益,车辆长期超负荷运行,车辆安全状况和机械性能下降,耗能量增大,噪声、废气排放量增加,经检验车辆传动、转向、制动等安全技术性能不符合安全运行技术要求的,也应当强制报废。报废车辆不得重新申领牌证,不得在道路上行驶,应解体销毁。

(2)对驾驶员的安全管理,包括对培训驾驶员工作的监督、管理,驾驶员考试和发证管理,对持证驾驶员的定期审验,对交通违法和交通肇事驾驶员依法处罚,对转籍、增驾驾驶员实施管理等。

(3)强制投保。根据《中华人民共和国道路交通安全法》的规定,机动车所有人应当投保第三者责任保险。机动车所有人在申请车辆注册登记时,应办理第三者责任险投保手续,并在车辆检测时提供凭证。

总之,在当前的条件下,加强安全教育、严格车辆和驾驶员管理、恪守《中华人民共和国道路交通安全法》、推行交通安全责任制,不失为一条投入少、见效快的交通事故治理途径。但从人类对自由生活的追求来看,则必须从技术的角度来解决交通安全问题,才能同时满足人类对自由与安全的双重要求,这也正是为什么车—路—护栏系统的碰撞安全性研究如此火热的原因。

六、本课程的主要内容和学习方法

《交通安全概论》是汽车服务工程、车辆工程、交通工程、交通运输、交通管理等专业中一门较有特色的课程,事实上,交通安全科学将人机工程学、车辆工程、公路工程、环境工程学、管理科学、气象工程等原本相互独立的学科领域融合成一体,成为当今世界上知识面涉及最宽广的学科之一。

学习本课程的主要要求及任务是:

(1)初步掌握多学科基础知识,特别是人机工程学、车辆工程、公路工程、管理科学、CAD、汽车碰撞 CAE 方面的基础知识;

(2)全面了解国内外的交通安全状况和我国交通事故的特点与规律;

(3)熟悉人、车、路、环境与交通安全的关系;

(4)掌握交通安全管理与交通事故处理的法律规范;

(5)熟悉汽车安全设施及公路安全设施的基本知识;

(6)了解交通事故的分析与再现方法;

(7)了解汽车碰撞实验、汽车/护栏碰撞实验的基本情况。

《交通安全概论》中的学习重点是交通事故的特点与规律,交通安全的基本对策,交通安全法规的主要内容与实施方法;难点是追究当事人法律责任的原则和依据。

《交通安全概论》中的深化内容是:交通事故的分析与再现方法、汽车安全设施及公路安全设施的基本原理与设计方法。

《交通安全概论》是一门与实际密切结合的专业综合基础课,由于学生在学习这门课时,虽然已经是大学四年级的学生,但学生们以前学的课程基本上都是针对某一专业技能方面的学习或纯粹的基础课程,属于比较专一的课程,当需要转变为本课程这种多学科高度综合的学习时,无疑是一个关键的转折点,因为多学科高度综合课程的学习,在学习方法上与比较专一的课程相比是有很大区别的。多学科高度综合的学习与实际联系更加紧密,需要通过课堂讲解、实验操作、一般性作业练习、论文式大作业等多个环节来加以训练。因此,学生在学习这门课程时,除了要多看一些参考书,特别是涉及大位移、大转动、大变形、大应变、接触碰撞等强非线性冲击动力学方面的书籍如文献,以深入理解汽车事故的力学内涵之外,还要多实地考察汽车碰撞的实物试验,近年来,国内已建立了多家汽车碰撞实验室,清华大学汽车碰撞实验室、中

国汽车质量检测中心(天津、襄樊、长春、上海)、北京交通部试验场、上海东方久乐、北京深华达试验场等均是国内规模比较大的汽车碰撞实验室。长沙理工大学于2009年3月竣工的“汽车/护栏碰撞实验室”,则是目前世界第二大的电力牵引碰撞实验室,也是我国南方唯一既能做汽车碰撞试验,又能做护栏碰撞试验的大型实验室,能开展18t汽车、碰撞速度120km/h的碰撞试验。该实验室是全开放性实验室,隶属教育部重点实验室,拥有近9500 m^2 的研究及试验场所及最先进的试验设备。

此外,《交通安全概论》课程的核心在于如何保护人们生命财产的安全,考虑的是如何实现“以人为本”的思想理念,而不是那种局限于解某些偏题或难题的技巧。

在学习方法上,要求学生在课堂教学环节中,要掌握教师的教学重点,掌握所教授课程的主要内容。在课外环节上,要求学生认真复习所讲授的内容,认真完成教师所布置的作业,特别是一些重要章节的作业,对于理解书本上的内容非常重要,因此,学生在完成作业时,要举一反三,弄清楚习题的含义,理清楚解题的思路,运用正确的方法解题。此外,要多涉猎一些CAD、汽车碰撞CAE方面的资料,至少要熟练掌握一个CAD建模软件如UG、Pro/Engineer等三维建模软件,争取熟悉1~2个CAE软件,对于有志于继续深造的学生,则更是如此。

目前,汽车碰撞CAE的代表性软件有两类:一类是CVS(Crash Victim Simulation)碰撞伤害模拟软件,这一类软件采用多刚体系统动力学理论建模,主要用来模拟碰撞事故中乘员与环境的相互作用,CAL3D和MADYMO就属于这一类;另一类是采用显式有限元理论建模,主要用来描述车身结构的抗撞性,这一类软件以LS-DYNA和PAM-CRASH为代表。

基于多刚体系统动力学的CVS软件,对于人体采用多刚体系统动力学的方法建模,对于车身变形和人体与环境的相互作用则分别采用减速度波形和力—变形曲线来描述,减速度波形和力—变形曲线需要通过试验或前期计算获得,并作为已知条件输入到程序中。由于对系统内变形部件,如安全带、安全气囊、转向器和仪表板等采用非线性弹簧来描述,因而不能准确地反映其物理实际。

基于显式有限元理论的CAE软件,把最新的材料弹塑性理论及大型计算机技术应用到汽车碰撞的模拟计算中来,在汽车碰撞安全性研究领域,显示出了无比的优越性:一是所需周期短,计算机仿真与CAD/CAM相结合,使得新产品的碰撞安全性能在产品开发过程中就可以得到控制,减少产品的开发研制周期。二是所需费用低廉,由于不需要大量高速摄影机、强光源、动力驱动装置等硬件设备,同时,在进行碰撞仿真时,不需要破坏真实的产品,因此可以节约大量的人力和物力。三是具有可重复性,由于试验过程受很多随机因素的影响,因此在研究不同的系统参数对安全性能的影响时,不易得到明确的结果,而计算机仿真依赖于计算机硬件本身,所以当改变某一参数时,很容易地得到该参数对系统性能的影响。四是可以获得任意所需的数据,试验中要获得较多的数据,就必须增加传感器和高速摄影机的数量,而且由于传感器的安装位置要求以及不可摄像点的存在,有些数据是不可获得的,而计算机仿真在获取数据方面是不受制约的,只要在所关心的点上建立一个描述坐标即可,不受时间、空间、气候等条件的限制,可以随时进行。因此以有限元方法为主要分析手段的CAE方法在20世纪80年代以后得到了飞速发展,现已成为实车试验的有力补充和重要参考。目前常用的CAE软件如:LS-DYNA、PAM-CRASH、MSC. DYTRAN等。

第一章 驾驶员与交通安全

汽车驾驶的一般模式是:首先要获取相关信息(包括车外情况、车辆情况和自身情况),然后据此做出判断和决定,最后通过操纵机构使汽车按预想的路线行驶,如图1-1所示。在汽车运行过程中,可能会遇到不同干扰,严重时会使上述三个过程不能正确进行,从而造成交通事故。

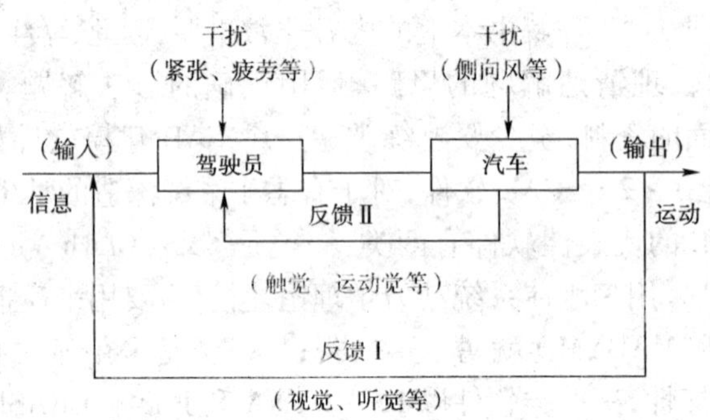

图1-1 汽车驾驶过程的模式图

第一节 驾驶员的生理特性

生理特性是指人的各种器官的功能,其中最重要的是视觉、听觉、平衡感觉、皮肤感觉、关节肌肉感觉等功能,它们直接影响到驾驶行为。

一、视觉

眼睛注视目标时,物体的影像经过瞳孔和晶状体,落在视网膜上,视网膜上的视神经细胞在受到光刺激后,将光信号转变成生物电信号,通过神经系统传至大脑,再根据人的经验、记忆、分析、判断、识别等极为复杂的过程而构成视觉,在大脑中形成物体的形状、颜色等概念。视觉可以帮助驾驶员看清道路,辨明路上的障碍物——石头、纸片、金属块或破布,并根据它们的软硬和锋利程度、体积大小等来决定是保持还是改变汽车的运行方向。驾驶员在行车过程中,80%以上的信息依靠视觉获得。每个人所具有的视觉功能并不相同,即使同一个人,也会因经验、年龄、劳动条件、休息、饮食及身体状况的不同而变化。

1. 视力

视力也叫视敏度,是指分辨细小的或遥远的物体或物体细微部分的能力。在一定的条件下,眼睛能辨别的两点之间的距离越小,视力就越好。根据眼睛观察物体所处的状态和时间不同,又有静视力、动视力和夜视力之分。

静视力是指人和所观察目标都处于静止状态时的视力,体检时用视力表测得的视力就是

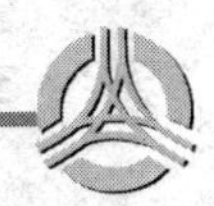

静视力，人们在日常生活中所说的视力也是指这种视力，它会随年龄的增长而降低。根据国家规定，驾驶员两眼的裸视力或者矫正视力至少要达到对数视力表 4.9 以上。

动视力是指人和所观察目标处于相对运动状态时的视力，它与交通安全密切相关。动视力要比静视力低，且行车速度越高，视力下降越明显，直接影响对道路标志、标线的识别。如车速 60km/h 时，能够看清车前 240m 的标志，而速度提高到 80km/h 后，接近标志 160m 处才能看清。此外，驾驶员的年龄越大，动视力降低的幅度越大。

在黑暗环境中的视力，称为夜视力。夜视力与照度有关，照度加大夜视力增强，照度减小夜视力下降。夜视力在黄昏时最差，主要原因是太阳落山前后照度急剧变化，而汽车前照灯的亮度与环境的亮度相近，不能形成鲜明对比，驾驶员难以看清周围的行人和车辆。夜视力与其他时间的视力一样，随车速增高而变差，且年龄越大夜视力越差，一般 20～30 岁之间驾驶员的夜间视力最好。

2. 视野

眼睛观看正前方所能看见的空间范围称为视野，常用角度来表示其大小，一般有静视野和动视野之分。头部和眼球固定不动，同一时间所能看到的整个范围称为静视野。将头部固定、让眼球自由转动，此时能够看到的全部范围称为动视野。视野还可以分为单眼视野和双眼视野。正常人的单眼静视野范围是：内侧约 60°，外侧约 90°，向上约 60°，向下约 70°，即水平方向约 150°，垂直方向约 130°。用双眼观察时，左右眼的视野会发生部分重叠。动视野比静视野左右各宽 15°，上方加 10°，下方基本不变。对行车安全影响最大的是单眼水平视野。

驾驶员观察目标时，最佳视觉集中在圆锥角 3°～4°范围内，比较好的视觉为 7°～8°，中等视觉为 13°～14°（铅垂线上，这些角度略大一些）。对于 20°以外的物体，人们的眼睛就难分清其细节和颜色了。因此，为看清位于视野边缘内的某一物体，人们往往转动眼球，有时头部也会不自觉地随着眼睛的动作而摆动。由于汽车的结构特点，会在车身周围形成视觉死角（盲区），既使物体在视野范围之内，有时驾驶员也无法看到。

驾驶员的视野与行车速度有密切的关系。苏联的实验数据表明，汽车行驶速度为 50km/h 时，被试者的视野约 105°；当车速达 100km/h 时，视野减小为 50°；车速 160km/h 时，视野为 5°。其结果是行车速度越高，驾驶员的视野越窄，观察左右两侧行人、车辆以及各种障碍物的能力降低，且注视点会前移，形成隧洞视现象，极易引起驾驶疲劳。

3. 立体视觉

立体视觉是人对三维空间各种物体远近、前后、高低、深浅和凸凹的一种感知能力。立体感是这样建立的：双眼同时注视某物体，双眼视线交叉于一点，叫注视点，从注视点反射回到视网膜上的光点是对应的，并含有相应的视差信息，将这些信号传入大脑视中枢合成，便产生了深度立体感。

欠缺立体视觉者称为立体盲，其视差传递或视中枢处理信息时会发生断路或紊乱，从而导致对深度距离的判断不准或反应迟钝。立体视觉良好是安全行车的重要条件，可通过立体视觉检查图、深视力检查等方式来判断。

4. 颜色视觉

人的眼睛不但能辨识物体的形状、大小和相对位置，而且还能辨别各种颜色，这种辨别颜色的能力叫做颜色视觉，一般简称为色觉。关于色觉的机理，目前多用“三原色学说”来解释。这个学说认为，在视网膜上存在着分别对红、绿和蓝三种光线的波长特别敏感的三种视锥细胞，当不同波长的光线入眼时，可引起敏感波长与之相符或相近的视锥细胞发生不同程度的兴奋，于是在大脑产生相应的色觉；三种视锥细胞若受到同等程度的刺激，则产生白色色觉。

色觉异常主要有色盲或色弱。色盲是由于缺乏某种视锥细胞而出现的色觉紊乱，包括红色盲、绿色盲、蓝色盲和全色盲（单色觉）几种类型。其中红色盲和绿色盲较为多见，习惯上统称红绿色盲，患者不能分辨红、紫、青、绿各色，仅能识别整个光谱中的黄、蓝两色。全色盲极少见，患者视物只有明暗之别，犹如观黑白电影一样。色弱患者三种视锥细胞并不缺乏，但对某种颜色的分辨力较弱。色弱多为后天性的，与健康及营养条件有关，可以防治。色盲大多数由遗传决定，尚无特效疗法，其发生率男性约为 8%，女性 0.5%。根据法律规定，红绿色盲者不能从事汽车驾驶等工作，否则不仅影响工作质量，还会造成严重事故。

5. 视觉适应

视觉适应主要是指视觉器官的感受性随外界亮度的突然变化而变化的现象。视觉适应的机制包括视细胞或神经活动的重新调整，瞳孔的变化以及明视觉与暗视觉功能的转换。从黑暗的屋子突然来到阳光下时，人的眼前会充满白花花的感觉，稍后才能适应周围的景物，这一视觉过程称为明适应。如果暗房亮着的灯光突然熄灭，眼前会呈现黑黝黝的一片，过一段时间视觉才能够调整到对这种暗环境的适应上，并随之逐渐看清室内物体和轮廓，这是视觉的暗适应。

视觉的明暗适应能力在时间上有较大的差别。暗适应时间较长，通常要 3 ~ 6min 才能基本适应，约 30 ~ 40min 才能完全适应，而明适应则可在 1min 内达到完全适应。从 20 岁到 30 岁，人的暗适应能力往往是不断提高的；而 40 岁以后则开始逐渐下降。60 岁时，暗适应能力为 20 岁人的 1/8。

白天汽车进入没有照明条件的隧道时，光线突然由明变暗，会产生约 10s 的视觉障碍。假如这时的车速为 60km/h，则汽车将驶过 167m 的距离，这将是非常危险的时刻。为确保行车安全，汽车进入长隧道时应降低车速、打开前照灯，离开隧道时也要防止明适应导致的观察错误。夜晚在城区和郊区的交界处，由于照明条件的改变也会使驾驶员产生视觉障碍，从而影响行车安全。

6. 眩目

所谓眩目是指人的眼睛突然受到强光照射时，由于视觉神经受刺激而失去对眼睛的控制，本能地闭上眼睛或看不清暗处物体的生理现象。眩目会使视力下降，大约 3 ~ 10s 才能基本恢复到原来的视力，完全恢复则需要 2 ~ 3min。年龄越大恢复得越慢，特别是 60 岁以后，恢复时间大约是 10 岁儿童恢复时间的 3 倍。另外，即使年轻，如果身体不好或饮酒，也会使恢复时间增长。

眩目极易造成交通事故。夜间行车时，不仅对面来车的远光灯会引起眩目，就是同向行驶的后续车辆，如果将远光照在前车车内的后视镜上，也会形成强烈反光而使前车驾驶员眩目。因此，《中华人民共和国道路交通安全法实施条例》第四十八条规定："夜间会车应当在距相对方向来车 150 米以外改用近光灯，在窄路、窄桥与非机动车会车时应当使用近光灯。"第五十八条规定："……同方向行驶的后车与前车近距离行驶时，不得使用远光灯。"

二、听觉

外界声波通过介质传到外耳道，再传到鼓膜。鼓膜振动，通过听小骨传到内耳，刺激耳蜗内的毛细胞而产生神经冲动。神经冲动信号沿着听神经传到大脑皮层的听觉中枢，形成听觉。听觉可以分辨声调、声强和音色，并据此判断出声源的方位、距离和属性。

在行车过程中，驾驶员必须通过音响信号进行交流，如白天超车时要以断续长声鸣号通知前车，请求前车做好让超准备。在交叉路口和山区弯道等视线不良地段，以及迷雾笼罩等恶劣气候条件下，为弥补视觉信号的不足，可用喇叭通知其他车辆、行人注意，听到对方喇叭声时，应鸣短喇叭应答，显示自己的位置。有经验的驾驶员还能根据车内异常声响，推断某种机件或设备发生了故障，及时采取应对措施，保障行车安全。

对驾驶员进行听力检查时，要求两耳各距音叉 50cm 处，能辨清声音方向。一般情况下，听觉的反应比视觉快，听觉为 0.12 ~ 0.16s，视觉为 0.15 ~ 2.0s，即外界的声响刺激几乎立刻就能听到。在疲劳的情况下，感受性会有所降低，但是恢复较快，一般经过 10 ~ 15s 就可完全恢复。

三、运动觉

运动觉是身体活动时所产生的感觉。运动觉的感受器分布在人体肌肉、肌腱、韧带和关节中，如肌梭、腱梭、关节小体等。当关节伸屈或肌肉伸张、收缩时，就会刺激这些感受器，产生神经冲动。神经冲动信号沿脊髓上行传导，到大脑皮层的中央前回而产生运动觉。通过运动觉，能使人感知到自己身体的空间位置、姿势和身体各部分的运动情况。

驾驶员在行车过程中通过操纵机构控制汽车的运动状态，用在这些装置上的力必须与预想的操纵行动协调一致。例如定点停车时，必须根据车速和到达停车地点的距离来选择用于制动踏板上的踩踏动作，控制踏板力的变化。通过运动觉的反馈，可实现大脑对运动过程的调节，以保证动作的准确性和动作之间的协调性，实现预期的控制结果。

四、平衡觉

平衡觉是反映头部运动速率和方向的感觉。平衡觉的感受器是内耳的前庭器官，内耳中的三个半规管里充满了淋巴液，它们的位置相互垂直形成一个三度空间。加速、减速或改变方向时，淋巴液冲击前庭器官的毛细胞而发生兴奋，使大脑感受到汽车运动速度和方向的变化，并做出相应的决策。

感受速度变化的能力对于驾驶员正确评价超车、通过交叉路口、绕过障碍物的可能性和转弯时的极限速度是非常必要的。如果驾驶员不能及时正确地感受到速度变化，就难以采取制动、加速和转弯等相应动作，结果造成危险局面。例如，当驾驶员错误地估计了回转速度及离心力时，就可能导致汽车的侧滑和侧翻。

第二节　驾驶员的心理特性

心理特性是指驾驶员的心理活动规律，它受到环境条件及生理变化的影响，最终将反映在驾驶行为上。

一、感觉

感觉是客观事物的个别属性作用于人体感官在头脑中的反映。感觉是最简单的心理过程,人对客观事物的认识过程是从感觉开始的。例如眼睛从车窗看到车外各种物体的亮度和颜色,两手感受到转向盘的操纵力度,右脚感受加速及制动状况,臀部感受汽车震动状况,耳朵听到发动机的响声,鼻子闻到各种气味等,这些都是感觉。

由于感觉是客观世界的主观印象,因此产生感觉必须具备两个条件:一是外界事物要有足够的刺激强度;二是主观的感觉能力。前者是感觉阈限问题,后者是感受性问题。凡是能引起感觉的,持续一定时间的刺激强度,称为感觉阈限。感受性是指对适宜刺激的感觉能力,它是用感觉阈限的大小来度量的。感觉阈限越小,感受性越强,反之亦然。汽车通过喧闹市区时,喇叭要按得响一些、长久一些,人们才能感受到;相反,在安静地区,喇叭声音很小,人们也能感受到。显然,为了能更好地感知交通信息,保证行车安全,就必须提高驾驶员对各种信息的感受性。

二、知觉

知觉是比感觉更为复杂的认识形式。知觉是在感觉的基础上,对事物各种属性的综合反映。它是同时参与知觉的不同感觉器官以某种优势器官为基础,并综合了两个或若干个感觉器官的感知结果。在实际生活中,人们都是以知觉的形式来直接反映客观事物。与驾驶活动有关的重要知觉有空间知觉、时间知觉和运动知觉。

空间知觉是对物体距离、形状、大小、方位等空间特性的知觉,它实际上是根据观察中所形成的各种条件,通过大脑的整合作用,对视野中物体的三维空间关系做出的解释。驾驶员的空间知觉是非常重要的,超车、会车都要依靠空间知觉来防止刮碰,正确的空间知觉是驾驶员在驾驶实践中逐渐形成的。

时间知觉是对客观现象延续性和顺序性的感知。人总是通过某种量度时间的媒介来感知时间。量度时间的媒介有外在标尺和内在标尺两种,前者包括时钟等计时工具,也包括太阳升落等环境的周期性变化;后者是机体内部的一些有节律的生理活动,如心跳、呼吸等。时间知觉与活动内容、情绪、态度有关。内容丰富而有趣的情境,使人觉得时间过得很快,而内容贫乏枯燥的事物,使人觉得时间过得很慢;积极的情绪使人觉得时间短,消极的情绪使人觉得时间长;期待的心情会使人觉得时间过得慢。人们常常有过高地估计较短的时间间隔和过低地估计较长的时间间隔的倾向。

运动知觉是物体的运动特性在人脑中的直接反映。运动知觉直接依赖于对象运行的速度,非常缓慢的运动,人们很难感知它,而极迅速的运动,同样不易为人感知。对象的距离也会影响运动知觉,对象距离远看起来速度慢,对象距离近看起来运动速度快,如近处行驶中的汽车从面前一掠而过,远处的汽车好像不动或只慢慢地移动。运动是相对的,在没有更多的参考标志的条件下,两个物体中的一个在运动,人可能把它们任何一个看成是运动的。在火车上观看临近火车的运动,往往分辨不清是自己的列车运动还是另一列火车在运动,这时只有参看站台或其他固定景物,或者通过平衡器官觉察自身的颠簸情况来判定是哪一列火车运动了。

三、错觉

错觉是在特定条件下产生的对外界事物歪曲的知觉。这种歪曲带有固定的倾向,只要条件具备,它就必然产生,主观努力是难以克服的。但是,人们可以通过掌握错觉的产生规律,在驾驶活动中设法辨认出错觉,采取积极的应对措施来避免它所带来的不利影响。

一般以为,汽车驾驶员不必看车速表,只凭对外界景物的观察及发动机声音和风声便可大体上判断出汽车的行驶速度。但研究和试验表明,这种主观判断车速的方法有明显的倾向性,并不十分可靠。减速时,主观感觉的车速比汽车的实际车速低,这对于弯道行驶是不利的。进入弯道前,驾驶员以为车速已经降低很多了,但实际上车速并不低,高速进入弯道后,汽车容易出现侧滑等危险情况。加速时,驾驶员主观感觉的车速比实际车速高;在超车时,由于对自己的车速估计过高,在判断并行时间和会车距离上就容易出错。以一定车速长距离行驶时,驾驶员对速度的感觉容易钝化,例如在高速公路上以100km/h的速度行驶一段时间后,往往觉得车速并不很快,因而容易放松警惕,忘记与前车保持足够的距离。在景观简单的道路上,由于两边的参照物少、驾驶员主观感觉的车速比实际车速低。速度估算的准确性是随着驾龄而提高的,相对而言,驾龄长的驾驶员趋于低估速度,而驾龄短的驾驶员则趋于高估速度。

四、注意

注意是人们心理活动对一定事物对象的指向和集中。指向表现为在每一瞬间把人们的心理活动有选择地限定于突出对象,同时离开其他对象;集中表现为对干扰刺激的抑制。被注意到的事物会感知得比较清晰、完整、正确,未被注意到的事物就感知模糊。驾驶员在人车拥挤的道路条件下,必须集中精神,注意交通信号和其他交通参与者的动态,不受各种干扰影响,方能保证行车安全。

1.注意的种类

人的注意可分为两类:无意注意和有意注意。

无意注意是事先没有预定的目的,也不需要作意志努力的注意。主要是由事物的外部特点所引起,如强烈的光线,一声巨响,一声尖叫,浓郁的气味,新奇的外形,万绿丛中一点红等。行车途中,车外环境不断变化,新鲜事、稀奇事以及各种强烈的刺激实在太多,如果不能控制自己而成了无意注意的“奴隶”,东张西望,听这听那,思潮起伏,放松警惕,则是非常危险的。

有意注意是有预定目的的,必要时还要作一定意志努力的注意。主要是由安全行车所必须的条件而引起,如注意交通信号和交通标志、注意车辆行人的动态。这些都是有目的、有意识的注意,即使身体疲倦了还要强迫自己坚持,并通过一定的意志努力来达到,否则就会发生交通事故。

2.注意的特性

注意具有范围、分配、转移和稳定等特性。

注意的范围是指在同一时间内能清楚地把握对象的数量。研究表明,在0.1s的时间内,成人一般能认清8~9个黑色圆点,注意到4~6个没有联系的外文字母,3~4个几何图形。所以,在复杂的道路交通条件下,驾驶员很难捕捉到所有的危险信号。要使驾驶员的注意范围得到发展,必须通过专门的训练和日常的实践。

注意的分配是指把注意同时贯注到两种以上的对象或活动上。如驾驶员开车时,既要注意来往车辆、行人及路况,又要控制好转向盘、加速踏板、制动踏板及排挡。注意分配的条件是在同时进行的多种活动中,只能有一种是不太熟悉的,需要集中注意去感知或思考,其余活动都已达到相对“自动化”的程度。新驾驶员开车上路,由于操作技能尚不熟练,未达到“自动化”的程度,却要不断了解和处理路面情况,以致十分紧张,手忙脚乱。

注意的转移是有意地把注意从一个客体迁移到另一个客体。窄路会车时,驾驶员首先要注意观察对面来车、周围环境和会车地点,然后减速、鸣号、转动转向盘,接着调整汽车靠右程度和两车间距,注意至少要转移 6 次以上,如果不能及时有效地转移注意,就可能造成交通事故。

注意的稳定性是指在一定的时间内把注意保持在某一活动或对象上。试验表明人的注意不可能长时间地集中于客体,而是经常动摇的。注意的稳定性与人的主体状态有关,当身体健康、精力充沛时,注意的稳定性就好,反之就差。为了保持注意的稳定,不要长时间地进行单调的活动,一般应使所进行的活动多样化,交替进行。驾驶员在行车途中,也需适时转移注意,以缓和有意注意的情境。

注意的上述特点是相互密切联系的。行车安全不仅取决于驾驶员是否存在注意的个别特点,而且取决于驾驶活动中把它们正确地结合起来。

3. 注意的测试

美国心理学博士约瑟夫·布洛克提出了专门用于测试驾驶员注意力的方法,让驾驶员在表 1-1 中依次找出 10 ~ 59 的数字,并用秒表测定读出时间。用 10 ~ 30s 找出每个连接数字的驾驶员,其注意力为上佳;超过一分钟的为较差,说明其注意力不易集中。

约瑟夫·布洛克注意力测定表 表 1-1

34	19	42	54	45
26	16	39	28	57
40	35	14	56	30
12	29	44	51	23
50	43	36	24	11
37	20	55	32	47
25	41	17	53	38
13	22	48	10	58
52	18	21	31	46
27	49	33	15	59

五、情绪

情绪是指伴随着认知和意识过程产生的对外界事物的态度,是对客观事物和主体需求之间关系的反应。人的情绪可以根据其发生的速度、强度和延续时间的长短,分为激情、应激和心境三种状态。

激情是一种猛烈的、暴发性的、短暂的情绪状态。处于激情状态下的人,认识范围变得狭

窄,理智分析能力受到抑制,意识控制作用大大减弱,已不能约束自己的行为,不能正确评价自己行为的意义和后果,以致说出不该说的话,做出不该做的事。曾有一位汽车驾驶员在超拖拉机时,因对方不肯让道而怀恨在心,强行超越后先把拖拉机挤上右路肩,继而猛地转方向用自己车的拖车把对方甩下河去,致使拖拉机驾驶员溺水死亡。因此,对于不良激情要加以控制,一般可采用转移注意力的方法,把能量消耗到别的事物上去。

应激是在出乎意料的紧急情况下所引起的情绪状态。例如驾驶员在行车途中,突然发现有人横穿马路,或车辆正在急转弯时,突然间闯出一辆没有鸣号的汽车,这时驾驶员刹那间的反应,就是应激。在这些突然出现的情况面前,驾驶员有时会呆若木鸡,做不出避让动作,有时会做出错误的反应。熟练的驾驶技能,良好的驾驶习惯,可使驾驶员遇紧急情况时,下意识地做出规避动作,以避免事故的发生或减轻事故的损失。

心境是一种微弱而持久的情绪状态,对人的长期活动有很大影响。积极舒畅的心境,使人心情振奋,朝气蓬勃,勇于克服困难,提高工作效率。消极沮丧的心境使人委靡不振,懒散无力,无精打采,陷于颓废。驾驶员在心境不佳时,常常不能集中精力,反应迟钝。如有个驾驶员因父亲病故,出车时情绪低沉,竟在视线良好、道路宽直、没有任何障碍物的情况下,撞倒道路左边一辆正常行驶的自行车,造成交通事故。因此,驾驶员应当做到不带思想问题开车,一切问题都要在进驾驶室之前基本解决。

六、气质

每个人都具有先天性的、固有的、稳定的心理特点,这就是气质。它决定了人的心理活动能力方面的自然属性,决定了心理活动进行的速度、强度、指向性等特点。

1. 气质的种类

根据心理学家的观察,人的气质可分为胆汁质、多血质、黏液质和抑郁质 4 种类型。

胆汁质的人热情直率、精力旺盛、情绪易冲动、心境变换剧烈,在长距离的驾驶过程中很难保持良好的工作效率,常伴随有超速行驶、强行超车和争道抢行等毛病。在中短距离的驾驶过程中,他们的工作效率一般比较高,能够出色地根据道路情况行事。在紧急情况下,能迅速采取准确的动作,但有时喜欢冒险。

多血质的人活泼好动、反应迅速,注意容易转移、兴趣容易变换,待人公正、易于相处,坚忍顽强、不易疲劳,这些优点是顺利完成长短途驾驶任务的可靠保证。研究资料表明,多血质人是当驾驶员的好材料,可以胜任不同距离的运输任务,在道路情况复杂的条件下能有成效地驾驶汽车。

黏液质的人性情平和,反应缓慢,沉默寡言,缺乏生气,情绪不易外露。这种类型的人办事总是有始有终,沉着镇定,专心致志,有预见性,吃苦耐劳,适宜在道路情况不复杂的条件下长途驾驶。

忧郁气质的人胆怯腼腆,优柔寡断,意志薄弱,易于伤感,积极性低。这种类型的人工作效率不高,在紧张情况下尤其如此,不适宜做救护车、消防车等专用汽车的驾驶员。在道路情况复杂的条件下列队驾驶时,他们的固有缺点显得尤其突出。

2. 气质的测定

为了准确地确定一个人属于哪种气质类型,应综合运用观察、问卷、谈话、实验、个性调查以及测验等心理学方法,但一般人也可利用气质测验量表对自己进行简单分析。国内流行的气质测验量表采用陈述形式,主要问题如下:

(1)做事力求稳妥,不做无把握的事;

(2)遇到可气的事就怒不可遏,想把心里话全说出来才痛快;

(3)宁肯一个人干事,不愿很多人在一起;

(4)到一个新环境很快就能适应;

(5)厌恶那些强烈的刺激,如尖叫、噪声、危险的镜头等;

(6)和人争吵时,总是先发制人,喜欢挑衅;

(7)喜欢安静的环境;

(8)喜欢和人交往;

(9)羡慕那种能克制自己感情的人;

(10)生活有规律,很少违反作息制度;

(11)在多数情况下情绪是乐观的;

(12)碰到陌生人觉得很拘束;

(13)遇到令人气愤的事,能很好地自我克制;

(14)做事总是有旺盛的精力;

(15)遇到问题常常举棋不定,优柔寡断;

(16)在人群中从不觉得过分拘束;

(17)情绪高昂时,觉得干什么都有趣;

(18)当注意力集中于一件事时,别的事很难使自己分心;

(19)理解问题总比别人快;

(20)碰到危险情境,常有一种极度恐怖感;

(21)对学习、工作、事业怀有很高的热情;

(22)能够长时间做枯燥、单调的工作;

(23)符合兴趣的事情,干起来劲头十足,否则就不想干;

(24)一点小事就能引起情绪波动;

(25)讨厌做那种需要耐心、细致的工作;

(26)与人交往不卑不亢;

(27)喜欢参加热闹的活动;

(28)爱看感情细腻、描写人物内心活动的文学作品;

(29)工作、学习时间长了,常感到厌倦;

(30)不喜欢长时间谈论一个问题,愿意实际动手干;

(31)宁愿侃侃而谈,不愿窃窃私语;

(32)别人数落自己时总是闷闷不乐;

(33)理解问题常比别人慢些;

(34)疲倦时只要短暂的休息就能精神抖擞,重新投入工作;

(35)心里有话宁愿自己想,不愿说出来;

(36)认准一个目标就希望尽快实现,不达目的,誓不罢休;

(37)和别人同样学习、工作一段时间后，常比别人更疲倦；

(38)做事有些莽撞，常常不考虑后果；

(39)老师或师傅讲授新知识、技术时，总希望他讲慢些，多重复几遍；

(40)能够很快地忘记那些不愉快的事情；

(41)做作业或完成一件工作总比别人花的时间多；

(42)喜欢运动量大的剧烈体育活动，或参加各种文娱活动；

(43)不能很快地把注意力从一件事上转移到另一件事上去；

(44)接受一个任务后，希望把它迅速完成；

(45)认为墨守成规比冒风险强些；

(46)能够同时注意几件事物；

(47)当自己烦闷的时候，别人很难使自己高兴起来；

(48)爱看情节起伏跌宕、激动人心的小说；

(49)对工作抱认真严谨、始终一贯的态度；

(50)和周围人们的关系总是相处不好；

(51)喜欢复习学过的知识，重复做已经掌握的工作；

(52)喜欢做变化大、花样多的工作；

(53)小时候会背的诗歌，自己似乎比别人记得清楚；

(54)别人说自己"出语伤人"，可自己并不觉得这样；

(55)在体育活动中，常因反应慢而落后；

(56)反应敏捷，头脑机智；

(57)喜欢有条理而不甚麻烦的工作；

(58)兴奋的事常使自己失眠；

(59)老师讲新概念，常常听不懂，但是弄懂以后就很难忘记；

(60)假如工作枯燥无味，马上就会情绪低落。

对于每一题，凭第一印象，认为非常符合自己情况的，记+2分；比较符合自己的情况的，记+1分；介于符合与不符合之间的，记0分；比较不符合自己的情况，记-1分；完全不符合自己的情况，记-2分。

将每题得分按题目属性进行汇总，计算出每种气质类型的总分。2、6、9、14、17、21、27、31、36、38、42、48、50、54、58题属于胆汁质，4、8、11、16、19、23、25、29、34、40、44、46、52、56、60题属于多血质，1、7、10、13、18、22、26、30、33、39、43、45、49、55、57题属于黏液质，3、5、12、15、20、24、28、32、35、37、41、47、51、53、59题属于抑郁质。

如果某种气质得分明显高出其他三种(均高出4分以上)，则可定为该类型气质；如果两种气质得分接近(差异低于3分)而又明显高于其他两种(高出4分以上)，则可定为这两种气质的混合型；如果三种气质均高于第四种的得分且相接近，则为三种气质的混合型。

第三节　驾驶员的可靠性

并不是所有的人都适合从事驾驶工作，也不是所有的人都始终具备与驾驶工作相适应的生理、心理条件。无论驾驶员的经验多么丰富，技术多么高超，都可能在某一重要关头缺乏自制力或动作不当。

一、适宜性

在驾驶员中，总有一些人比其他人更易于发生交通事故。通过检查一个人的健康状况和感觉器官的功能特性，能有效确定他对驾驶工作的适宜性，但医学专家不能完全揭示一个未来驾驶员的全部才能。对个性的心理考察则有助于揭示其注意、记忆、思维、气质及性格等方面的特征，个性的差异可以对驾驶员发生事故的可能性产生明显影响。情绪的稳定性、反应的灵活性，均是驾驶员的重要品质之一。

1. 情绪的稳定性

情绪的稳定性是指驾驶员在复杂危险的情况下，克服惊慌和恐惧感，准确迅速地采取行动的能力。复杂的交通状况以及由此产生的危险，常引起驾驶员心理状况的变化，并在不同驾驶员身上产生不同表现。经验丰富、自信心强、性格坚定、行为果断的驾驶员，在遇到紧急情况时，动作往往比平时更准确和迅速，而不太老练的驾驶员则会手忙脚乱、动作失措、神色慌张，不仅不能采取必要的行动，相反，还会采取多余的不必要的动作。

许多心理学家都指出了驾驶员的个性特征与情绪稳定性之间的密切联系及其在工作和生活中的相互作用。他们认为，受过积极训练的人，通常能控制自己的情绪，克服恐惧感，迅速摆脱忧郁状态。要做到这一点，必须从小培养与人交往时的高度修养。有良好教养、意志坚强的人，一般不会丧失理智，并能主动想办法从冲突的局势中解脱出来，避免不必要的紧张与兴奋，防止削弱自己对动作的控制力，以致出现某种错误的驾驶操作。

2. 反应的灵活性

反应是人体器官因某种外界刺激而发生的相互动作。在心理学实践中，通常有简单反应和复杂反应之分。前者指的是针对某一种已知刺激发生的相应动作；后者指的是对众多刺激中的某一种刺激做出的相应动作。复杂反应是驾驶活动中的主要反应形式，因为驾驶员要经常评价交通环境中不同客体的特征，并通过操纵机构完成相应的动作。在直接影响交通安全的反应特性中，最重要的是驾驶员对道路环境变化的反应速度，衡量反应速度的指标是反应时间。

驾驶员从发现紧急情况到把右脚从加速踏板移到制动踏板上所需要的时间，一般称为制动反应时间，从 0.45s 到 1.5s 不等，这样大的可变范围是多种原因造成的。首先，反应时间在很大程度上取决于驾驶员的驾驶年限。一般来说，富有经验的驾驶员所用的反应时间比新手要短。其次，同一个人的反应时间也会因健康状况和自我感觉的不同在很大范围内变动，过度疲劳和身体不舒服都会使反应时间大大延长。另外，人的反应时间也取决于身体锻炼的程度，运动员的反应时间就比不参加体育锻炼的人短。研究还表明，30 岁以前反应时间随年龄的增加而缩短，30 岁以后随年龄的增加而增加。

3. 适宜性的检查

进行驾驶适宜性的检查，一方面可帮助选拔和淘汰驾驶员，另一方面可找出驾驶员的缺陷加以针对性的训练。检查的主要依据和标准有，公安部的《机动车驾驶证申领和使用规定》、《机动车驾驶员身体条件及其测评要求》（GB 18463—2001）、《职业汽车驾驶员适宜性检测评

价方法》(JT/T 442—2001)等。检查可采用专用仪器和笔试两种方法,主要借助于医学和心理学的技术手段。

目前法定的检查项目有:

(1)身高:申请大型客车、牵引车、城市公交车、大型货车、无轨电车准驾车型的,身高要达到155cm以上。申请中型客车准驾车型的,身高要达到150cm以上;

(2)视力:申请大型客车、牵引车、城市公交车、中型客车、大型货车、无轨电车或者有轨电车准驾车型的,两眼裸视力或者矫正视力要达到对数视力表5.0以上。申请其他准驾车型的,两眼裸视力或者矫正视力要达到对数视力表4.9以上;

(3)辨色力:无红绿色盲;

(4)听力:两耳分别距音叉50cm能辨别声源方向;

(5)上肢:双手拇指健全,每只手其他手指必须有三指健全,肢体和手指运动功能正常;

(6)下肢:运动功能正常。申请驾驶手动挡汽车,下肢不等长度不得大于5cm。申请驾驶自动挡汽车,右下肢应当健全;

(7)躯干、颈部:无运动功能障碍;

(8)无器质性心脏病、癫痫病、美尼尔氏症、眩晕症、癔病、震颤麻痹、精神病、痴呆以及影响肢体活动的神经系统疾病等妨碍安全驾驶的疾病;

(9)非吸食、注射毒品、长期服用依赖性精神药品成瘾者。

二、训练素养

驾驶员的可靠性在很大程度上取决于职业训练素养,并随着职业技能熟练程度的提高而不断加强。驾驶汽车的技能在训练期间便开始形成,并在以后的工作实践及应付各种道路环境的过程中不断完善,最终达到操纵自动化的程度。

职业训练素养也包括心理修养,主要指高尚道德品质的发展程度、思维分析能力和效能、在紧急情况下,及时采取正确措施的能力、自制能力、果断性、忍耐力和纪律性等,对他人安全的责任感、专心驾驶汽车的能力、沉着冷静和对信息反应的敏感性也属于这一范围。任何人都不可能生来就具有忍耐、克制和长时间集中注意的能力。但是,每个驾驶员都应该使自己尽快培养出这些品质。

三、工作能力

工作能力是确定驾驶员可靠性的重要因素,如果驾驶员处于健康无病状态,家庭和工作条件良好,睡眠、饮食和休息正常,那么他的工作能力就能得到增强,而疲劳、饮酒、吸烟等则会导致驾驶员的工作能力下降。

1. *疲劳*

疲劳是经过体力或脑力劳动后全身机能下降的一种现象。长时间驾驶车辆,会使脑部供氧不足,感觉迟钝,知觉减弱,调节筋肉收缩的机能衰退。若再继续工作下去,神经中枢为保卫自己将自动地遮断感觉刺激的机能,从而使驾驶员的注意力变得散漫。

疲劳的第一个显著标志是驾驶汽车的自动化能力丧失。当出现驾驶疲劳时,每个驾驶动作都必须经过思考,这显然是很不利的。如果不能战胜疲劳,接着就会入睡,单人驾驶时尤其如此。头痛、委靡不振、四肢无力、打哈欠、少言寡语等,都可能是疲劳的表现形式。

为了防止因疲劳造成事故,驾驶员一次连续行车时间不能太长,每隔 2 ~ 3h 要休息 10 ~ 15min。行车中感到困倦或无端烦躁时,应立即打开玻璃窗,呼吸新鲜空气。也可打开收音机,但最好听轻音乐或欢快的歌曲,不要听乏味的、催眠的音乐或球赛的实况转播,因为这会分散注意力。如果这一切都无效果,应靠边停车,下去活动一下身体。如果感到疲劳过度、睡意难以解除,最好睡 20 ~ 30min,一般经过短时间睡眠,睡意即可解除。

除驾驶的持续时间外,出车前的体力和心理状况、夜间驾驶、驾驶动作单调枯燥、卫生条件及驾驶员工作点的状况不良等也会导致驾驶员在工作中产生疲劳。

2. 饮酒

酒类的主要成分是酒精。一般白酒中含酒精 45% ~65%,果酒中含 18% ~48%,啤酒中含 2% ~5%。人们饮酒后,酒精便很快被胃壁和肠壁迅速吸收,溶解在血液中,通过血液的循环溶进人体各组织中,一般在饮酒后 5min 可在血液中发现酒精,30min 后,被人体全部吸收。

酒精本身是一种中枢神经麻醉剂,所以当它进入人体后,会影响中枢神经正常的生理功能,使人在心理和生理方面发生许多变化。导致感觉模糊、判断失误、反应不当、工作能力下降,从而危及行车安全。在驾驶车辆时,常表现出胆大妄为、不知危险、超速行驶、强行超车等违章行为。

有关资料表明:当体内酒精浓度在 0.3‰时,驾驶能力就开始下降;浓度到 0.8‰时,错误操作增加 16%;浓度达 1.0‰时,驾驶能力降低 30%。虽然交通法规中早有明文规定严禁酒后驾车,但因饮酒而造成的重大交通事故仍然不断发生。为此,必须使驾驶员深入了解饮酒对安全行车的危害,并加强对驾驶员饮酒驾车的监督和取缔。

人体饮酒后,酒精通过胃肠吸收进入血液,而血液循环在肺部进行气体交换时,会有一部分乙醇成分挥发到肺内气体中,并经呼吸排出体外。饮酒越多,血液中乙醇的含量就越高,呼出气体中乙醇浓度也就越高。因此,检查驾驶人员呼出的气体中是否含有乙醇,便可确定其是否饮过酒,目前常用燃料电池式饮酒检测器进行这种检查。除此之外,还可通过血液和尿液等进行饮酒检测,血液中酒精的浓度与呼气中酒精的浓度比为 2000:1,而尿中酒精的浓度一般是血液中酒精浓度的 1.5 ~1.8 倍。饮酒检查的技术依据是《车辆驾驶人员血液、呼气酒精含量阈值与检验》(GB 19522—2004)。

3. 吸烟

香烟虽然具有镇静和增强注意力的作用,但烟草中的尼古丁对中枢神经系统的作用是短时间的,暂时的兴奋之后,随之而来的便是长时间的抑制状态,导致驾驶员的工作能力明显下降,并影响到驾驶操作的准确性。夜间吸烟的危险尤其严重,因为喷出的烟雾会妨碍眼睛视网膜的感光性能,而驾驶员夜间的视敏度对安全驾驶至关重要。

4. 药物

许多药物会改变驾驶员对外界的反应能力。服用镇静剂和安眠药后,会产生麻醉和催眠,部分人夜间服用,第二天还精神不振,困倦思睡,对周围事物反应迟钝。服用兴奋药物后,大脑处于兴奋状态,易激动,不能控制自己情绪,严重时还会对事物产生幻觉,在这种情况下开车是非常危险的。

用于治疗感冒等常见病的解热镇痛药,如阿司匹林、扑热息痛、非那亚汀、安乃近等,服后会使人感到力乏,注意力减退,反应灵敏性下降。抗过敏药物,如非那根、苯海拉明等有头晕、困倦、嗜睡等副作用。卡那霉素则会使人产生头晕、耳鸣、恶心等感觉,导致人体机能失去平衡。驾驶员因病服药时,必须问清药物的性质,以免影响驾驶工作。

5. 生物节律

人体生物节律理论认为,人体内存在着多种生理——生物循环,其中以体力循环、情绪循环和智力循环对人的工作能力影响最大,人自出生时起就有自己的连续不断的循环规律,称为生物节律,如图 1-2 所示。

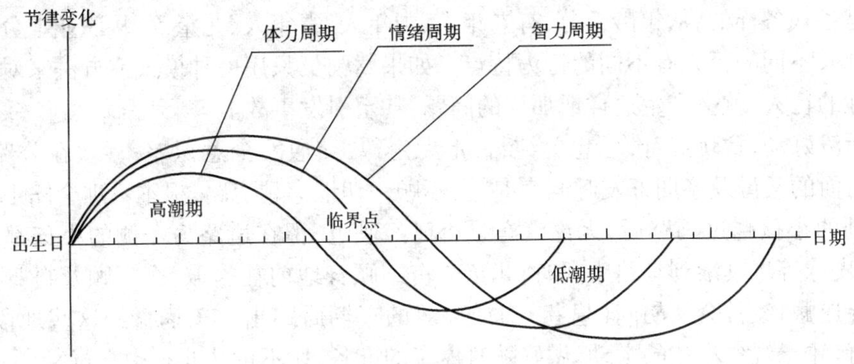

图 1-2　生物节律图

这些节律都从 0(即人的出生日期)开始,先进入高潮期,然后从高潮期向低潮期变化,接着又从低潮期向高潮期变化。它们之间的过渡时期称为临界期,高潮期与低潮期的时间是相等的,临界期一般为临界点前后 1 ~ 2 天。在 0、1、11、12、13、22 天时,人的体力处于节律的临界期,2 ~ 10 天时处于高潮期,14 ~ 21 天时处于低潮期。0、1、14、15、27 天时人的情绪节律处于临界期,2 ~ 13 天时处于高潮期,16 ~ 26 天时处于低潮期。0、1、16、17、18、32 天时人的智力节律处于临界期,2 ~ 15 天时处于高潮期,19 ~ 31 天时处于低潮期,接着是下一个循环,即人的体力循环周期为 23 天,情绪循环周期为 28 天,智力循环周期为 33 天。

三个循环处于高潮期时,体力旺盛、精力允沛、情绪乐观、智力开阔、思维敏捷、工作效率高。在低潮期恰好相反,体力衰落、耐力下降、情绪低落、心神不宁、反应迟钝、智力抑制、工作效率较差。特别是在临界日,体力生理变化剧烈,各器官协调机能下降,差错频繁发生。如果有两个以上生物节律周期都在同一天达到临界期,影响更为明显。

生物节律的变化会影响行车安全,1939 年瑞士联邦工学院的汉斯 · 斯恩对 700 起交通事故进行分析,发现有 57.3% 的事故发生在临界日。日本警察厅在他们调查的交通事故中发现有 82% 的事故发生在临界日。此外,我国有人曾对西安、重庆、上海等地发生的 400 起交通事故进行调查,发现其中 72% 发生在驾驶员处于临界日的时间。

利用生物节律理论确定驾驶员工作能力变化的规律,据此调整驾驶员的休息和劳动时间,对防止和减少交通事故可起到积极的作用。当然,不可能把处于生物节律低潮期的驾驶员全部安排休息,但可以采取一些"刺激"来激发驾驶员的情绪,以达到减少事故的目的。莫斯科出租汽车公司采用临界期不出车,低潮期发红色的行车证以提醒驾驶员注意的方法,使事故发生率下降 45%。

第四节　交通参与者的行为分析

在我国道路交通体系中，汽车、拖拉机、摩托车、电动车等机动车，自行车、人力车、畜力车等非机动车，以及行人、乘车人等均是重要的交通参与者。为保证行车安全，消除各种危险因素，必须掌握各类人员和车辆的动态规律，以便能及时做出正确地判断，采取相应的安全对策。

一、行人动态分析

行人是各式各样的，从年龄上分，有老年人、中年人、青年人、儿童等；从职业上分，有工人、农民、学生等，不同的行人有不同的行为特点。如果驾驶员只用一种模式或方法来对待这些具有不同特性的行人，就会产生这样或那样的问题，甚至引发事故。

儿童活泼好动，贪玩好奇，思想单纯，行走无定律，交通安全意识差，喜欢在公路上乱跑。听到马路对面的父母及亲朋好友呼叫声时，会不顾一切地穿越道路，根本不理会路上是否有汽车驶来。别的小孩越过马路后，无论汽车是否已经驶近，留在道路另一侧的小孩都会跟着横穿。铁环、皮球等玩具滚到马路中间时，儿童会奋不顾身地前往拾取，毫不顾及自身安全。小孩喜欢玩捉迷藏，经常会从胡同（里巷）口或停放的车辆后蹿出。车辆行经这些地段时，一定要减速慢行，注意观察小孩的举动，做好随时停车的准备，切不可从儿童中穿行。

青年人反应快，应变能力强，知识丰富，艺高胆大，常对示警喇叭声等满不在乎，甚至敢在汽车临近时以身试车、强行横穿、故意违章，切忌与之争道抢行。

老年人视力不佳，听觉不灵，行动迟缓，躲避车辆能力差，横穿马路时常常犹豫不决，甚至行至中途发现来车后会突然退回。因此，遇到老年人横穿马路时，要提前减速鸣号，使其有充分的反应时间。

妇女喜欢三五成群外出行走，嬉笑言谈常会妨碍对汽车的感知，听到示警喇叭声后，胆大者会向对面跑去，胆小者一般就地避让，也有跑开后发现同伴没跟着又跑回来的，对此驾驶员要百倍警惕。

聋哑人因为听觉失灵，听不到外界声音，走起路来往往只顾自己一味向前，对车辆的鸣号毫无反应，此时只能尽快减速，小心谨慎地从其身旁较宽一侧缓缓通过。

盲人听到汽车声，一般都会急忙躲避，但又不知道自己应如何避让，往往不敢向前迈步，凭拐棍探路移动，这时如果车辆可以通行就减速绕行，不要连续鸣号，以免使盲人无所适从，而发生危险。

痴呆人和精神病人的基本特征是神态反常，有的情绪低落，呆头呆脑，自言自语；有的嬉皮笑脸，手舞足蹈，乱叫乱喊。由于他们已失去理智，往往或出于自发，或受人唆使而做一些正常人不会做的事情，如迎着来车走来走去，或突然冲向来车，或趴于车轮之下。遇到这种情况，必须设法低速缓慢绕行，切不可性急。

饮酒过量的行人神志模糊，摇摇晃晃，走路不稳，行动难测，不能正常控制自己的行为，常耍酒疯，打架斗殴，造成群众围观并使交通阻塞。遇到酒醉的行人时，为了防止其跌倒或扑向车前，必须密切观察其动态，能过则过，应停则停。

有些行人思想高度集中在某件事情上，除了两腿本能地、机械地移动外，对外界的一切都

置若罔闻。遇到这种情况，要尽早减速鸣号将其唤醒，切勿临近时才突然鸣号，否则会导致对方盲目躲闪而发生事故。

行人在汽车临近时突然横穿马路对车辆正常行驶威胁最大，常会使驾驶员制动不及时而肇事。故行车中应时刻注意行人动态，发现其扭头观看道路两端来车时，应及时减速做好避让准备。当道路左侧行人朝对向驶来的出租车招手时，他们很可能会忽视其他过往车辆，突然横穿马路，必须做好应急准备。在尘土飞扬的刮风天，即使汽车已经临近，一些冒失的行人也会不顾一切地抢占上风，突然跑向马路的另一边以躲避灰尘，对此驾驶员不可掉以轻心。

二、车辆动态分析

机动车是道路交通的主体，操作轻便，行驶速度快，车型繁多，性能差别极大，再加之每个驾驶员的技术水平、安全知识和行车习惯等均不相同，从而使车辆行驶中表现出的运行特征也不尽一样。自行车、人力车和畜力车等非机动车，在混合交通的条件下，常与机动车抢道争行，会给安全行车带来很大的威胁。这就要求每个驾驶员认真观察和判断临近车辆的动态，了解该段道路的交通情况，相互配合，协调一致，确保安全行车。

1. 自行车动态分析

自行车灵活、方便、体积小、速度快，骑车人一般喜欢在路面条件较好的机动车道上骑行，不经示意就抢道超车或急转弯，甚至在机动车的车流中穿插。由于性别、年龄的不同，骑车者的风格亦不尽相同。一般来说，老年人比较稳重，车速较慢；年轻人比较冒失，车速也快；女性比较谨慎，处理情况比较犹豫。

骑自行车者的正常姿势一般是双手握把，上身坐正，顾盼从容，脚掌踩蹬，通过转动车把或调整坐姿来保持平衡，使自行车直立稳定行驶。骑车经验不足者，人车扭摆严重，车辆明显蛇行，遇到汽车驶近，往往会惊慌失措，左右摇晃甚至跌倒，汽车必须与之保持较远的距离低速通过。

路边骑自行车的人不住地回头观望，特别认真地观察过往车辆，一般表明他们打算穿越公路，正在寻找时机，驾驶员除鸣号示警外，还须适当降低车速，做好应急准备。自行车遇路边停放的车辆或成群结队的行人等障碍时，常会不作任何示意便突然拐入路中间绕行，与尾随其后的机动车发生冲突。自行车从右侧超越前方其他自行车时，经常会将被超的车挤入机动车道，让后方机动车驾驶员措手不及。

雨天骑自行车人因穿戴雨具，视线与听觉均受到影响，不能及时发现和避让车辆。在冰雪路上，自行车不易控制，随时有突然滑倒跌入车前或车下的危险，且经常会出现前面一辆滑倒，后面有几辆跟着滑倒的局面。炎热酷暑，骑车人喜欢沿阴凉地段行驶，往往逆行或跟随机动车车影行驶。刮风天即使汽车已经临近，有些骑车人也会不顾一切地抢占上风，以躲避灰尘。顶风骑自行车十分费力，骑车人往往会低头猛踏而很少顾及前方情况。

自行车装载货物过重或车后货物过高时，会造成前轻后重，前轮发飘，车把不稳，遇情况容易摔倒，汽车超越时应保持较大的横向间距。骑车人上坡因费力而喜欢曲折行进，低头猛踏；下坡则车速较快，遇到情况往往一时又停不住，容易发生翻车和撞车事故。

2. 人力车动态分析

人力车是靠人力驱动的简易运输工具，在我国城乡均较常见，主要品种有独轮车、两轮平板车、脚踏三轮车等。它们的共同特点是结构简单,速度不快,载重后行驶更慢。人力车起步时,要花较大力气才能推动前进,故人力车操纵者不愿经常停车,这样往往出现人力车与机动车争道的现象。

独轮车在一些地方的小城镇和农村常见,它全靠推车人的臂力支撑和推动,推车人劳动强度大,车辆稳定性极差,遇到路面障碍或紧急情况时,常会失去平衡而翻车,因而驾驶员行车中要"敬而远之"。

两轮平板车也称劳力车,是靠人力拉动或推行,速度缓慢,无法及时避让,在行驶中相遇时,驾驶员要及早鸣号示意,同时还须看清车上的装载情况。如车上装载的是较长的物资,如毛竹、木材、混凝土预制件等,应当心车辕靠向路边时,车尾会扫向路中。两轮平板车载重下坡或转急弯时,往往难以控制,与之相遇的汽车应主动避让,绝不可急躁催促、强行交会或超越。

脚踏三轮车起步、停车、上桥、上坡困难,为了省力上坡往往蛇行,下坡则利用惯性滑行,由于重心不稳,下坡中难以控制,极易发生翻车和碰撞事故。汽车与之相遇时,应设法保持必要的前距和横距,不随便在上坡、上桥时超越。

3. 畜力车动态分析

以牲畜为动力的车辆称为畜力车,常见的畜力车是马车,也有驴车、牛车等。拉车的牲畜有三种:一种是经常在交通频繁路段拉车的牲畜,当汽车接近时,行走照常,悠悠自得;另一种是不经常在公路上拉车的牲畜,听到喇叭声就竖耳却步、惊恐万状;第三种是未驾辕的小牲畜,初次上路,少见多怪,容易乱蹦乱穿。后两种牲畜听到异响易惊车,造成车祸。在行车中遇到畜力车时,要在距离畜力车较远的地方鸣号,注意观察牲畜动态,如果牲畜两耳直立,行走犹豫,则应马上减低车速,做好停车准备,切勿在临近时再鸣喇叭,以免牲畜更加惊慌而发生意外。

4. 摩托车动态分析

摩托车轻便、灵巧、快速、省力、机动性能好、使用效率高,但制动性与稳定性都不如汽车。遇下坡、下雨、下雾、结冰时,因摩托车车轮较窄,与路面接触面积小,极易侧滑。在行驶中,稍受外力或路面凸起物的冲击都可能使方向失稳。

摩托车车把的宽度、高低及坐垫一般不能调整,驾驶时以两手支撑车把掌握方向,腰部保持挺直,极易造成驾驶疲劳。摩托车头盔使头部得到了较大面积的保护,但同时也减小了驾驶员的视野,严重影响驾驶员的听觉。此外,使用全盔时,驾驶员呼出的二氧化碳聚集在头盔面罩下,会减少新鲜空气的吸入,从而降低大脑的灵敏度。

汽车在与摩托车相遇时,要适当降低车速,认真观察其行驶路线、灯光信号以及驾驶员的动作,提防它突然变道、钻空子、绕障碍、急转弯、猛制动。要保持适当的安全距离,不要乱按喇叭,不要紧急制动,也不要逼迫摩托车靠路边行驶。

轻便摩托车具有自行车和机动车的双重特点,速度不快,稳定性差,但灵巧省力,走机动车道。驾车人多数没有经过严格的技术训练,对交通规则也一知半解,经常会在不知不觉中就窜到车辆的前面,对行车安全威胁很大。

5. 拖拉机动态分析

拖拉机的特点是噪声大,干扰听觉,行驶速度慢,制动性能差,尤其是手扶拖拉机的转向、制动性能更差,甚至没有制动灯和转向灯预告,操纵也困难。拖拉机一般都带挂车行驶,其挂

车与主车之间的连接比较松旷，行驶中挂车有左右摆动现象，会车时一定要适当放宽横向间隔，以免发生刮碰事故。拖拉机的噪声会使其驾驶人员不易听到小汽车的喇叭声，故超越拖拉机前要多鸣号，待其确实让行后方可超车。另外，有些拖拉机手多在农田作业，对公路和城市街道的行驶经验比较缺乏，极易违章。

6. 汽车动态分析

轿车轻便灵活，功率较大，行驶速度快，加速性、制动性和操纵稳定性好。微型汽车体积小，灵活性好，速度快，与其他车辆相遇时，都喜欢抢道和超车。行驶中遇到这些小型汽车，应多观察其动态，在交叉路口应预防其绕行，在普通路段应主动让路、让速、让超。

公共汽车体积大，载客多，起步慢，平均运行速度低，停站频繁，车前车后横穿道路的乘客多，非机动车辆绕行多。超越停站的公共汽车时，应放宽横距，多鸣号，密切注意非机动车和行人的动态，做好制动停车准备。炎热季节，客车上的乘车人常将头、手伸出车厢外，稍不注意，便会酿成事故，超越这种车辆或与其交会时，应保持较宽的横向距离。

普通货车一般都较坚固，不怕小擦小碰，喜欢多装快跑，见前车略慢就急欲超车，还常借用对方的车道行驶。遇到普通货车时，应注意观察其装货情况，特别要看清有无体积大的或突出的东西伸出车厢，以防刮碰。装载超长物品的货车转弯时，尾部会扫过较大的空间面积，容易与其他车辆、行人或建筑物相刮碰，尾随其后的车辆在交叉路口或弯道处应特别小心。装载较高而又捆扎不牢的物品在车辆颠簸时会倒塌摔下，易砸伤行人和其他过往车辆，对这类货车应敬而远之。

平板车是一种特殊的货车，其特点是车身长、体积大、载重量大，所载货物往往超高、超宽、超长，行驶中灵活性差，转弯角度大，借道多。在行驶中与平板车交会时，应提前减速礼让，并保持较大的横向距离，以防剐蹭。遇到平板车在前方低速行驶时，要耐心跟进，只有在确保安全的情况下，方可超车，切忌急躁，以免发生事故。

特种车的种类很多，常见的有消防车、救护车、警备车、工程抢险车等。这些车辆由于承担的任务与普通车辆不同，其行驶特点也有所不同。特种车一般功率大、车速快，尤其在执行任务时，车速往往要比普通车辆快得多，加之车上的一些特殊设备，常使该车对横向或纵向安全距离有较高要求。行车中遇到执行任务的特种车要主动避让，靠边缓行，让其顺利超越或会车。在交叉路口或弯道相遇时，应主动停车让行。

第二章　汽车与交通安全

交通安全主要与“人—车—路—环境”组成的系统有关,汽车是这一系统中潜在危险性最大的环节。汽车作为交通系统中的主体,其结构和性能直接影响着行车的安全性。影响行车安全的车辆技术性能涉及汽车的制动系、转向系、传动系、行驶系、照明和信号装置等。汽车技术状况的不断完善,可预防或弥补驾驶员因紧张等因素造成的操作失误,大大减少交通事故发生的可能性。即使发生了交通事故,也可能把损失降到最低程度。因此,汽车的性能与结构对行车的安全性具有重要的意义。

第一节　汽车的安全性能

一、制动装置的性能与行车安全

汽车的制动性能是指汽车在短时间内能强制地降低行驶速度以致停车且维持行驶方向稳定性,或在下坡时保持一定速度行驶的能力。汽车制动性是汽车的主要性能之一,直接关系到道路的交通安全。制动是汽车主动安全措施的最后手段,是将动能转化为其他形式能量的过程。汽车的制动是通过车上的制动装置实现的。根据国家标准《机动车运行安全技术条件》(GB 7258—1997)的规定,汽车须装有两套彼此独立的制动装置,即驻车制动装置和行车制动装置。驻车制动装置用来在坡道上停车时,防止汽车自行移动。行车制动装置是汽车上的主要制动装置,用来在行车中减速,必要时停车。

1. 汽车制动的基本原理

汽车在制动时需要外界提供与行驶方向相反的力,这个力只能由空气和地面提供,由于空气所能提供的制动力是非常小的,因而地面对汽车的阻力就成为影响制动效能的关键因素。图 2-1 所示为制动时车轮的受力示意图。其中,F_{Xb}为地面制动力,W 为车轮垂直载荷,T_p 为车轴对车轮的推力,F_Z 为地面对车轮的法向反作用力。显然,由力矩平衡可以得到:

$$F_{Xb} = \frac{T_\mu}{r} \tag{2-1}$$

式中:T_μ——制动器制动力矩;

F_{Xb}——地面制动力;

r——车轮半径。

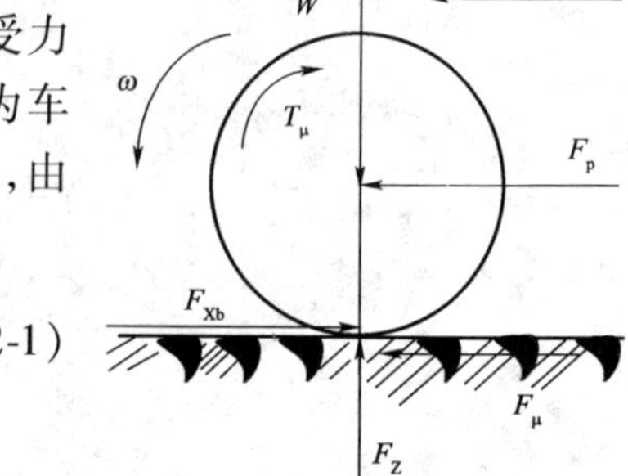

图 2-1　车轮受力示意图

地面制动力取决于两个摩擦副的摩擦力:一个是制动器内制动摩擦片与制动鼓或制动盘间的摩擦力;另一个是轮胎与地面间的摩擦力——附着力。制动器摩擦力仅由制动器的结构

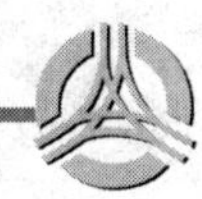

参数决定,即取决于制动器的形式、结构尺寸、制动器摩擦副的摩擦因数以及车轮半径,并与制动踏板力成正比。但是地面制动力不仅取决于制动器制动力,还受地面所能提供的附着力的影响。一般来说,如果认为车轮只存在滚动和滑动两种状态,当制动器制动力不太大时,地面制动力与制动器制动力成正比,随着制动器制动力的增大而逐渐增大。当制动器制动力增大到一定程度时,地面制动力增长到极限值,即为地面所能提供的附着力。由《汽车理论》可知,二者的关系可以用图 2-2 来表示。

由此可见,汽车的地面制动力首先取决于制动器制动力,但同时又受地面附着条件的限制,所以只有汽车具有足够的制动器制动力,同时地面又能提供高的附着力时,才能获得足够的地面制动力。

提供足够的地面制动力是实现高制动效能的基础条件,在此基础上评价汽车的制动效能可以用制动距离或者制动减速度来衡量,由于制动距离可以更直观地反映制动效能的优劣,因而本文以此角度讨论分析如何提高车辆的制动效能。车辆的整个制动过程可以分为三个阶段,如图 2-3 所示。

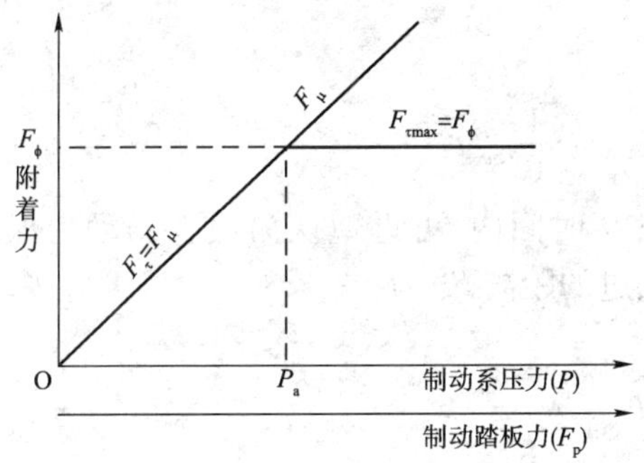

图 2-2 汽车的地面制动力、制动器制动力和附着力关系图

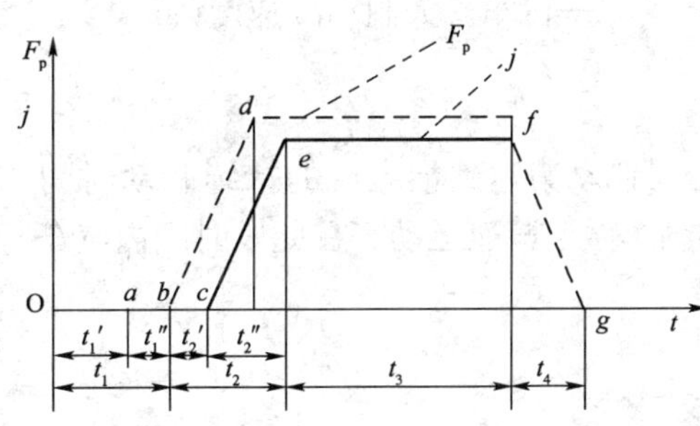

图 2-3 汽车的制动过程

驾驶员在接收到信号后,并没有立即制动,而是首先经过 t'_1 的时间才意识到应进行制动,而后经过 t''_1 的时间才踏到制动踏板,这时间称为驾驶员的反应时间,与车辆的结构和性能没有关系。在踏到制动踏板后,首先要经过 t'_2 的时间克服离合器踏板间隙,而后经过 t''_2 的时间随着踏板力的不断增大,地面制动力开始增大,使汽车开始产生制动减速度,$t_2 = t'_2 + t''_2$ 称为制动器起作用时间;当地面制动力增大到最大值时,汽车的制动减速度不再增大,汽车匀减速行驶直至停车或者是松开制动踏板。当松开制动踏板时,制动力并不是立即减小到零,而是有一个渐变过程,这段时间一般在 0.2 ~ 1.0s 之间,如果时间过长,将会耽误随后的起步行驶时间。

真正使汽车减速停车的是持续制动时间,通常,在制动器起作用时车辆的行驶速度相对较高,而这段时间对制动距离的影响是很大的。因而改进制动系结构,减少制动器起作用时间,是实现缩短制动距离、提高制动效能的一项有效措施。

2. 制动性能的评价指标

汽车的制动能力评价指标包括:制动效能、制动效能的恒定性以及制动时的方向稳定性。

1) 制动效能

制动效能是指汽车在良好的路面上以一定的初速制动到停车的制动距离或制动时汽车的

减速度。它是制动性能最基本的评价指标。

(1)制动距离。制动距离与制动踏板力有关。制动距离能直观地反映出汽车的制动性能。制动距离 S 是指从驾驶员右脚开始踏制动踏板至制动停车为止汽车所驶过的距离,它包括制动器起作用和持续制动两个阶段中汽车行驶过的距离 S_2、S_3,即 t_2、t_3、t_4 时间内汽车行驶过的距离,如图 2-3 所示。

汽车的制动距离和制动初速度的关系如下:

在制动器起作用阶段,设在 t_2 时间内汽车行驶过的距离为 S_2。从图 2-3 可知,在 t_2 时间内,汽车尚未出现制动力,汽车仍以原有速度 U_0 向前行驶,所以 L_2 为:

$$L_2 = U_0 t_2 \quad (\mathrm{m}) \tag{2-2}$$

式中:U_0——汽车制动初速度(m/s)。

t_3 是制动力增长时间,设在此时间内,制动力按直线规律增长,则可求得在 t_3 时间内,汽车行驶过的距离 L_3 为:

$$L_3 = U_0 t_3 - \frac{1}{6} j_{\max} t_3^2 \quad (\mathrm{m}) \tag{2-3}$$

式中:$j_{\max}$——汽车最大制动减速度($\mathrm{m/s^2}$)

$$S_2 = L_2 + L_3 = U_0 t_3 - \frac{1}{6} j_{\max} t_3^2 \tag{2-4}$$

t_4 是制动力达到最大后的持续制动时间。在 t_4 时间内,可近似认为最大制动力保持不变,即汽车做匀减速运动。在此段时间内汽车行驶过的距离 S_3 为:

$$S_3 = \frac{U_0^2}{2j_{\max}} - \frac{U_0 t_3}{2} + \frac{j_{\max} t_3^2}{8} \tag{2-5}$$

式中各符号意义同前。

由上述可知,汽车的制动距离 S 为:

$$S = S_2 + S_3 \tag{2-6}$$

$$S = \left(t_2 + \frac{1}{2} t_3\right) U_0 + \frac{U_0^2}{2j_{\max}} - \frac{j_{\max} t_3^2}{24} \tag{2-7}$$

因为 t_3 相当小,故略去高阶微量,上式汽车的制动初速度 U_0 的单位为 m/s,为方便计算,把汽车的制动初速度 U_0 的单位转换为 km/h,可得汽车的制动距离 S 与制动初速度的关系为:

$$S \approx \frac{1}{3.6}\left(t_2 + \frac{1}{2} t_3\right) V_0 + \frac{V_0^2}{25.92 j_{\max}} \quad (\mathrm{m}) \tag{2-8}$$

式中:V_0——汽车的制动初速度(km/h)。

从以上公式可以看出,决定汽车制动距离的主要因素是:制动器起作用时间、制动器最大制动力和制动的初始车速。

(2)制动减速度。制动减速度与地面制动力有关,主要取决于路面和轮胎状况。在评价汽车制动性能时,由于瞬时减速度曲线的形状复杂,不能采用某一点的值来表示,因此我国采用平均减速度的概念,即:

$$\bar{a} = \frac{1}{t_2 - t_1} \int_{t_1}^{t_2} a(t)\,\mathrm{d}t \tag{2-9}$$

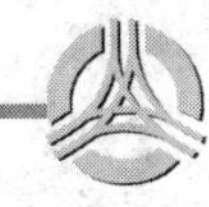

ECE R13 和 GB 7258 采用的是充分发出的平均减速度 MFDD(m/s^2),即:

$$MFDD = \frac{(v_b^2 - v_e^2)}{25.92(s_e - s_b)} \tag{2-10}$$

式中:v_b——0.8 U_0 的车速(km/h);

v_e——0.1 U_0 的车速(km/h);

s_b——U_0 到 U_b 车辆经过的距离(m);

s_e——U_0 到 U_e 车辆经过的距离(m)。

2)制动效能的恒定性

制动效能是指在汽车制动过程中,制动器的抗热衰退能力和水湿恢复能力。

(1)制动效能的热衰退。由于汽车高速制动,连续下坡以及短时间内的反复制动,引起制动器温度升高,制动器摩擦力矩显著下降,这种现象称为制动器的热衰退现象。制动效能的恒定性主要是指制动器的抗热衰退性能。

制动器的热衰退与制动器摩擦副材料和制动器结构形式有关。为了减少热衰退现象,可采取以下措施:

①增大摩擦片面积,加大制动鼓或制动盘的热容量;

②提高制动器热冷却能力;

③利用其他机构吸收一部分能量;

④尽量使摩擦片温度特性曲线保持平稳;

⑤高速车辆应选用自动加力作用较小的盘式制动器。

(2)制动效能的水衰退。制动器的水衰退性是指由于制动器摩擦片表面浸水后水的润滑作用,降低了制动器摩擦片的摩擦系数,而使制动器效能暂时下降的现象。

浸水衰退后制动性能的恢复试验可在干燥平坦的路面上进行。首先在车辆满载和连接发动机的条件下,以最大车速的30%为制动初速度、$0.3m/s^2$ 的减速度重复进行 3 次制动,记录踏板力或管路压力,作为基准,然后浸水 2min,进行恢复试验。在基准踏板力或管路压力的条件下,制动 15 次,制动周期为 60s,要求第 15 次踏板力与基准踏板力之差不大于 10%。

3)制动时汽车的方向稳定性

汽车在制动时的稳定性是影响交通安全的重要因素。如果汽车在制动过程中不能维持原来的行驶方向,甚至失去控制,极易引起交通车故。跑偏量就是关于汽车制动方向稳定性的指标,它是用汽车在制动后偏离原来行驶方向的距离来表示的。

汽车制动稳定性问题,主要是指制动跑偏、前轴失去转向能力和制动侧滑。

制动跑偏是指在制动过程中,汽车自行向左或向右偏驶的现象。主要原因有如下两个:

(1)左右车轮制动力不相等,特别是前轴左右车轮制动器制动力不等。

出现这种问题时,制动时,汽车会转向制动力大的一侧。绝大部分汽车跑偏都是因车轮制动器装配调整不当引起的,可通过修理和重新调整消除。

(2)制动时悬架导向杆系和与转向拉杆发生干涉。这个原因是由设计造成的。

前轴失去转向能力是指在弯道制动时汽车不再按原来的弯道行驶而沿弯道的切线方向驶出;直线行驶时,虽转动转向盘但汽车仍按直线方向行驶的现象。

制动侧滑是指汽车制动时,某一轴的车轮或两轴车轮同时横向滑动的现象。最危险的情况是在高速制动时,后轴发生侧滑。这时汽车常发生不规则的急剧回转运动,使汽车部分失去或完全失去控制。制动侧滑是由于车轮抱死后在路面上拖行时,承受侧向力的能力下降造成的。

通过大量的试验,目前已经认识到在较高车速下或沿光滑路面上制动时,若后轴车轮比前轴车轮先抱死,就可能发生危险的后轴侧滑,即使制动技术状况良好的汽车也难以避免。在一般道路上车速不高时,制动侧滑并不明显。制动侧滑问题只有通过改进汽车制动系统的结构设计才能彻底解决。

二、汽车的操纵稳定性

汽车在行驶过程中会遇到各种复杂的情况,有时需要沿直线行驶,有时需要沿某一曲线行驶。在发生意外情况时,驾驶员还要对汽车作紧急的异常操纵。此外,汽车的正常行驶还可能受到路面的凹凸或侧向风的干扰。实践证明,为保证汽车的行驶安全,汽车必须具备以下能力:

(1)能正确地遵循驾驶员通过操纵机构所给定的方向行驶;

(2)能抵抗力图改变行驶方向的外界干扰,保持稳定行驶。

在满足上述要求的同时,不能过分地降低汽车行驶的速度或造成驾驶员过度紧张和疲劳。汽车的这种能力总称为操纵稳定性。

汽车的操纵稳定性与交通安全有直接关系。操纵稳定性不好的汽车使驾驶员难以控制,严重时还可能发生侧翻或侧滑而造成交通事故。

目前,关于汽车操纵稳定性的试验评价方法有多种,但如何从理论上和实践上确切地评价汽车操纵稳定性的优劣,至今仍未能很好解决。下面仅概要介绍汽车稳态转向特性、汽车行驶稳定性极限以及驾驶员—汽车系统在紧急状态下操纵稳定性试验。

1. 汽车的稳态转向特性

汽车在通常行驶状态下的操纵稳定性常用稳态转向特性来评价。稳态转向特性的试验方法是在保持汽车转向盘转角固定不变的条件下,使汽车以不同的稳定车速作圆周行驶(圆周的直径尽可能大些,一般直径在 30m 以上),如果随着车速的逐渐增加,行驶的圆周直径也逐渐增大,这样的汽车称为具有不足转向特性;如果汽车行驶的圆周直径随车速的增加而减小,称为具有过度转向特性。圆周直径不变的称为中性转向特性。汽车的不同类型稳态转向特性的行驶特点如图 2-4 所示。

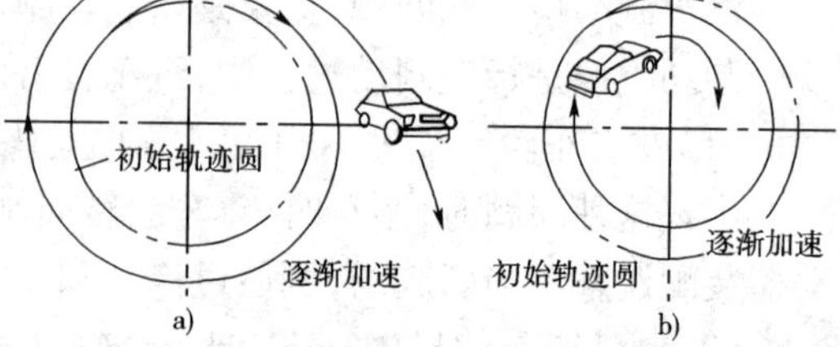

图 2-4 汽车的稳态转向特性

a)不足转向特性;b)过度转向特性

虽然汽车在道路上行驶时,上述这种等速圆周行驶状态非常少见,但人们在长期实践中认识到,汽车在等速圆周行驶状态下表现出来的不同响应,是评价汽车操纵稳定性的重要方法之一。在一般情况下,只有具有适度不足转向特性的汽车才易于操纵。汽车不能具有过度转向特性。具有中性转向特性的汽车也不好,因为汽车本身或外界条件的某些变化,可能使中性转向特性转

化为过度转向特性。驾驶员都习惯于驾驶具有适度不足转向的汽车,知道如何通过转向机构使汽车遵循所期望的路线行驶。如果汽车的转向特性发生变化(如轿车行李舱的重物过多使后轴负荷过重而引起变化),驾驶员的经验不能适应新的、不良的转向特性时,一旦出现紧急情况,汽车有可能失去控制而导致交通事故。

除了稳态转向特性以外,为保证在通常行驶状态下汽车具有良好的操纵稳定性,还要求汽车对转向盘角输入的响应要灵敏、直行性(即当转向盘不转动时,汽车保持直线行驶的能力)及回正性(即当汽车转弯行驶完毕,转入直线行驶时,汽车的转向车轮自动回正的能力)良好、转向操作轻便等。

2. 汽车行驶稳定性的极限

汽车保持稳定行驶的能力是有一定限度的。如果驾驶员对汽车的操纵动作使汽车的运动状态超过了这一限度,汽车的运动就会失去稳定,发生侧滑或侧翻,从而危及行车安全。这一限度称为汽车行驶稳定性极限。

汽车转向行驶时的稳定性极限对安全行车影响很大。汽车在转向行驶时会产生离心力,如果离心力过大,汽车有可能沿离心力作用的方向发生侧向滑移。与此同时,离心力还将引起内外两侧车轮法向反作用力的改变。如果内侧车轮上的法向反作用力降低为零,汽车将发生侧翻。

汽车抗侧滑稳定性极限是指汽车在高速转向时,因离心力引起的前后轮上的侧向反作用力达到车轮与路面间的附着极限时,汽车因车轮滑移而失去控制。根据前后轮上侧向反力达到附着极限的先后,汽车的侧滑可分为“偏航”和“甩尾”两种情况。

当前轮上的侧向反力先达到附着极限时,因前轮发生侧滑,汽车的横摆角速度减小,转向半径增大,汽车将向外侧甩出,发生“偏航”现象。严重时,汽车会被甩出路外,导致交通事故。

如果后轮上的侧向反力先达到附着极限,后轮将先于前轮向外侧侧滑,汽车的横摆角速度增加,转向半径减小,发生“甩尾”现象。由于转向半径减小,使离心力继续增加,这又进一步加剧了甩尾,所以容易诱发汽车打转,甚至侧翻。

3. 驾驶员—汽车系统在紧急状态下的操纵稳定性及其实验

紧急状态是指驾驶员行车中突然遇到意想不到的危险,必须在极短时间内做出判断,并采取回避措施时所处的状态。在紧急状态下,由于驾驶员心理的动摇,极易发生操作上的失误。此时汽车的运动状态虽未超过稳定性极限也会发生事故,这可以看成是由于人—车系统协作失调所引起的。为了更切合实际地研究汽车在紧急状态下的运动情况,应把驾驶员与汽车作为一个整体,即人—车系统来考虑。研究人—车系统的运动时,遇到的困难是很难准确而统一地表达。特别是人在紧急状态下的动作行为和平时有很大不同,而且每一具体的交通事故都有其特殊的条件,很难在试验研究的条件下准确地再现事故当时的情况。为此,目前只能采用代替的试验方法来评价人—车系统在紧急状态下的运动。这种代替的试验方法一般是给出一种比较苛刻的、近似于紧急状态的试验条件,在驾驶员有思想准备的情况下进行试验。下面介绍两种试验评价方法。

1)躲避障碍物能力试验

这一试验的条件如图 2-5 所示。假如汽车在直线行驶中突然遇到障碍物,设障碍物出现的距离,即躲避距离为 L,汽车前进方向的横向移动距离为 D,车道宽度为 W。上述各尺寸皆

用标杆标出。使试验车沿标杆标示的通路行驶，并规定不得使用制动器。以各种不同的车速及躲避距离 L 进行试验，对于每一种车速，以不碰倒标杆可以通过的最小躲避距离 L_{min} 来评价驾驶员—汽车系统的操纵稳定性。由试验的结果可以明确以下问题：

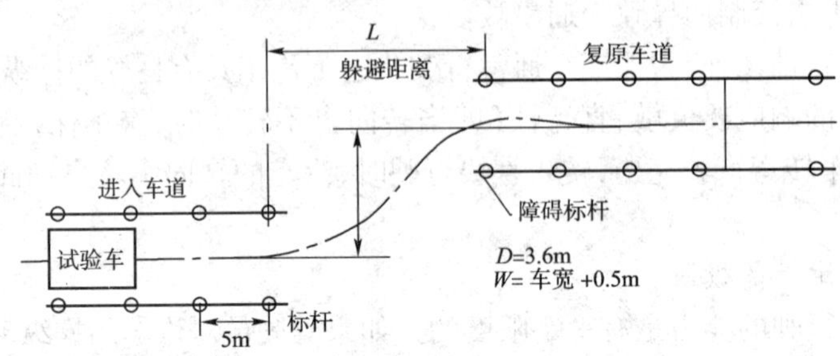

图 2-5　人—车系统躲避障碍物能力试验

(1)低速时的躲避距离比高速时短得多。低速时的躲避动作需要很大的转向盘转角，所以最小躲避距离主要受驾驶员是否来得及转动转向盘的限制。在高速时躲避障碍物的主要限制是在绕过障碍物后，不容易返回原来的前进方向。

(2)具有适度不足转向的汽车低速躲避障碍物的性能好。

2)蛇行穿杆试验

沿直线等距离布置 6 个标杆，使汽车反复穿越所有的标杆。以不碰杆、不侧翻并能以最短时间穿越全程者为蛇行穿杆能力强。由于这种方法不对驾驶员的操作作任何限制，所以可以在一定程度上反映出驾驶员—汽车系统转向运动的综合性能。

4. 提高汽车操纵稳定性的主要技术措施

1)动力转向

随着车速的提高、长途运输车载质量的增加以及驾驶员操纵舒适程度要求的提高，对转向轻便性的要求也越来越高。由于操纵转向盘既要做到动作灵活、轻便，还要有适当的路感，特别是低速转弯或紧急避让时能按驾驶员的意愿正确运行。其解决措施一是靠转向器结构、形式来改善原有性能；二是借助动力转向结构。

2)自适应感应器

装有自适应感应器的汽车行驶过程中，当侧向风或路面不平产生的外力使车辆偏离行驶路线时，检测仪器会自动检测偏移量，使执行机构动作，从而带动转向联动机构自动进行方向修正，以保持汽车原行驶路线。

3)警报信号与控制系统

为了能够正常行驶，一些车辆装有警报控制系统，以提醒驾驶员注意操纵车辆，或利用自动调节装置限制或修正车辆的运行状态。如在车辆的信号装置中设置车辆超速警告灯或设有警示区域来提醒驾驶员；某些发动机上设有速度控制开关，当车速超过限制时就停止供油；装有车间距控制系统的车辆使用微波雷达测量车距，可对危险状态发出警告。

4)四轮转向系统

四轮转向系统是由前后轮两套转向器组成的，二者通过中间轴连接，由前轮转角与车速或前轮转向力与车速作为后轮转向的控制信号。

5)制动转向控制系统

减少事故率及其损失的方法中,制动加转向回避的效果要比单纯制动回避、单纯的转向回避好得多。为此研制出汽车旋转稳定装置(VSC),其原理就是在转弯的过程中,如车轮出现侧滑趋势,自动调整各轮的制动力,同时控制发动机输出功率,从而控制车辆旋转的可能性。

6)驱动力自动调节系统

为了提高和改善车辆的转向性能,以及车辆在复杂路面上直线行驶的稳定性,美国、欧洲和日本等国家先后开发了不同形式的驱动力自动调节系统。其原理就是改变了普通车辆在任何运行情况下左右两侧驱动力都一样的情况,根据具体情况使内侧车轮驱动力向外侧车轮转移,从而产生转向力矩,同时使内外转轮转速不一致。

三、汽车的碰撞安全性能

1.汽车的正面碰撞安全性能

汽车碰撞在交通事故中占很大比例,主要有正面碰撞、斜侧碰撞以及追尾碰撞。小的擦伤对乘客及驾驶员影响不大。碰撞时,驾驶员和乘客受伤的主要原因是与车身构件发生了相互作用。在碰撞事故中,汽车安全性能的指标不仅涉及对驾驶员和乘员的保护,还包括对行人的保护,目的是降低碰撞的致死率和致残率,并有效地把经济损失降到最低水平。

1)汽车的正面和斜侧碰撞

汽车的正面和斜侧碰撞占总事故的40%～60%。在正面碰撞中,减速度由保险杠向车尾逐渐减小。驾驶员由于其所处位置在于车辆的前端,当发生碰撞事故时,驾驶员就首当其冲。汽车碰撞事故中,约有50%的驾驶员受到严重伤害。而在被动安全方面最重要的因素之一就是驾驶员的安全。对于驾驶员,正面碰撞时,碰撞力垂直于前围,危险主要源自车辆的变形和驾驶员的惯性冲撞。因此应该使车身前部的变形受到一定的限制,保证驾驶员有足够的安全生存空间。比如,日本三菱公司,在其各车驾驶区部分的车身及地板上加装了碰撞保护杆,以减小车身可能的变形。斜侧碰撞时,斜侧力使转向管柱、仪表板等对驾驶员构成威胁。转向盘在安全技术上是一种特别关键的部件,它应该能变形,并应设有缓冲装置以吸收冲击能量。在设计方面,为了减少乃至消除上述危害,可作以下考虑:

(1)局部增强侧壁的承载能力。汽车车身对前部和后部碰撞有很强的抵抗能力,而抵抗侧面碰撞能力较弱,这是因为在车辆前部有发动机舱,后部有行李舱,提供了足够的距离以吸收碰撞能量,而汽车侧面则缺乏吸收能量的变形距离,否则就会危及事故发生时乘员的有效生存空间,因而增强汽车侧壁承载能力,可提高抗碰撞能力。另外,这样还对翻转有较好的承受能力。

(2)采用安全坐椅。坐椅与驾驶室地板的连接应很牢固,但与底盘应采取柔性连接。碰撞时,它的作用就像剪切件,使驾驶员被推回的移动量相当于前围的变形量,同时,也可以减少转向柱对驾驶员造成的危险。

(3)保险杠的设计是一个专门课题,在车辆的外形设计中,保险杠既有一定的美观装饰作用,而且还有一定的安全功能。比如适当考虑保险杠的吸能作用,使保险杠能减缓一定程度的冲击,当撞击不是太强烈时,可以保护车身使之不至于受到损坏。

2）汽车的追尾碰撞

汽车追尾碰撞的发生占总事故的15% ~ 20%。这类事故发生时，应更多地考虑乘客的安全。限于国内汽车被动安全研究现状，乘用车以及中型客车内一般都没有为乘客准备诸如安全带一类的安全设施。但在其他方面，可为乘客采取安全措施还有很多：

（1）降低后壁损坏的程度。这主要是考虑到后置发动机在中型客车上使用。后置发动机对客车的总体布置有很多好处，随着人们对舒适性要求的提高，这将变成一种大趋势。

（2）为乘客提供一定的安全空间。在乘用车尤其是三厢乘用车上，因为行李舱具有一定长度，当发生追尾碰撞时可以为缓冲碰撞能量提供较大的缓冲距离，同时又不会危及乘员的生存空间。而条件好的中型客车一般都配备有空调，在发生追尾碰撞时，它会对乘客生存空间的占有，以及对乘客安全造成潜在危害，是一个值得研究的问题。靠增加车顶高度对豪华中型客车可以考虑，但是可能又会产生其他一些问题。比如，用于城间的中型客车，旅客的小件行李也要占用乘客空间，靠增加车顶高是难以想象的。交通部提出取消顶置行李架，因此对于中、低档次的客车，研究的方向只能是在车内空间的分配上，它主要取决于乘客坐椅的形状及其安装结构。这一点对乘用车的要求比对大客车的要更高。

（3）坐椅及坐椅的固定要有一定强度，从而让碰撞的惯性力不会把乘员抛离安全空间。坐椅的高度、变形能力等，会直接对乘员的头、手、脸、膝盖等造成伤害，在设计时要根据车辆的使用特点，适当选择其参数。

（4）车辆的顶盖和侧壁尽量减少凸起物，内饰件应有柔性作为保护措施。窗的上、下梁，车门及立柱都有凸起，这些重要构件在汽车碰撞时，极易对乘客和驾驶员造成损害，因此，在车内一侧，应尽可能平缓过渡。使用安全带和气囊对防止乘员和驾驶员的伤亡事故有很大的作用，表2-1是从一些资料上摘录的约束系统效果。

约束系统效果 表2-1

	驾驶员	前排乘客	后排乘客
腰—肩安全带	42% ±4%	39% ±4%	27%
气囊	18% ±4%	13% ±4%	—
安全带+气囊	46%	43%	—
腰带	—	—	18% ±9%

2.汽车的翻滚碰撞安全性

汽车的翻滚是一种很危险的交通事故，因为汽车顶部的强度通常较低，属于汽车结构中最为薄弱的环节，当车辆发生翻滚时，汽车顶棚很容易发生塑性变形，使乘客舱的空间急剧减小，危及乘员的生存空间，因而倾翻事故引发的乘客及驾驶员的伤亡率比其他交通事故高出几倍，经济损失更大。虽然车辆翻转的情况出现几率较小，但是一旦发生就会造成很严重的人员伤亡和经济损失，因而也是在汽车安全领域受到关注的一个重要方面。为了提高汽车的翻滚碰撞安全性能，降低倾翻事故的危害，可采用以下措施：

（1）确保车顶有足够的强度，这样可免除车顶凸起变形危及乘客空间。

（2）用安全带防止乘客摔出。

(3)设计配套的坐椅。好的坐椅可起到保护乘客的作用,不好的坐椅却可能伤及乘客。

(4)采用吸能设计。车的内饰、内壁用柔性件、塑料件,不仅能吸收翻转时对乘客的冲击,还可减少对乘客的碰伤。

(5)采用承载侧壁护板。这与提高车顶强度具有相同的意义,可以提高乘客的安全性。侧翻事故往往更会引起公众的注意,而社会效益的损失是不容易估计的,对这一情况更应重视。

3. 汽车碰撞中的行人保护

行人保护是被动安全研究的一个主要方向,它包括一切旨在减轻事故中汽车对外部人员的伤害而为汽车专门采取的措施。无论在哪个市场,未来车辆的造型和总布置将越来越受到对行人保护的要求。在我国,由于道路交通具有道路密度低,人、车平均道路少,道路等级低,人口及自行车多,混合交通比例大等特点,行人的伤亡比例一直高居不下。据统计,欧洲 12% 的交通事故死亡者为行人,美国为 11% ,中国则超过 50%。所以中国汽车业在车辆设计、改造方面,对行人的安全保护意识应该更紧迫。

汽车与行人相撞是个复杂的问题,相撞时行人的姿势、汽车与行人接触的部位等对伤害情况有很大影响。根据使用模拟假人与汽车相撞试验的结果来看,一般行人被汽车撞后的情况如图 2-6 所示。

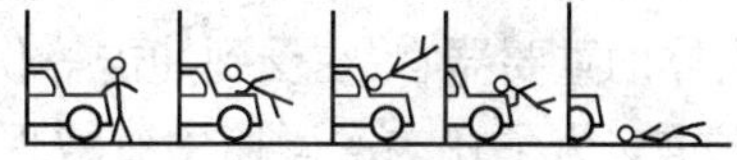

图 2-6 行人—车辆碰撞示意图

在汽车与行人相撞的过程中,行人受到三次严重碰撞。一次碰撞是汽车的保险杠撞击行人的腿部以及发动机罩撞击行人的腰部。对于成年人,由于人体受到的冲击力作用在人体的重心以下,所以碰撞后,人体围绕重心发生回转运动被抛上发动机罩,并在发动机罩上滑动,头部碰撞前风窗玻璃。在这个过程中,行人受第二次碰撞。最后行人从发动机罩上落到地面上,很可能继而受到前轮的碾压,这是第三次碰撞。

目前绝大多数乘用车车头在与行人发生碰撞时,行人的下肢和头部是最频繁受到伤害的部位。一般来说,在车头与行人碰撞时,近 45% 的腿部伤害是由于保险杠与行人下肢碰撞造成的,有近 35% 的头部伤害是由于撞击后行人与风窗玻璃碰撞造成的,有近 20% 的头部伤害是由于与发动机罩碰撞造成的。由此可见,为了减轻被害行人的伤害程度,在设计车身时,车头造型的设计和发动机罩以及风窗玻璃的设计,是减少碰撞伤害的主要因素。在汽车与行人碰撞过程中为了尽可能地减轻行人受到的伤害,将人身伤亡和经济损失降低到最低水平,在汽车设计过程中应当充分考虑人—车碰撞过程中对行人的保护。由上述对碰撞过程中行人的受伤致因的分析,应在如下方面做出妥善的考虑:

(1)减轻一次碰撞伤害。相比较于后两次的碰撞,这一碰撞过程中能量最大,能量的转化也最为剧烈。因此,这一阶段的保护措施就是设计出可以充分吸收碰撞能量的有效结构,以缓冲车辆对行人的冲击,减轻对人体的腿等造成的伤害,同时也有利于为减轻二次碰撞伤害和三次碰撞伤害做好准备。为实现这一目的,多采用能量吸收式保险杠以及行人保护安全气囊,它能够对行人起到保护作用,并能避免汽车重要部位的损坏,从而减少维修费用。

(2)减轻二次碰撞伤害。在二次碰撞过程中,人体各个部位的受到伤害的程度各不相同。根据日本比绍公司的调查,用考虑伤害程度和频率的伤害重要度进行比较时,二次碰撞造成的头部伤害最大,见表 2-2。

伤害的重要程度　　表 2-2

负伤部位	伤害的重要程度(%)		
	车辆造成的伤害	路面造成的伤害	总的伤害
头部	4.07	12.3	53
颈部	0.7	0.2	0.9
胸部	7.3	4.0	11.3
上肢	3.4	1.3	4.7
腹部	0.3	0	0.3
腰椎	0.2	0.1	0.3
骨盆	1.7	0.4	2.1
下肢	25.5	1.9	27.4
合计	79.8	20.2	100

由表 2-2 可知,在二次碰撞过程中,行人头部受到的伤害最为严重,其次为下肢。头部是人体的重要器官,在受到冲击等伤害时容易导致昏迷、残废甚至死亡,是行人安全保护的重中之重。为了在二次碰撞中有效保护行人头部,可以采取抬高发动机罩、发动机罩弹升技术等措施。

(3)减轻三次碰撞造成的伤害。对于第三次碰撞防护,一般在车前部设置防止行人摔到路面上的救护网等接受装置。除此之外,为了防止行人及自行车等卷入后轮下,我国的《机动运行安全技术条件》中规定全挂列车的牵引车和挂车之间应加装安全防护装置。在大型载货汽车前后轮间安装防护栅,以及在汽车拖带挂车时,在汽车与挂车之间安装防护栅等安全装置也是必要的。国外正在研究一种能将车轮下行人推出以免遭受碾压的保护装置。

在行人保护措施中,防止车外的突出物对行人的伤害也很重要。在车身设计时,尽量将门把手等装置设计成内凹式,采用具有缓冲机构的后视镜等措施,以利于减轻对行人的伤害。

4. 汽车碰撞过程的吸能原理

当汽车与人、障碍物或其他车辆发生碰撞时,由于汽车具有大量的动能,如果不及时、有效地把这些能量吸收转化为其他形式的能量耗散掉,它们将会对汽车造成极大的损害,其后果不仅是损坏汽车的结构,更为严重的是在碰撞过程中挤压驾驶室使乘客舱发生严重变形,极容易导致驾驶员和乘客受伤甚至死亡。因此,在现代的车辆设计尤其是乘用车的设计,都会充分考虑车身对能量的吸收能力。同时开发出了各种有效的吸能结构和装置以充分保护驾驶员和乘客。

在汽车碰撞过程中,大部分的碰撞能量依赖汽车车身的塑性变形来吸收,而为了保护乘员会在驾驶舱内部设置安全带、安全气囊、安全坐椅等乘员保护措施来避免由于乘员的惯性作用导致的人身伤害。

首先是汽车车身对能量的吸收作用。在纵向碰撞发生时,一辆安全性能良好的汽车的前部保险杠应化解一定的冲击力。当冲击力超过保险杠的吸能能力时,汽车车身结构将发生作用。通过以损坏乘坐室以外的结构为代价来减少传到乘员的减速度和力。撞击时车架的前横梁开始弯曲变形。在吸收能量的同时纵梁也会按设计的要求变形吸能,但不应后移,从而避免

对乘员舱造成冲击挤压;同时使剩余的冲击力在车身整个加强结构中均匀传递。避免乘员舱发生变形和影响车门开启。汽车碰撞能量主要是由吸能元件吸收。这些吸能元件的性能影响甚至决定着整个汽车结构在碰撞中的表现。通过提高吸能元件的性能就能提高整车的安全性。试验研究表明,在汽车以48km/h的车速发生正面碰撞时,汽车的前纵梁吸收了约70%的碰撞能量。因而,设计出一种可拆卸更换、结构简单、造价低廉、安全可靠、能产生塑性变形合理吸收能量的安全碰撞吸能机构,可以达到有效保护驾乘人员的安全的目的。

除了改进外形设计之外,保险杠通常还采用较为吸能的材料,美国拜耳材料公司开发出一套利用聚氨酯泡沫制造的保险杠吸能系统。这种管状部件会在反复撞击中不断磨损,直至完全破碎。这是一种质量小、转移/吸收能量和保护行人的解决方案,目前已在凯迪拉克STS上投入使用,在NHSTA(美国国家公路安全局)和IIHS(高速公路安全保险协会)的测试中,表现出不错的行人保护作用。

在汽车的碰撞过程中,乘员由于惯性作用会产生前冲或者是后仰动作。当乘员前冲时,头部和胸部会撞击到转向盘,从而造成很严重的人身伤害。当乘员后仰时,会造成颈部承受的载荷过大,很容易导致截瘫甚至死亡。为了在这种情况下有效保护乘员的人身安全,设计人员开发了汽车安全带、安全气囊、安全头枕等装置,其具体结构和工作原理将在第二节讲述。

第二节 汽车的安全结构

汽车的结构对于行车安全具有重要的影响。汽车在结构设计上要满足人的心理和生理特点,按照人体生物力学特性进行合理布置,同时在发生事故时,车体结构要尽可能地缓解和吸收冲击能量,以降低对乘员的伤害程度。交通事故的发生过程一般可分为4个阶段:事故预防阶段,即防止事故危险因素出现阶段;事故回避阶段,即从事故发生前的危险状态脱离阶段;碰撞安全阶段,即减轻事故伤害的阶段;事故救生阶段。如果事故发生过程的前两个阶段能够成功,就可以防止事故的发生,因此称为主动安全。事故发生过程的后两个阶段能减轻对乘员的伤害程度,又称为被动安全,如图2-7所示。在现代的汽车上一般都会设有事故预防、事故回避、减轻事故损害和事故救生的安全装置与结构。

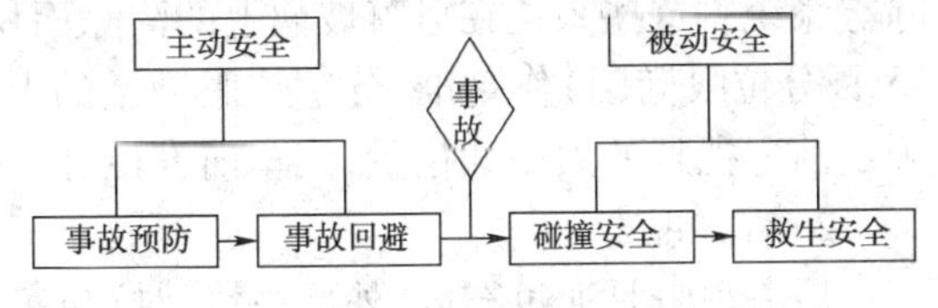

图2-7 事故发生的4个阶段

一、事故预防的安全装置与结构

1.汽车的驾驶视野

汽车安全行驶需要驾驶员能及时接收足够正确的信息,而驾驶员接收的信息80%是通过视觉获取的。汽车驾驶视野是汽车主动安全系统中的重要组成部分,汽车驾驶视野的宜人化程度直接决定了车辆主动预防交通事故的性能。

汽车驾驶视野的设计是以驾驶员的眼睛位置(多称为视点)为定位基准。驾驶员眼椭圆的确立为研究汽车视野性能提供了科学基准。各种百分位身材的驾驶员对应有各种百分位的眼椭圆。为便于汽车视野设计或校核,常将各种百分位的眼椭圆制成样板,其在车身视图上的

位置如图 2-8 所示。

汽车驾驶视野按方向的不同可分为前方视野、后方视野和侧方视野。另外，夜间行驶也需要夜间视野。

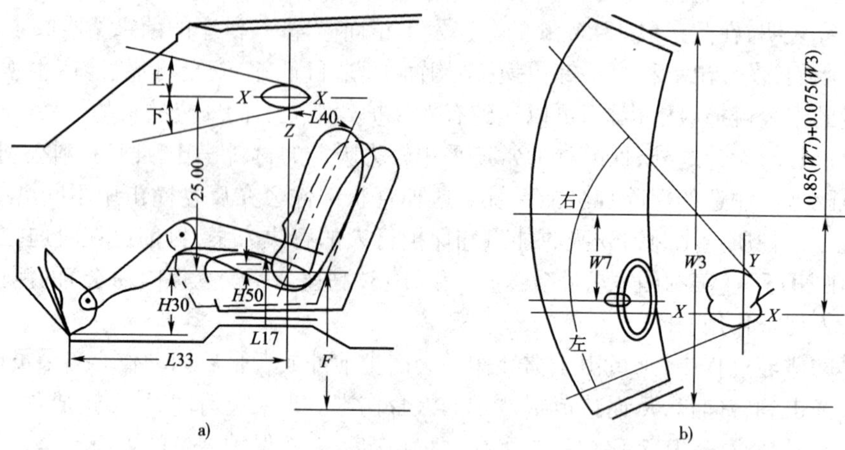

图 2-8　眼椭圆位置

*L*17-*H* 点前后方向的水平调节量；*L*33-*H* 点至加速踏板踵点的水平距离；*L*40-坐椅靠背角；*H*30-*H* 点至加速踏板踵点的垂直距离；*H*50-*H* 点的垂直调节量；*W*3-*H* 点向上 254mm 处的驾驶室最小宽度；*W*7-转向盘中心至汽车纵向对称平面的距离

1）前方视野

前方视野是从前风窗玻璃所能看到的范围及车厢内部的仪表板部分。前方视野是汽车行驶中最为关键的视野。前风窗玻璃框架横框和立柱位置以眼椭圆为基准，并综合考虑车辆使用环境、人眼的视觉特性和能使驾驶员既方便获取交通信号又避免太阳光照射而眩目等因素最终确定。视野太大，路感等刺激增大，容易引起驾驶员的疲劳；视野太小，则不能获得足够必要的信息。除此之外，为了保证车辆在雨雪天能为驾驶员提供良好的前方视野，还应设除霜、除雾系统。这些系统在风窗玻璃上的清除面积及其位置也是依照驾驶员眼椭圆（通常采用第 95 百分位眼椭圆）作基准，分别作眼椭圆的上、下、左、右 4 个切面，以切面与风窗玻璃的交线确定前方视野的大小和位置，汽车前方视野的校核如图 2-9 所示。

2）后方视野

后方视野是通过车内、外后视镜间接观察到的可见范围。其视角大小和方位主要取决于后视镜的尺寸和布置位置，如图 2-10 所示。后视镜的大小、镜面曲率与视野角度密切相关，镜面面积和曲率越大，视野角就越大。然而，如果镜面面积过大物像会产生畸变失真；镜面曲率过大，则难以判断物像的距离，而且在后车快速接近时会产生物像急剧变化的眩目感，不利于驾驶安全。因此应在镜面面积与曲率之间求得平衡，保证视野和物像二者都能有较好的效果。

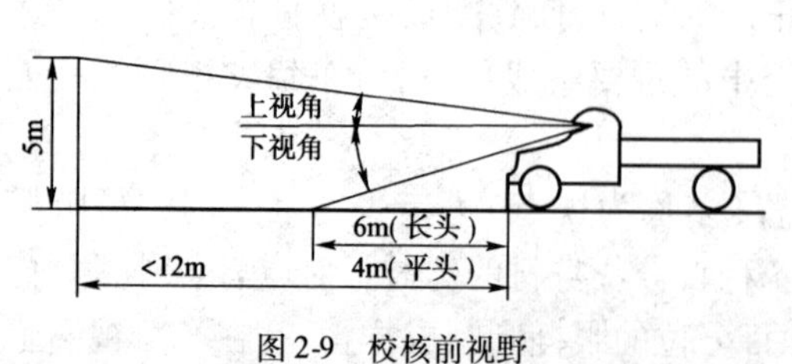

图 2-9　校核前视野

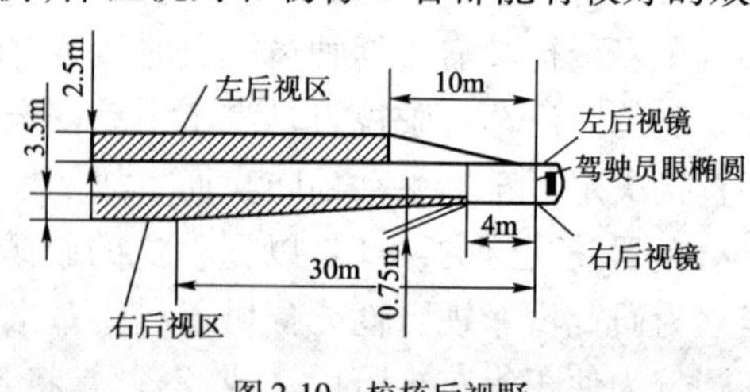

图 2-10　校核后视野

关于后视镜的布置位置，美国 SAE 推荐采用眼椭圆的方法确定，要求车内、外后视镜安装在第 95 百分位眼椭圆上边缘水平切线之上或下边缘水平切线之下，使头部和眼睛的总转动角度不超过 60°，并避开风窗玻璃不能刮刷到的部分或者立柱遮挡的区域。

3）侧方视野

侧方视野是指驾驶员通过侧门风窗等直接可见的视野范围，如图 2-11 所示。大客车、货车的视点位置高，它的侧方显得比轿车更为重要。大客车增加侧方视野主要靠左侧（左置转向盘时）向下来加大风窗面积。货车靠在右侧门窗玻璃下增设下窥窗，增大侧方视野的下视角。

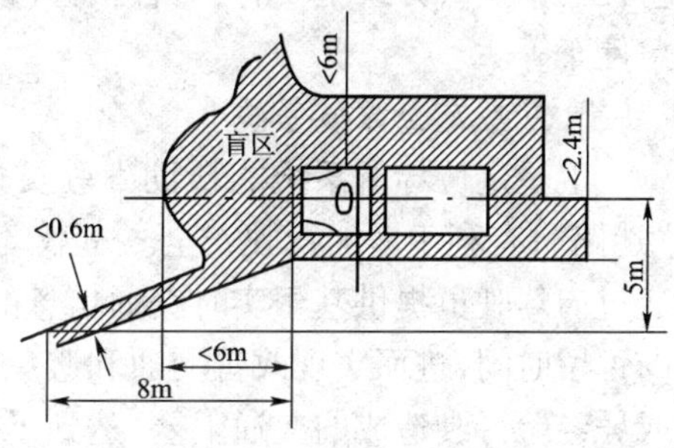

图 2-11　侧方视野

4）夜间视野

为确保夜间行车安全，车辆必须配备用于前方视野的前照灯、用于倒车的倒车灯，并应设有前、后雾灯及其他专门用于传递信息的转向灯、制动灯、驻车灯、侧位灯和反射器等。对夜间视野起主要作用的是前照灯配光性能和近光照射位置。

前照灯一般要求在汽车前方距离不小于 100m、高度至少为 2 ~ 2.5m 的空间范围内均能得到良好的照明，其发光强度应在 12000cd 以上，以便驾驶员在夜间行车时能清楚地看到车前 100m 以内的路面情况。除保证对路面有良好的照明以外，对前照灯的另一项要求是在夜间会车时，前照灯光不能给对面车辆的驾驶员造成眩目感。一般要求开车时，射向相向来车驾驶员眼睛的光强度不超过 1000cd。

为了同时满足以上两种互不相容的要求，现代汽车的前照灯都具有远光和近光两种光学系统。当无对面来车时，使用前照灯的远光照明，保证汽车前方有足够的照明距离和照度。当有对面来车时，使用近光照明以防止造成对面车辆驾驶员的眩目，并保证本车驾驶员有足够的视距。

现代汽车前照灯的配光标准分为两大类，即美国的 SAE 标准和欧洲的 ECE 标准，配光就是根据车辆行驶时的照明要求所设计的光分布。ECE 标准的特点是近光具有明显的明暗截线，我国现在执行的国家标准《汽车用灯丝灯泡前照灯》（GB 4599—2007）主要是参考 ECE 标准制定的。

2. 打瞌睡或注意力不集中报警系统

统计资料显示：在由于驾驶员疲劳瞌睡、注意力不集中造成的交通事故中，死亡、重伤率占 48. 8%，这一比率为一般事故的 7 倍以上。为解决这一问题，需要监测驾驶员是否瞌睡或注意力不集中，监测技术主要有以下几种：

1）监测驾驶员眼睛的开闭程度

它是利用嵌入在仪表盘中的红外灯和微型 CCD 相机来监测驾驶员表情以及眼睛开闭变化的。

2）监测驾驶员心率变化

它是通过贴敷式电极测量驾驶员的心电图或者血流光电传感器测量脉搏，对心率的间隔变化周期进行分析，以此推断驾驶员的清醒程度的。

3）监测驾驶员脑电波的变化

脑电波是瞌睡或注意力不集中的最基本和最直接的指标。脑电波可以通过驾驶员头皮贴敷式电极测量。当监测到驾驶员处于打瞌睡或注意力不集中的状态，汽车的报警系统就会报警提示。报警方式主要有：声音报警（语音型、非语音型）、光或影像报警、释放香味、振动和紧急停车等。

3. 卫星定位导航系统

卫星定位导航系统能帮助驾驶员避开交通拥挤和事故、避免因不熟悉城市交通环境而"迷路"，有利于增加行驶安全。车载动态卫星定位导航系统就是利用计算机和通信等技术，通过向驾驶员提供基于实时交通信息的最佳行驶路线来达到指导出行行为，减少车辆在路上的逗留时间，进而实现改善交通和避免交通拥挤和阻塞的目的。同时，它还能避免因盲目行驶或凭经验行驶造成的交通阻塞，达到了使路网畅通、高效运行的目的。

4. 车辆偏离警告系统

车辆偏离警告系统能够防止由于车辆偏离相应的行驶路线引起的碰撞或交通事故。该系统能够通过路侧和车载传感器装置迅速收集有关车辆临近区域的车辆位置和移动信息以及车辆前方影响行驶的障碍物。当系统检测到可能发生危险时，包括车辆偏离行驶车道、两车的距离或行驶速度不合理、车辆行驶前方有障碍物等，该系统就会迅速发出警告，以帮助驾驶员正确地驾驶汽车。

5. 碰撞规避系统

碰撞规避系统利用装备在车辆上的监测装置，如超声波传感器、红外探测器、雷达传感器等对车辆的临近区域进行探测，当遇到危险时向驾驶员提供警示或自动采取相应措施。其避撞方式包括：

1）纵向避撞

纵向避撞是防止车辆之间、车辆与其他物体或行人之间正面或尾部的碰撞。该系统有助于减少碰撞的数量及减轻受损的程度，它通过对潜在或临近碰撞的探测，提醒驾驶员采取即时规避动作并临时性控制车辆。

2）侧向避撞

侧向避撞是防止车辆偏离行驶车道引起的侧面碰撞。该系统为改变车道和驶离道路进行警示与控制，有助于两辆或多辆汽车以及驶离道路的单辆汽车减少侧碰事故。在改变车道时，现场显示器能够连续地监视车辆盲点，驾驶员能够得到有效的临近碰撞警示，并且根据需要，系统能够很快地采取自动控制。警示系统还能帮助车辆免于偏离行驶车道，以及在危险状况下提供自动导向及节气门控制等措施。

3）道路交叉口避撞

道路交叉口避撞是防止车辆在道路交叉口的碰撞。该系统在车辆驶近或穿越处于交通控制（如停车信息或其他交通信息）的道路交叉口时，为驾驶员提供迫近碰撞警报。当交叉口车辆合法通行车道视野不清时，该系统还能为驾驶员提供警示。

4）视觉强化避撞

视觉强化避撞是改善驾驶员观察道路及道路上或道路旁物体的能力。基于视觉的感知技

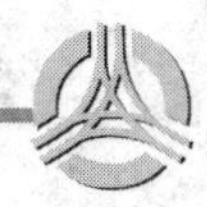

术已成为安全辅助驾驶系统中获取信息的主要途径。视觉强化将有助于驾驶员避免与其他车辆或道路上物体相碰撞，也能使驾驶员遵守道路交通标志及道路交通信号。通过信息显示为驾驶员提供潜在的危险信息。

二、事故回避的安全装置与结构

1. 制动防抱死装置

防抱死制动系统(ABS)由汽车微电脑控制，当车辆制动时，它能使车轮保持转动，从而帮助驾驶员控制车辆安全地停车。这种防抱死制动系统是用速度传感器检测车轮速度，然后把车轮速度信号传送到汽车微电脑里，微电脑根据输入的车轮速度，通过重复地减少或增加在车轮上的制动压力来控制车轮的滑动率，保持车轮转动。在制动过程中保持车轮转动，不但可保证控制行驶方向的能力，而且在大部分路面情况下，与抱死车轮相比，能提供更高的制动力。在常见的 ABS 中，每个车轮上各安装一个转速传感器，将有关车轮转速的信号输入电子控制装置。电子控制装置根据各车轮转速传感器输入的信号对各个车轮的运动状态进行监测和判定，并形成相应的控制指令。制动压力调节装置主要由调节电磁阀、电动泵和储液器等组成一个独立的整体，通过制动管路与制动主缸和各制动轮缸相连，制动压力调节装置受电子控制装置的控制，对各制动轮缸的制动压力进行调节。

ABS 的工作过程可以分为常规制动、制动压力保持、制动压力减小和制动压力增大等阶段。在常规制动阶段，ABS 并不介入制动压力控制，调压电磁阀总成的各进液电磁阀均不通电而处于开启状态，各出液电磁阀均不通电而处于关闭状态，电动泵也不通电运转，制动主缸到各制动轮缸的制动管路均处于开通状态，而且各制动轮缸到储液器的制动管路均处于封闭状态，各制动轮缸的制动压力将随制动主缸的输出压力而变化，此时的制动过程与常规制动系统的制动过程相同。当电子控制装置根据车轮转速传感器输入的车轮转速信号判定有车轮趋于抱死时，ABS 就进入防抱死制动压力调节过程。例如，电子控制装置判定右前轮趋于抱死时，电子控制装置就使控制右前轮制动压力的进液电磁阀通电，使右前轮进液电磁阀转入关闭状态，制动主缸输出的制动液就不会再进入右前制动轮缸，此时右前轮出液电磁阀仍未通电而处于关闭状态，右前轮制动轮缸中的制动液也不会流出，右前轮制动轮缸的制动压力就保持定，而其他未趋于抱死车轮的制动压仍会随制动主缸输出压力的增大而增大；如果在右前轮制动轮缸的制动压力保持定时，电子控制装置判定右前轮仍然趋于抱死状态，电子控制装置就会使右前轮出液电磁阀也通电而转入开启状态，右前轮制动轮缸中的部分制动液就会经过处于开启状态的出液电磁阀流回储液器，使右前轮制动轮缸的制动压力迅速减小，右前轮的抱死趋势将开始消除，随着右前轮制动轮缸制动压力的减小，右前轮会在汽车惯性力的作用下逐渐加速；当电子控制装置根据车轮转速传感器输入的信号判定右前轮的抱死趋势已经完全消除时，电子控制装置就使右前轮进液电磁阀和出液电磁阀都断电，使进液电磁阀转入开启状态，出液电磁阀转入关闭状态，同时也使电动泵通电运转，向制动轮缸输送制动液，由制动主缸输出的制动液经电磁阀进入右前轮制动轮缸，使右前轮制动轮缸的制动压力迅速增大，右前轮又开始减速转动。

综上所述，ABS 系统通过使趋于抱死车轮的制动压力循环往复而将趋于抱死车轮的滑转率控制在峰值附着系数滑转率的附近范围内，直至汽车速度减小至很低或者制动主缸的制动压力不再使车轮趋于抱死时为止。在 ABS 系统中对应的每个制动轮缸都有进液和出液电磁阀,可由电子控制装置分别进行控制。因此,各制动轮缸的制动压力能够被独立地调节,从而使4个车轮都不发生制动抱死现象。尽管各种 ABS 系统的结构形式和工作过程并不完全相同,但都是通过对趋于抱死车轮的制动压力进行循环调节来防止车轮发生制动抱死。

汽车的行驶条件复杂多变,特别是紧急制动时的制动效能及制动安全尤为重要。ABS 系统能够充分利用轮胎和路面之间的峰值附着性能,提高汽车抗侧滑性能并缩短制动距离,充分发挥制动效能,同时增加汽车制动过程中的可控性。现在很多 ABS 系统还加装了制动力分配装置(EBD 系统),从而使车辆在满载或弯道上制动时,也能保持汽车的稳定性。

2. 驱动防滑装置(ASR 系统)

1)驱动防滑控制的理论基础

汽车在路面上行驶时,其驱动力取决于发动机输出转矩,但要受到路面附着条件的限制。图 2-12 是驱动轮纵向驱动力与其滑转率的关系图。从图中可以看出,当驱动轮滑转率 S_X 从 0 开始增加时,驱动力 F_X 也随之增大,当 S_X 达到 S_T(一般 S_T = 0.08 ~ 0.30)时,驱动力达到最大值 F_{Xmax}。此后,如果 S_X 继续增加,驱动力反而随之下降,当 S_X 达到 1 时,即车轮发生纯滑转时,其驱动力要远远小于 F_{Xmax}。因此从牵引性上考虑,驱动轮的滑转率最好处于 S_T 的一个小邻域内,但同时考虑到车辆侧向力 F_Y 随纵向滑转率的增大而急剧减小,所以从侧向力上考虑到车辆的方向稳定性,一般认为驱动轮的最佳滑转率在略小于 S_T 的范围内,可取在 0.08 ~ 0.15 之间。

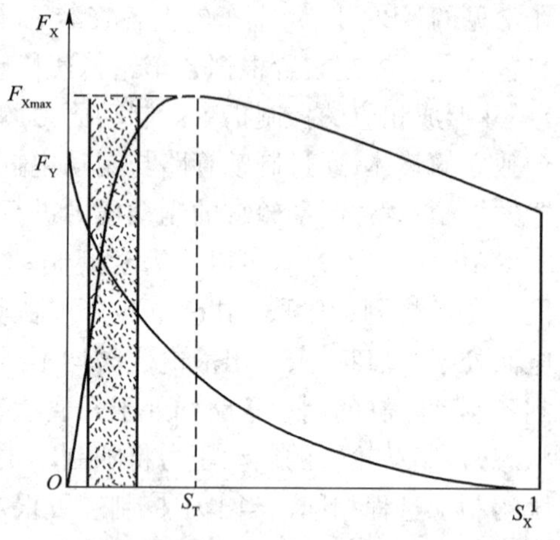

图 2-12 纵向力和侧向力与车轮滑转率的关系
F_X-纵向力;F_Y-侧向力;S_X-车轮滑转率

2)驱动防滑控制系统的典型结构及工作过程

汽车驱动防滑控制系统是在 ABS 的基础上发展起来的,它与 ABS 共用轮速传感器、控制机构和压力驱动元件等,并扩展了电子控制单元的功能,增设了节气门控制机构、ASR 开关指示灯和 ASR 诊断系统等。其工作过程为:

(1)汽车行驶过程中,轮速传感器将驱动车轮转速及非驱动车轮转速转变为电信号传送给 ECU,ECU 则根据车轮转速计算出驱动车轮的滑转率。

(2)如果驱动车轮发生过度滑转,滑转率超出了目标范围,ECU 再综合参考由主、副节气门位置传感器传来的节气门开度信号和发动机转速信号等因素确定控制策略,并向相应的控制机构发出指令使其工作,不断调整节气门开度和发动机输出转矩,从而使汽车的驱动车轮始终处于最佳的滑转范围内。

(3)如果 ASR 系统的某个部件发生故障,ASR 诊断系统将通过仪表盘上的工作指示灯显示。

总之,由于 ASR 系统防止了车轮的滑转,最大限度地利用了发动机的驱动力矩,保证了汽车有足够的纵向力、侧向力和操纵力。它使汽车在起动、转向和加速过程,在光滑和泥泞路面上和在山区上下坡过程中都能稳定地行驶,既保证了行车安全,减小车轮磨损和燃油消耗,又

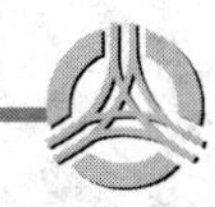

能改善汽车的驱动性能。

3. 电子稳定控制装置(ESP 系统)

ESP 系统由传感器、电子控制单元(ECU)和执行器三部分组成，在 ECU 实施控制汽车运行状态的前提下，对发动机及制动系统进行干预和调控。典型的汽车 ESP 包括传统制动系统(真空助力器、管路和制动器)、传感器(4 个轮速传感器、转向盘转角传感器、侧向加速度传感器、横摆角速度传感器、制动主缸压力传感器)、液压调节器、汽车稳定性控制 ECU 和辅助系统(发动机管理系统)。其工作原理是：

首先由负责汽车稳定性控制的 ECU 通过转向盘转角传感器和制动主缸压力传感器得到的信息判断驾驶员对车辆的驾驶意图，并给出理想的车辆运行状态(如理想的横摆角速度等)；然后 ECU 通过检测得到的实际车辆状态与理想车辆状态进行比较，并通过一定的控制逻辑决定应该对车辆实施多大的汽车横摆力矩才能使车辆恢复稳定；随后通过液压调节器对制动系统各制动轮缸进行调节来产生所需要的汽车横摆力矩；必要时通过发动机管理系统改变驱动轮的驱动力，使车辆改变运行状态。改变后的车辆运行状态信号由传感器测量输送给 ECU，然后进行下一循环的控制，从而使汽车保持稳定。图 2-13 和图 2-14 为不施加 ESP 系统和施加 ESP 系统下汽车在湿滑路面换道的情况对比。

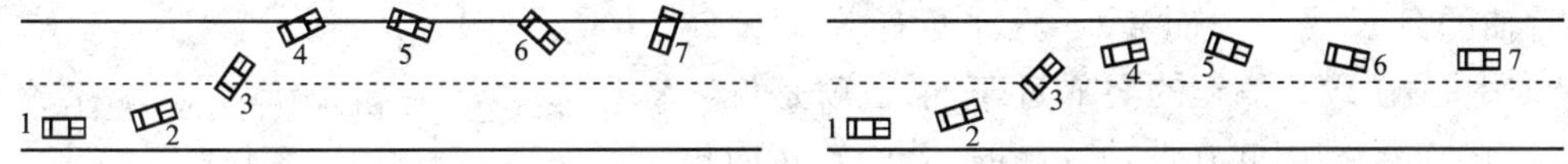

图 2-13　不施加 ESP 系统的车辆在湿滑路面上紧急换道

图 2-14　施加 ESP 系统的车辆在湿滑路面上紧急换道

由图 2-13 可以看出，对于没有施加 ESP 系统控制的车辆，开始时，在驾驶员向左转动转向盘进行换道操作时，由于路面的摩擦系数不能提供足够的侧向力，则在位置 3 时发生了过度转向。这时车辆急速沿逆时针方向旋转，为了弥补这种过度转向，驾驶员在位置 4 时向右急转动转向盘作为补偿，由于补偿过度车辆又在位置 5 时发生了过度转向，使得车辆急速沿顺时针方向旋转。此时车辆的质心侧偏角很大，驾驶员通过转向盘对车辆的控制效果不明显而引起慌乱，于是车辆失去控制被甩出。由图 2-14 可以看出，施加 ESP 系统控制的车辆同样在位置 3 时发生了过度转向，ESP 系统检测到车辆处于不稳定状态，于是通过对液压调节器的调节使车辆产生抵消当前过度转向趋势的沿顺时针方向的横摆力矩，使车辆尽量按驾驶员的操作运行。在位置 4 时驾驶员向右转动转向盘完成换道操作，在位置 5 时又处于不稳定情况，ESP 系统通过施加逆时针方向的汽车横摆力矩纠正了不稳定趋势。因此，尽管路面附着系数比较低，但在汽车 ESP 系统的辅助下车辆还是比较好地依照驾驶员的意图完成了换道操作。

总之，ESP 系统整合了 ABS 系统和 ASR 系统，能防止车轮在制动时抱死，在起动时打滑，从而提高了车辆在各种情况下的转向稳定性，有效减少了交通事故的发生。特别是在转弯并受侧向力作用时，ESP 系统能控制汽车稳定行驶。

4. 四轮转向装置(4WS 系统)

4WS 系统是提高汽车行驶安全性的一个重要组成部分。在汽车底盘中，用以控制汽车行驶方向的转向系是与操纵稳定性关系最为密切的系统。传统的二轮转向汽车(2WS)具有低速时转向响应慢，转向不灵活，高速时方向稳定性差等缺点。装有 4WS 系统的汽车通过增加后轮转向改变车辆行驶轨迹,减少了汽车的侧倾。4WS 系统控制目标是:低速时减小汽车最小转弯半径,提高汽车的机动性;中高速时,实现汽车质心侧偏角为零,提高汽车高速时的操纵稳定性,增加行驶安全。

装有 4WS 系统的汽车有两种转向方式:一种是同相位转向,即前后轮向同一方向转动。由于同相位转向从转动转向盘起到后轮发生转弯力的时间很短,因此整个车身的方向变化与汽车实际的行进方向没有很大的不同,可以改善操纵稳定性。另一种是逆相位转向,即前后轮转动方向相反。逆相位转向在低速时可以减小转弯半径,使得通常需要多次倒车才能通过的地方可以很轻松地通过。4WS 系统的具体工作特性主要有两种:

1)低速时的转向特性

汽车在低速前进时,车辆行进方向与轮胎方向基本可视为一致,各车轮上几乎不会产生旋转向心力。四轮行进方向的垂直线交于一点,车辆以该点为中心(转向中心)旋转。

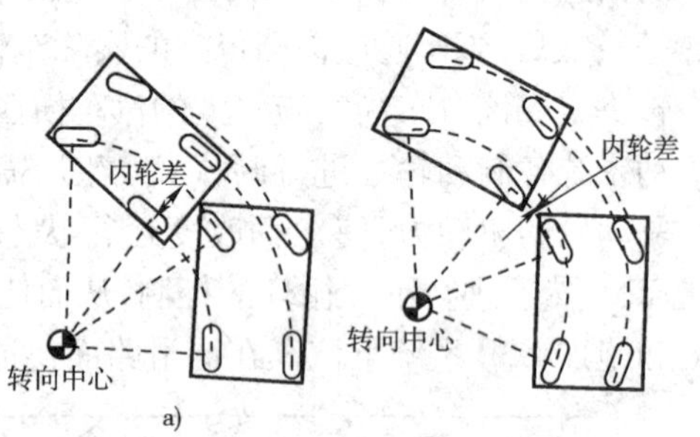

图 2-15　汽车低速转向时的行驶轨迹
a)2WS 车;b)4WS 车

图 2-15 所示为汽车低速转向时的行驶轨迹。传统的 2WS 汽车转向时,由于后轮不转向,旋转中心基本在后轴的延长线上。而 4WS 汽车后轮逆相位转向,转向中心比 2WS 汽车的更靠近车辆,也就是说转向半径相对较小。因此在低速旋转时,若前轮转向角相同,则 4WS 汽车的转向半径更小,小转弯性能更好,内轮差也小。对轿车而言,若后轮逆相位转向 5°,则可使最小转弯半径减小约 50cm,而使内轮差减小约 10cm 。

2)中高速时的转弯性能

2WS 汽车高速转向时的运动状态如图 2-16 所示。在前轮转向时,前轮胎产生滑动角 α,从而产生旋转向心力且车身开始自转。车身偏向后轮产生侧偏角 β,后轮也产生旋转向心力,四轮分担自转与公转力,并取得平衡进行旋转。由于车速越高离心力越大,与其平衡的旋转向心力也不得不增大,必须给予前轮更大的滑动角以产生更大的旋转向心力。同时后轮也产生相应的滑动角,车身产生更大范围的自转运动。因此,车速越高,车身自转运动越不稳定,也越容易引起车辆旋转或侧滑。

理想的高速旋转运动应使车身方向与车辆行进方向尽量一致,以抑制多余的自转运动,使前后轮产生充分的旋转向心力。在 4WS 车中,通过对后轮的同相位转向操纵,使后轮也产生侧偏角 α,使它与前轮的旋转向心力平衡以抑制自转运动,从而使车身方向与车辆行进方向一致,获得稳定的旋转(如图 2-17 所示)。

三、减轻事故损害和事故救生的安全装置与结构

尽管各种各样的事故预防和事故回避装置被应用于汽车的结构设计,具有一定的重要的保护作用,但实际上还是会不可避免地发生交通事故。因此,人们还要从汽车的结构方面考虑怎样设计才能使事故发生后的损害程度最低,即考虑汽车被动安全方面的问题。

1. 减轻行人伤害的结构措施

在交通伤害事故中,汽车碰撞行人而使行人受到严重伤害的事故占有很大比例。汽车与

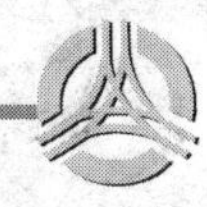

行人相撞是个复杂的问题。相撞时行人的姿势、汽车与行人接触的部位等对伤害情况有很大的影响。行人被汽车碰撞后的情况已在第一节中详细分析。

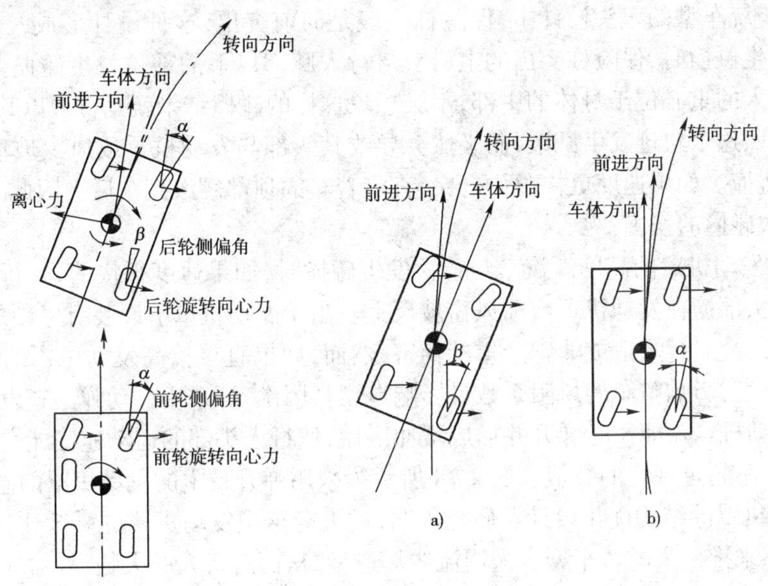

图 2-16　2WS 汽车高速转向时的车辆动态

图 2-17　高速转向时 2WS 车和 4WS 车同相位转向操纵的比较
a)2WS 车;b)4WS 车

汽车与行人相撞过程中,行人会受到三次严重碰撞。第一次碰撞是汽车的保险杠撞击行人的腿部,发动机罩撞击行人的腰部。对于成年人,由于人体受到的冲击力作用在人体重心以下,所以碰撞后人体会围绕重心发生回转运动而被抛上发动机罩,并在其上滑动,头部会碰撞前风窗玻璃。在这个过程中,行人受到第二次碰撞。最后行人从发动机罩上落下,将很可能继续受到车轮的碾轧,遭到第三次碰撞。

目前,绝大多数乘用车车头在与行人发生碰撞时,行人的下肢和头部是最频繁受到伤害的部位。一般来说,在车头与行人碰撞时,近 45% 的腿部伤害是由于保险杠与行人下肢碰撞造成的,有近 35% 的头部伤害是由于撞击后行人与风窗玻璃碰撞造成的,有近 20% 的头部伤害是由于与发动机罩碰撞造成的。由此可见,为了减轻受害行人的伤害程度,在设计车身时,车头造型的设计和发动机罩以及风窗玻璃的设计是减少碰撞伤害的主要因素。以下介绍针对被撞行人受到的三次碰撞采取的一些结构措施。

1)减轻行人第一次碰撞伤害

设计合理的保险杠结构能在很大程度上降低一次碰撞的危害。它的设计不仅要考虑内部被动安全性,也要顾及外部被动安全性。为实现这一目的,多采用降低保险杠的刚性、改进保险杠的吸能性能、优化保险杠与汽车主梁的连接。比较典型的是能量吸收式保险杠,它由保险杠外板、能量吸收体和骨架构成。低速碰撞时,它能够对行人起到保护作用,并能避免汽车重要部位的损坏,从而减少维修费用。现代汽车的能量吸收式保险杠在结构上大多采用筒状和蜂窝状设计。

此外,保险杠安全气囊可以在汽车和行人发生正面碰撞时使行人不会直接与刚性较大的汽车前部结构接触,从而有效的保护行人安全。

2)减轻行人第二次碰撞伤害

在过去传统车型的车头设计中,保险杠一般是向前突出,这种设计形成一个类似"铲子"的结构,在发生碰撞时,保险杠突出的上沿会与行人膝部以下的部位发生碰撞,这个碰撞点是很低的,而行人的重心位于身体的中部,不难想象这样的碰撞结果就是行人以其重心为轴心画圆,行人将按照这个轨迹发生翻滚,而必然会导致其头部与发动机罩或风窗玻璃发生碰撞,从而产生二次碰撞。如果速度更快,行人会一直沿着车的顶部翻滚到车后。因此,可以从如下几方面减少二次碰撞的伤害:

(1)抬高发动机罩的高度。汽车与行人发生碰撞时,如果速度很快的话,行人就会被撞得飞起来,然后头部撞在发动机罩或前风窗玻璃上。由于发动机罩下面装有坚硬的发动机,如果直接相撞的话,会对行人造成非常严重的伤害,然而,如果直接抬高发动机罩的高度就会增加发动机舱的高度,影响整车的风阻系数且影响造型。因次,可采用自动弹出式发动机罩。在正面碰撞时,发动机罩盖能及时弹开并形成缓冲区域,使行人头部的运动速度能在很短的一段距离内快速降至不超过规定的数值。图 2-18 所示为采用弹升技术的发动机罩的碰撞过程。

(2)发动机罩的结构优化设计。研究表明,过去老车型发动机罩的高度比较高,边缘轮廓比较硬。近年来推出来的新车型多采用流线形造型,从而对行人的大腿、骨盆和腹部具有较好的保护效果。由德国的德莱斯顿(DRESDEN)技术大学完成的一份统计资料表明,在汽车与行人发生的交通事故中,1990 年前的车型导致的重伤比例为 8%,而 1990 年以后的车型是 2%。由此可见,合理的发动机罩结构造型对提高汽车与行人碰撞安全性具有重要意义。

图 2-18 采用弹升技术发动机罩的碰撞过程

(3)行人保护气囊。行人保护气囊(如图 2-19所示)可以避免人体直接撞击汽车前风窗玻璃,以免在猛烈碰撞下行人与车内乘客受到更大的伤害。例如发动机罩气囊在保险杠上方紧靠保险杠处开始展开,气囊的折叠模式和断面设计保证了气囊展开时能与汽车前端的轮廓相合,以保证儿童头部和成人腿部的安全。前围气囊系统的作用则是提供二次碰撞保护,防止行人被甩到发动机罩上头部被前窗底部碰伤。由于前围气囊所用的碰撞传感器比较简单,有

图 2-19 行人保护气囊展开示意图

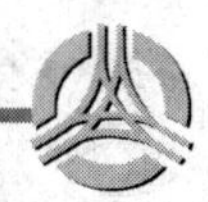

望比发动机罩气囊更早投产，而后者的碰撞预警探测相当复杂。目前国外厂商正进行广泛研究，以确定启动两种气囊系统的最佳方式。

3)减轻行人第三次碰撞造成的伤害

对于第三次碰撞的防护，一般是在汽车前部设置防止行人摔到路面上的救护网等装置。除此之外，为了防止行人及自行车等卷入后车轮下，特别是在全挂列车的牵引车和挂车之间应加装安全防护装置。在大型载货汽车前后轮间安装防护栅。而在汽车拖带挂车时，汽车与挂车之间安装防护栅等安全装置也是必要的。现在国外正研究一种能将在车轮下的行人推出以免遭受碾压的防护装置。

2. 减轻乘员伤害的结构措施

1)事故发生时车内乘员的受害情况分析

当发生车对车、车对固定物体碰撞或者翻车等类型的交通事故时，车内乘员会受到伤害。如图2-20所示为汽车对固定物体发生碰撞时，乘员受伤害的情况。

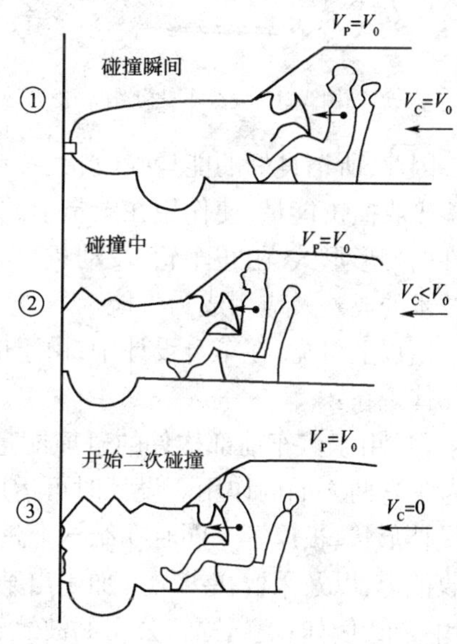

图2-20　汽车碰撞固体时车内乘员的运动状况

当汽车与固定物体碰撞时，接触部位附近的车身会发生变形，汽车产生非常大的减速度，使其在数百乃至数十微秒的瞬间内停止运动。此时车内乘员在惯性力作用下，会以原有速度相对汽车向前运动，冲向车内结构物(如转向盘、仪表板、风窗玻璃等)。汽车撞在车外固定物体上称为一次碰撞，乘员撞在车内结构物上称为二次碰撞。车内乘员的伤害程度取决于二次碰撞的程度。二次碰撞的减速度越大，受伤害就越严重。当汽车发生其他类型的碰撞事故，例如追尾、侧面碰撞时，乘员的伤害情况与正面碰撞类似。

在发生事故时，如果车身的变形很大将可能危及车内乘员的生存空间，进而使乘员受到伤害。因此，为使危害程度降到最低，一方面要保证车内有足够的生存空间；另一方面要尽可能避免或减轻二次碰撞。

2)保护乘员生存空间的结构措施

加强车身前部与后部吸收冲击的能力，即安全的汽车车身结构设计，不仅能有效地保护乘员的生存空间，而且在碰撞中能吸收绝大部分的碰撞能量。因此，设计的安全车身应具备如下功能：

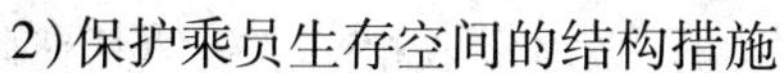

(1)为了尽量缓解乘员受到的冲击，必须尽可能地吸收和缓和车辆及乘员的运动能量。

(2)在确保乘员的有效生存空间的同时，还必须保证碰撞后乘员易于逃脱和容易进行车外救护。

当然，这些功能并非由汽车车身单独完成，而是通过安全带、安全气囊、能量吸收式转向柱等围绕乘员的一些保护装置配合进行，共同完成保护乘员的生命。汽车安全车身结构设计的基本思想是利用车身的前后部可变形区有效地吸收撞击能量，乘员舱要坚固可靠，以确保乘员的有效生存空间(见图2-21)。图中阴影部分为希望在碰撞中发生变形的区域以及碰撞后希望变形的方式。

在碰撞事故中,车身各部位的刚性对安全性的影响在图2-22中显而易见。图中阴影表示刚性结构,白色部分表示可变形结构(弹塑性结构)。由图可知,第四种方案最安全,这也印证了安全车身结构的设计思想。

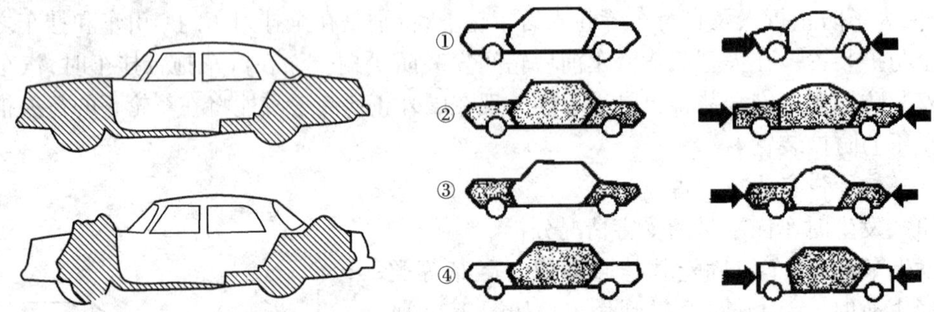

图2-21　安全车身构造原则　　图2-22　车身不同部位刚性对汽车安全性的影响

因此,所谓良好的能量吸收特性,包括两方面的含义:一方面是汽车的前部结构要尽可能地多吸收撞击能量,使作用在乘员上的力和加速度降到规定的范围内;另一方面要控制受压各部件的变形形式,阻止车轮、发动机、变速器等刚性部件侵入驾驶室。这些都随着汽车碰撞仿真技术的成熟及应用成为可能。

由以上可见,在车身设计中,由于应仔细考虑前部的结构、能量吸收和驾驶室的变形情况。具体体现在:

(1)由于汽车前部构件的碰撞能量主要靠物件的弯曲变形与压溃变形来实现,因此应综合考虑这两方面的作用。设计时可运用汽车碰撞仿真技术对几种方案进行比较、优化,从而确定最佳形状、板厚等。同时在结构上进行某些改变,如在边梁上布置凸台或者凹台来增加能量吸收能力,以及采取在纵梁上加工出某些压花等措施。这些措施在实践中已经取得了不错的应用效果,例如:美国福特公司的波纹管型车架,利用波纹管的压溃变形吸收能量;丰田公司的S形车架,利用车架的变形来吸收碰撞中的能量等。

(2)汽车前部如发动机、变速器、差速器、行走部分等质量较大且接近刚体性能不易发生变形,从而使车身的压溃和弯曲变形量大幅减小,因此不能吸收能量,并且可能成为伤害乘员的致命部件。为防止这些部件在碰撞时侵入驾驶室伤害乘员,必须采取相应措施使其在碰撞时向下移动,必要时要在车轮后安装防护装置,以防止车轮侵入驾驶室。

有资料表明,当汽车以80km/h车速发生正面碰撞事故(例如两车迎面相撞或汽车撞在固定物体上)时,汽车的前部如能吸收全部冲击能量的70%,就可保证车内乘员的安全。为了吸收冲击能量,对于承载式车身,可在车身前部加装吸收能量的杆件。对于非承载式车身,主要依靠车身前部的特殊结构来吸收冲击能量。

车身后部被撞时的情况与前部碰撞情况基本相同,只是车内乘员受到的冲击比较小。此外,由于车身后部无发动机及变速器等坚固的大型总成,碰撞时的冲击能量几乎完全由车身后部变形来吸收。车身后部吸收冲击能量的结构方案与车身前部有所类似。对于非承载式车身,可用车架后部的特殊结构来缓冲击能量;对于承载式车身可安装专门的吸能杆件。

侧面碰撞时车身变形空间小,所以侧面碰撞受伤的危险性比正面碰撞要高得多。为了加

强乘员保护，车门、门槛和立柱都要设计成刚性结构。通过将侧碰能量有效地转移到对车身具有保护作用的梁、柱、地板、车顶及其他部件使撞击力被这些部件分散、吸收，从而极大限度地把损害程度降低到最小。

3）减轻乘员二次碰撞损害的结构措施

（1）安全带。安全带是重要的乘员保护约束措施，能够避免车辆发生碰撞事故时乘员身体冲出坐椅发生二次碰撞，是行车最有效的防护装置之一。安全带主要约束正面碰撞、追尾碰撞及翻车事故中人体相对于车体的运动，尤其是可以减少乘员的胸部和头部的伤害。

常用的安全带装置一般可分为两点式和三点式。前者一般只约束乘员的腰部，主要用于后排的坐椅中间位置；后者则同时约束乘员腰部与上部躯体，主要用前排坐椅和后排坐椅两侧位置。图2-23为安全带装置的示意图。

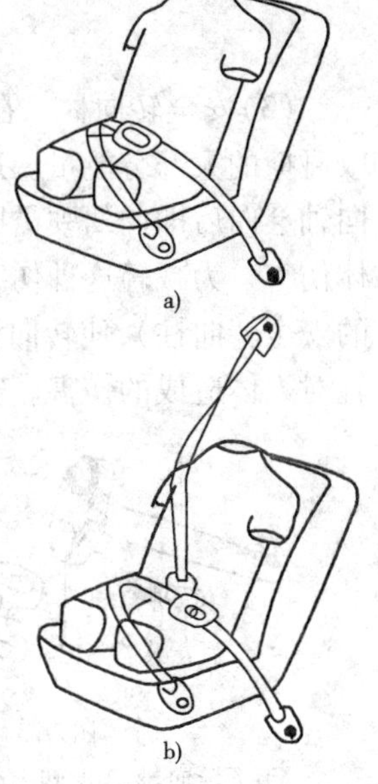

图2-23　安全带装置
a）两点式安全带；b）三点式安全带

安全带的种类比较多，其主要组成部分一般由织带、带扣、卷收器和调节件组成。

①织带。织带是构成安全带的主体，是一种由化学纤维编制而成的带子，有足够的机械强度及适当的延伸率。织带直接与乘员的身体接触，带宽一般约48mm左右，厚度约1.1～1.2mm。

②带扣。带扣是一种既能把乘员约束在安全带内，又能快速解脱的连接装置。早期的安全带的带扣、插板使用铬钼钢，自1969年以来则广泛使用特种钢。

③卷收器。卷收器在安全带不使用时，收卷、储存织带；乘员在使用安全带时不必调节织带的长度，并能使驾驶员的上半身动作比较自如。为提高撞车时的约束性能，卷收器还能预先将织带收紧。

④调节件。调节件是一种用于调节织带使用长度的部件。

安全带的保护效果非常明显。研究显示，当使用了安全带后，驾驶员负伤率降低了43%～52%，副驾驶员的负伤率降低了37%～45%，尤其是在使用三点式安全带后，在车速小于95km/h的情况下可避免死亡事故地发生。相反，在没使用安全带的情况下，即使在20km/h车速下发生的正面碰撞事故，也很有可能导致驾驶员死亡。

（2）安全气囊。汽车的安全气囊系统属于辅助安全系统，通常作为安全带的辅助安全装置使用。许多测试结果和实践表明，在汽车发生碰撞事故时，其单独使用可以减少18%的死亡率，而与安全带配合使用则可减少47%的死亡率，达到比较理想的保护效果。美国高速公路安全保险机构指出，配置安全气囊的汽车发生车祸所造成中重度创伤的机会将会降低25%～29%。事实已证明，在汽车上安装安全气囊系统能够挽救许多驾乘人员的生命。

安全气囊系统由控制装置、气体发生器和气袋组成，如图2-24所示，其中控制装置又包括传感器、电子控制系统及触发装置。其工作原理为：在汽车发生一次碰撞之后、二次碰撞之前，电子控制系统接收并处理传感器的信号。当判断有必要打开气袋时，立即由触发装置发出点火信号触发气体发生器，气体发生器收到信号后迅速产生大量气体，并充满气袋，使得乘员能够与一个较柔软的吸能缓冲物件相接触，而不是与汽车的内饰件猛烈碰撞。依靠气袋的排气孔节流阻尼作用可以吸收碰撞的一部分能量，从而可以达到减少伤害保护乘员的目的。

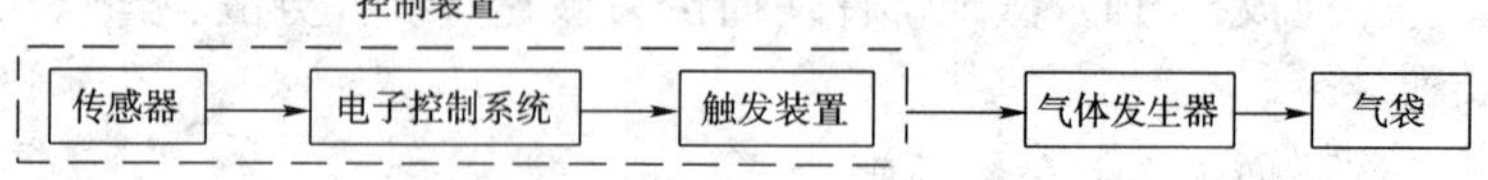

图 2-24　汽车安全气囊系统组成

(3)安全转向柱。在汽车发生正面碰撞时，碰撞能量会使汽车的前部发生塑性变形以吸收碰撞的大部分能量。通常在碰撞力的作用下，布置在汽车前部的转向柱及转向柱管中的转向轴会向后即向驾驶员胸部方向运动。同时，驾驶员会受惯性作用冲向转向盘，造成驾驶员身体伤害。为减轻这种伤害，可在汽车的转向柱上设置缓冲环节(图 2-25 和图 2-26 是两种常见的安全转向柱)，使转向柱的一部分在受到剧烈冲击时发生屈曲变形，从而吸收冲击能量，减轻对人体造成的伤害。安全的转向柱应具有以下性能：

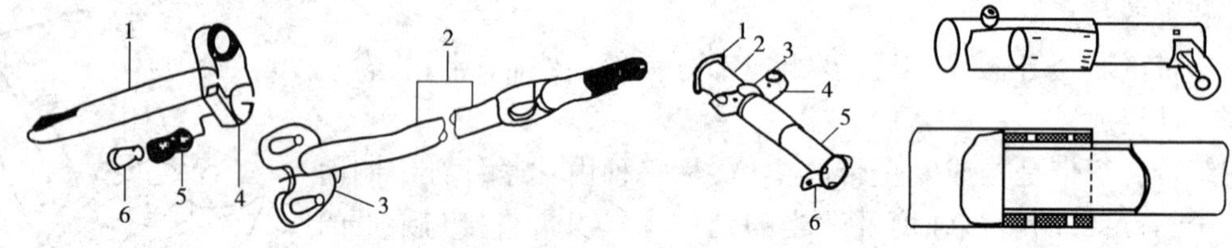

图 2-25　断开式转向柱

1-下转向轴；2-上转向轴；3-上凸缘盘；4-下凸缘盘；5-橡胶套；6-聚四氟乙烯衬套

图 2-26　套筒式转向柱

1-连接板；2-上套筒；3-连接盒；4-转向柱连接板；5-下套筒；6-支撑板

①在汽车正常行驶时，转向柱以及其中的转向轴有足够的强度和刚度以保证正常的转向力传递及安装于转向柱上的其他功能件(如变速杆、组合开关等)正常工作。

②当汽车发生正面碰撞时，转向柱系统能够从车身结构中以机械的方式脱离。

③当汽车发生正面碰撞时，转向柱及其中的转向轴可以被压缩，并且可以变形、剪断、接触摩擦等形式吸收碰撞能量，以消除转向齿轮的后移影响，达到降低首次碰撞影响的目的。

(4)安全玻璃。汽车玻璃是汽车的重要组成部分，它影响到汽车的安全性能、外观、车内舒适程度以及汽车的某些特殊功能。早期汽车所使用的玻璃为有机玻璃和普通无机玻璃，但由于其强度低、脆性大、碎片有锋利的边角和易老化等因素使其安全性能很差，逐渐被安全性能更好的夹层玻璃和钢化玻璃所取代。

夹层玻璃是在两片或多片无机玻璃之间嵌入了透明的塑料膜片，经加热、加压粘和而成的复合玻璃制品。其中嵌入的胶片层具有很高的弹性和韧性，当夹层玻璃受到撞击时胶片层能吸收部分冲击能而避免玻璃破裂。当撞击非常强时，玻璃先破裂，但会黏结在胶片层上而不会掉下来。钢化玻璃是一种淬火玻璃制品。将玻璃加热到一定的温度，然后迅速冷却，玻璃内就会产生很大的均匀分布的内应力，玻璃的强度和热稳定度都会提高，能经受较大的冲击。普通玻璃破裂时，碎片边角锋利，易造成伤人事故。但钢化玻璃破碎后，会碎成细块，而且没有锋利的边角，随意触摸都不会擦破皮肤。

由于夹层玻璃和钢化玻璃具有独特的安全优点，所以被称为安全玻璃。世界上许多国家陆续制定了有关法规，要求在所有的机动车辆上必须使用安全玻璃。英国、日本、中国分别于 1937 年、1958 年、1988 年实行了这项规定。在过去的几十年里，安全玻璃的使用量也越来

越大。

(5)安全坐椅。汽车坐椅是汽车中将乘员与车身联系在一起的重要内饰部件。它作为安全部件在被动保护中起决定性的作用,一般由头枕、靠背、坐垫和调节装置等部分组成,如图2-27所示。

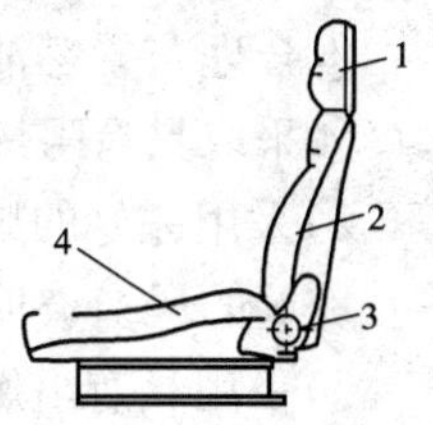

图2-27　坐椅的一般结构
1-头枕;2-靠背;3-调节位置;4-坐垫

在事故中安全坐椅首先要保证使乘员处在自身的生存空间之内,防止其他车载体(如其他乘员、货物)进入这个空间。其次,要使乘员在事故发生过程中保持一定的姿态,以使其他的约束系统能充分发挥其保护效能。坐椅还应具有使乘员在一次碰撞中的伤害减轻到最低的性能,即能够吸收乘员与车内物体碰撞时产生的能量。坐椅安全功能失效时可引起各种形式的乘员伤害:如在正面碰撞中,坐椅与车身连接强度不够时,坐椅会脱离车体,导致乘员逸出其生存空间;如果后排乘员未受到约束,前排坐椅靠背强度不足,则后排乘员的惯性力将压溃前排坐椅,使前排乘员受到伤害;反之,若前排坐椅强度太大,又会对后排乘员在与之相撞时造成伤害。

(6)仪表板。硬质仪表板无法满足头部碰撞安全性的要求,为减小撞击损伤,仪表板表面应以弹性材料覆盖,以便受到冲击时能产生一定变形,吸收冲击能量,减轻对人体的伤害,即将仪表板结构软化。仪表板软化结构可分为:

①无骨架结构:表皮为聚氯乙烯薄膜,埋入镶嵌物,再注入聚氨酯发泡剂,发泡成形。

②有骨架结构:直接在金属或塑料的结构件上胶接软化层。

③聚丙烯整体注塑成型,自成骨架。

(7)减少车内凸起物 。车内的结构物,如门把手等的表面应避免棱角,并且要以弹性材料覆盖。

3. 防止事故起火的结构措施

汽车发生碰撞后经常会发生火灾,不仅造成极大的损失,更对车内乘员的生命产生巨大的威胁。因此,如何防止汽车碰撞后发生火灾也是汽车安全结构设计中应该考虑的一个重要方面。

汽车事故的火灾一般都是因燃油箱或油管被撞破而引起的,燃料流出后,受损的电气系统发生的电火花或由车辆撞击地面摩擦产生的火花点燃燃油而导致火灾。因此,防止火灾的主要措施首先是消除可能产生的火源,保护好油管使其不致受到撞击而泄漏燃油;其次是防止火灾蔓延和保证人员迅速的撤出。最后要采用阻燃材料,尽量减少易燃材料的应用。具体措施包括:

1)防止燃料泄漏

汽车发生火灾事故时往往是由于燃料泄漏所引起的。因此,防止燃料泄漏是减少汽车火灾的首要措施,它包括:

①合理布置燃油箱位置。对于小客车,燃油箱最安全的位置是在后轴的上方,因为这里可以受到左右两车轮的保护。根据《中华人民共和国道路交通管理条例》的规定,汽车是靠右侧行驶的。而载重汽车的刮擦事故主要是发生在会车时,所以会车时的相撞大部分是发生在双方左侧,建议在汽车设计时把汽车燃油箱位置设计在右侧。

②在设计汽车的燃油箱油口时,要考虑到汽车碰撞时的泄漏问题,尽可能在碰撞时不漏或

者少漏油。

③合理布置燃油管路。在撞车时使其尽可能避免受损,并且具有适当的变形自由度。

④采取具有阻燃性能的超高分子量聚乙烯塑料来制作油箱,防止因碰撞而使燃油箱爆炸。

2)采用完好的风窗玻璃

完好的风窗玻璃可以减缓火焰侵入驾驶室的速度,为逃生和营救工作争取时间。

3)采用具有阻燃作用的内饰材料

当发生火灾后,为了减缓火势蔓延使乘员有逃生的时间,车厢内部材料最好使用非易燃品。

4)设置安全门

此外,对于大客车还要设置安全门。《机动车运行安全技术条件》中规定,车长大于8m或乘员多于40人的客车,如本身右侧仅有一个供乘客上下的车门,应设有安全门或安全出口。需用安全门时,不用其他器具即可将其向外推开。安全门(安全出口)上应有明显的红色标志,并有开启装置。同时,应备有便于取用的击碎出口玻璃的专用工具。1989年底以后生产的汽车必须执行这项规定。另外,汽车还应配备灭火器。

第三节　汽车的技术状况

一、汽车技术状况的定义

汽车技术状况是指定量测得的表示某一时刻汽车外观和性能的参数值的总和。也就是说,汽车技术状况包括外观和性能两大方面,是定量评定的。

不同条件下,对汽车技术状况的要求是不同的:

(1)汽车使用说明书中的“技术特性”是对新车技术状况的说明。

(2)《机动车运行安全技术条件》(GB 7258—1997)是国家对机动车整车及发动机、转向系、制动系、照明和信号装置等有关运行安全和排放污染物控制、车内噪声及驾驶员耳旁噪声控制的基本技术要求。它适用于在我国道路上行驶的所有机动车,是机动车辆管理部门新车注册检查、在用车检查、事故车检查的技术依据,是车辆技术管理的最基本的技术性法规。

(3)《汽车运输业车辆技术管理规定》(1990年交通部第13号令)中明确规定了交通运输管理部门和运输单位要定期进行汽车综合鉴定,并核定其技术状况等级,以便掌握汽车的技术状况,有计划地安排维修工作。《汽车技术等级评定标准》(JT/T 198—1995)规定了汽车技术等级的评定内容、评定规则、检测项目和技术要求。

二、汽车技术状况的变化及标志

1.汽车技术状况的变化

汽车各总成和零部件在工作中,由于机械摩擦、化学腐蚀及变形,会改变零部件原来的几何形状和尺寸,配合间隙也随之增大,甚至产生裂纹和损伤现象;某些零部件的强度、硬度和弹性等也会变弱,从而导致汽车技术状况变坏,使用性能下降。具体表现在以下几个方面:

(1)动力性下降:汽车的最高行驶速度降低,加速时间和加速距离增加,汽车最大爬坡能

力和迅速制动能力下降，牵引性能变坏。根据试验资料得知：汽车行驶里程接近汽车大修里程时，其最大行驶速度比一般新车下降10%～15%，而加速时间会增加25%～35%。

(2)经济性变坏：表现在燃料与润滑油的消耗量增多。

(3)工作可靠性变坏：汽车在行驶途中发生技术故障增多，停驶修理时间增加，使汽车运输生产率降低，运输成本增高。

引起汽车技术状况变坏的主要原因是零部件磨损。磨损的结果往往使零部件原有尺寸和几何形状发生变化，因而破坏了原来的配合性质，使静配合松动，动配合的间隙增大，造成润滑条件变坏。如发动机汽缸与活塞组磨损后，导致密封性不良，汽缸压缩力降低，可燃混合气和燃烧气体窜入曲轴箱的量增加，造成发动机功率下降与燃料润滑油消耗量增加。底盘各部分的齿轮、轴承、轴与衬套的磨损，使机件运动阻力增大，工作可靠性变坏。

2. 汽车技术状况变化标志

汽车技术状况变化的标志包括两个方面：

(1)汽车性能和外观变化。它包括汽车的动力性、燃料经济性、制动性、转向操纵性、前照灯和喇叭声级、污染物排放、汽车防雨密封性、整车与外观。

(2)汽车使用年限增加。汽车技术等级就是根据以上两个方面评定的。

三、汽车技术状况变化的原因及其规律

一辆汽车由上千万个零部件组成，零部件的好坏是决定汽车技术状况的关键因素。对于零部件，有结构和材料、几何精度和表面质量等要求；对于组件和总成，有配合特性、位置误差或激活特性要求，因此才使汽车具有规定的技术状况。汽车技术状况变化的根本原因是零部件的损坏，而零部件损坏的具体原因有自然磨损、腐蚀、疲劳、变形、老化和偶然损伤。

汽车技术状况变化的规律是指汽车技术状况与行驶里程(或使用时间)的关系。汽车技术状况变化的规律可以总结为以下两点：

(1)汽车技术状况随行驶里程的增加逐渐变坏。因此，要认真执行定期检测、强制维护、视情修理的汽车维修制度。

(2)由于多种因素的影响，汽车技术状况的变化程度不一定完全符合以上变化规律，对汽车的检验调整部位其汽车技术状况参数是随着行驶里程变化的，即

$$y = a_0 + a_1 l^{\alpha} \tag{2-11}$$

式中：y——汽车技术状况参数；

a_0——初始的汽车技术状况参数；

a_1——单位行程内汽车技术状况参数的变化强度；

α——确定汽车技术状况变化程度的特性指数；

l——汽车行驶里程。

实际工作中应根据该规律，并结合具体使用条件，对汽车检验调整作业周期进行合理调整。

1. 汽车技术状况变化呈现出的现象

汽车技术状况变坏，将导致汽车的动力性下降、经济性变坏和可靠性降低，并相继出现以下几种外观症状：汽车最高行驶速度降低；加速时间和加速距离延长；燃料、润滑料消耗量增

加;转向沉重;制动迟缓和失灵;汽车行驶中出现振抖、摇摆或异响;排烟增多或有异常气味和运行中汽车因技术故障而停歇的时间增多。

2. 汽车技术状况逐渐变化的规律

为了合理使用汽车,组织好维修工作,必须掌握使用过程中汽车技术状况的变化规律。在使用过程中,汽车技术状况的变化规律可以归纳为以下两点:

(1)汽车的技术状况随行驶里程或时间的增长而变坏。汽车经过一段时间使用后,总要出现故障和发生损坏。

(2)同一型号的汽车,由于多种因素的影响,各辆汽车的技术状况的变化会出现参差不齐。

汽车在使用过程中,由于相对运动造成零部件间的磨损;有害物质对零部件的腐蚀;零部件长期承受交变载荷产生疲劳损伤;零部件在外载荷、温度和残余内应力作用下产生的变形;橡胶等非金属和电器元件长期工作的老化;使用中因偶然事故造成零部件损伤等原因,都会使零件的原有尺寸、几何形状发生变化,破坏零部件之间的配合特性、正确位置及其他技术要求,使得汽车技术状况变坏,以致出现了故障。

图2-28为汽车故障率曲线,它表示汽车故障率与运行时间(或里程)的关系,曲线可分为三个阶段,即早期故障期(Ⅰ)、偶发故障期(Ⅱ)和耗损故障期(Ⅲ)。

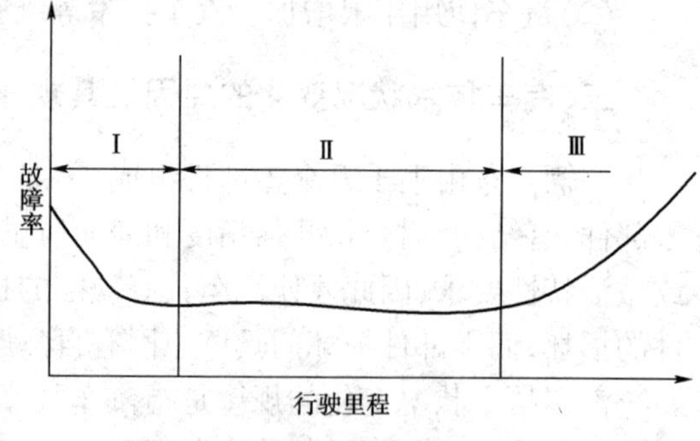

图2-28　汽车故障率曲线

早期故障期的特点是故障率高,并且随时间的增加迅速下降。这主要是由于汽车的设计、制造或修理质量不良引起的。这个时期的故障与使用寿命无关,一般可以通过磨合加以消除,相当于新车走合期。

偶发故障期的故障率低而且稳定。偶发故障是因汽车设计不合理、材料缺陷等偶然因素引起的,它使汽车在正常工作期仍能保持使用性能的正常水平。这段时间就是汽车的有效寿命。因此,应采取维护措施来维持汽车在这段时期内正常运行。

耗损故障期乃是汽车使用的后期,故障率会随时间迅速上升。耗损故障的出现将使汽车丧失使用性能。因此,为延长汽车的使用寿命,在耗损故障到来之前的适当时机,应及时进行修理。

四、影响汽车技术状况变化的因素

影响汽车技术状况变化的因素很多,主要有:载质量、燃料和润滑油品质、气候条件、路面质量、驾驶技术、维修制度和质量等。

1. 载质量

汽车零部件的强度是依据厂定最大装载质量和拖挂质量设计的。超载使用会造成零部件处于超负荷状态。最大装载质量和拖挂质量都有厂定与允许之分。合理装载和装载均匀,可以延缓零部件的耗损。

2. 燃料和润滑油品质

各类汽车都根据技术特性使用条件对所用燃料和润滑油提出了严格要求。如不按规定选用燃润料,就会影响正常燃烧和可靠润滑,因此,不仅要正确选用燃料和润滑油,还应妥善保管、定期检查,对变质超限的润滑油、润滑脂应及时更换。

3. 气候条件

气温过高或过低,都会影响可燃混合气和润滑油的品质,从而影响零部件的磨损。另外,异常的气候条件会加剧橡胶制品、塑料制品的损坏和老化。高温环境还会使空气中灰尘增多,会加剧摩擦机件之间的磨料磨损。

4. 路面质量

汽车行驶在凹凸不平的路面上时,承受着来自各个方向的外力,尽管在设计汽车时对道路条件进行了充分的考虑,但实际使用中还是会产生异常负荷,有时甚至会超过汽车的极限负荷,将会导致汽车构件产生突发性的严重变形或损坏。

5. 驾驶技术

驾驶技术好坏对汽车的使用寿命有很大影响。掌握正确合理的操作方法,会使汽车各部件长期处于正常的工作状态,从而使汽车各总成能延长使用寿命。若操作方法不当,例如不控制汽车行驶速度、变速挡位使用不当、紧急制动、急剧转向等都会使汽车承受超极限负荷。另外,由于进口汽车和国产新型汽车的增加,新结构和新装置不断出现,不懂这些新装置的使用方法,也会导致出现故障。所以,使用新车时,一定要读使用说明书,按规定的方法使用或操作。

6. 维修制度和质量

通过汽车维修可以起到维护或恢复完好技术状况的作用,从而可以延长汽车的使用寿命。能否达到预期的效果取决于汽车维修制度是否合理与能否保证维修质量。

汽车维修质量与维修工艺水平、外购配件的质量、装配与调整工艺、检测诊断技术水平等有关。近年来先进的检测技术在汽车维修中的应用,不仅能查找汽车的故障,而且还能进行技术预测,从而提高了维修质量。

五、汽车技术状况对行车安全的影响

汽车技术状况的好坏,对行车安全有着重要的影响,一些与安全直接相关的部件如转向和制动装置最为关键,其他如前桥、轮胎及照明、喇叭、信号等装置也起很大作用,此外,发动机、传动系、车架、悬挂等装置的技术状况与安全行车也息息相关。因此,只有及时检查调整,合理维修,摸清故障规律,使汽车保持良好的技术状态,才能为安全行车提供可靠的物质基础。

1. 转向装置

汽车的转向装置是最直接关系操纵性能的关键部件,要求绝对可靠,以保证汽车在道路行驶中驾驶员能够转向准确、灵便。所以,要认识到随着车辆运行的里程增加,转向装置机件磨损会变大,原先调整好的标准几何尺寸、配合间隙、前轮定位数据均会发生变化。导致汽车操纵性和稳定性趋于恶化,通常有以下几个方面的征兆:

(1)转向沉重。表现为汽车行驶中转动转向盘吃力,汽车转向灵活性和准确性降低,甚至失去控制。

(2)汽车摆头。汽车行驶时发生前轮左右摆动,造成摇晃振动,汽车不能按正常轨迹运动,蛇行前进,使方向操纵困难。

(3)行驶偏向。它又称汽车跑偏,即汽车无法直线行驶自动偏向一边。

转向装置必须及时润滑、调整、紧固、检查,随时排除故障,以保证汽车在任何道路、速度时,灵活、可靠地工作。

2. 制动装置

汽车制动性能的好坏对行车安全起着决定性的作用,如出现如下征兆时,应即时调整检修:

(1)制动距离延长。即汽车在制动时超过了规定的距离。除道路状况、轮胎的气压花纹、新旧及制动气压高低等因素影响外,必须检查制动系统中有否因漏气、漏油、堵塞、气压不足而使得制动鼓与蹄片间正压力不足,或是两者磨损而间隙过大等因素影响了正常的制动性能。

(2)制动跑偏。行驶中,驾驶员踩制动器时汽车不按直线方向减速停车,而是自动偏向一侧。其产生的原因是左右轮制动力不相等(排除道路本身附着力不同等因素)以及悬挂和转向系本身不合理。

(3)制动侧滑。汽车行驶时因制动或减速发生甩尾现象称为侧滑。制动侧滑会严重影响汽车安全。产生的原因是前后轮制动不同时作用抱死,前轮制动力过小。另外,后轴超载、稳定性变坏等均可能造成在光滑路面上行驶或转向制动时侧滑。

3. 车轮和轮胎

车轮有承载、转向、制动、减振、防滑、驱动等多种功能,对行车安全关系很大,如行驶中发生轮胎爆裂、特别是前胎爆裂,会使汽车急剧偏行;轴头螺母松脱或轮辋螺栓断脱,车轮甩掉就会造成倾覆。

轮胎爆裂原因很多,如气压超高,被尖石、钉子、利器等刺透,胎面磨损过度。

过度磨损会使花纹平滑,附着力降低,以致产生侧滑、制动距离加大等不安全因素。车轮气压不足或各轮气压不均衡,使滚动阻力加大,造成操纵性、稳定性变差。若气压过高,会使汽车平顺性、操纵性、制动性变差。对车轮的检查和维护必须经常认真地进行,发现问题要及时处理。

第四节　汽车的安全法规

从世界第一辆汽车诞生开始,汽车对促进社会进步,提高大众的物质生活水平,改变人们的精神生活都起了非常重要的作用。但随着世界汽车工业的不断发展,汽车保有量迅速增加,随之带来的汽车安全事故、环境污染及能量消耗,特别是汽车的安全问题,已经构成严重的社会公害,因此从20世纪50年代开始,许多国家,特别是工业发达国家相继对汽车产品进行立法,实施法制化管理,并制定各类汽车技术法规,对汽车安全等技术性能加以控制,从而一定程度地控制了汽车对人类社会和环境造成的危害。

为了确保汽车的安全,世界各个国家都制定了相应的安全标准和技术法规,但是总的来说,具有代表性的汽车安全技术法规有三大体系:美国、欧洲及日本技术法规体系,各个国家的

法规体系都有其特点。

一、美国联邦机动车安全法规(FMVSS)

美国是世界上法律法规体系最完备的国家之一,政府从维护整个社会和公众的利益出发,将汽车产品的设计与制造纳入社会管理的法律体系中,对汽车产品的设计和制造专门立法,授权汽车安全、环保、防盗和节能的主管部门制定汽车技术法规,并按照汽车技术法规对汽车产品实施法制化的管理制度,实现政府对汽车产品在安全、环保、防盗和节能方面的有效控制。美国联邦政府根据国会通过的有关法律,如《国家交通及机动车安全法》、《机动运载车法》、《机动车情报和成本节约法》、《噪声控制法》、《大气污染防治法》及《机动车辆防盗法实施令》等为依据,分别授权美国运输部(DOT)和美国环境保护署(EPA)制定并实施有关汽车安全、环保、防盗和节能方面的汽车法规,以达到政府对汽车产品安全、环保、防盗和节能这几方面有效的控制。

1966年9月9日,美国颁布实施《国家交通及机动车安全法》,授权美国运输部(DOT)对乘用车、多用途乘用车、载货车、挂车、大客车、学校客车、摩托车,以及这些车辆的装备和部件制定并实施联邦机动车安全标准(Federal Motor Vehicle Safety Standards,简称FMVSS)。任何车辆或装备部件如果与FMVSS不符合,不得为销售的目的而生产,不得销售或引入美国州际商业系统,不得进口。根据目前《国家交通及机动车安全法》最新修订本的规定,对违反此法要求的制造商或个人,美国地区法院(district court)最高可以处以1500万美元罚款的民事处罚,对造成人员死亡或严重身体伤害的机动车或装备安全缺陷隐瞒不报,或制造虚假报告的制造商将追究刑事责任,最高刑事处罚为15年有期徒刑。在美国《国家交通及机动车安全法》的授权下,由美国运输部国家公路交通安全管理局具体负责制定、实施联邦机动车安全标准,它们都被收录在《联邦法规集》(Code of Federal Regulation, 简称CFR)第49篇第571部分。FMVSS法规目前共计60项,分为5大类,法规的特点如下:

(1)法规内容齐全,指标比较先进。到目前制定和实施的标准项目共有60项,分为5大类(如表2-3所示):

FMVSS100系列:避免车辆交通事故,即汽车主动安全,目前共计28项;

FMVSS200系列:发生事故时减少驾驶员及乘员伤害,即汽车被动安全,目前共计23项;

FMVSS300系列:安全及防火,目前共计5项;

FMVSS400系列:车辆特殊安全机构,目前共计3项;

FMVSS500系列:其他目前共计1项。

(2)法规修订比较快,也比较灵活。另外,该指标规定严格,若实施困难,就做适当调整,例如延期、修订、或暂免等。

(3)法规与SAE(Society of Automobile Engineers,美国汽车工程师学会)、ASTM(American Standard of Testing Material,美国材料试验标准)、ANSI(American National Standard of Institute,美国国家标准协会)标准联系密切,多半采用或引用这些标准。

(4)与FMVSS配套的管理性汽车技术法规健全。而美国汽车技术法规只是具有技术内容,如:限值指标、试验方法的技术法规,不包括管理性的内容。美国运输部专门制定了一系列的管理性技术法规,以保证FMVSS的有效实施。

2007年美国汽车安全技术法规(FMVSS) 表2-3

序号	项目编号	项目名称
1	FMVSS 101	控制器和显示器
2	FMVSS 102	变速器换挡杆顺序,起动机互锁机构和变速器制动效能
3	FMVSS 103	风窗玻璃除霜和除雾系统
4	FMVSS 104	风窗玻璃刮水和洗涤系统
5	FMVSS 105	液压制动系统
6	FMVSS 106	制动软管
7	FMVSS 108	灯具,反射装置和辅助设备
8	FMVSS 109	新的充气轮胎
9	FMVSS 110	轮胎和轮辋选择
10	FMVSS 111	后视镜
11	FMVSS 113	罩盖锁装置
12	FMVSS 114	防盗装置
13	FMVSS 116	机动车制动液
14	FMVSS 117	翻新充气轮胎
15	FMVSS 118	动力操纵车窗系统
16	FMVSS 119	车辆(不包括轿车)用的充气轮胎
17	FMVSS 120	机动车(不包括轿车)轮胎和轮辋选择
18	FMVSS 121	气压制动系统
19	FMVSS122	摩托车制动系统
20	FMVSS 123	摩托车的控制器和显示器
21	FMVSS 124	加速器控制系统
22	FMVSS 125	警告装置
23	FMVSS 126	汽车电子稳定控制系统
24	FMVSS 129	新的轿车非充气轮胎
25	FMVSS 131	学童客车行人安全装置
26	FMVSS 135	轿车制动系统
27	FMVSS 138	轮胎气压监控系统
28	FMVSS 139	轻型车辆新气压轮胎
29	FMVSS 201	乘员在车内碰撞时的防护
30	FMVSS 202	头枕
31	FMVSS 203	驾驶员免受转向控制系统伤害的碰撞保护
32	FMVSS 204	转向控制装置的向后位移
33	FMVSS 205	玻璃材料
34	FMVSS 206	车门锁及车门固定组件
35	FMVSS 207	坐椅系统

续上表

序　号	项目编号	项目名称
36	FMVSS 208	乘员碰撞保护
37	FMVSS 209	坐椅安全带总成
38	FMVSS 210	坐椅安全带总成固定点
39	FMVSS 212	风窗玻璃的安装
40	FMVSS 213	儿童约束系统
41	FMVSS 214	侧碰撞保护
42	FMVSS 216	轿车车顶抗压强度
43	FMVSS 217	客车紧急出口及车窗的固定与松放
44	FMVSS 218	摩托车头盔
45	FMVSS 219	风窗玻璃区的干扰
46	FMVSS 220	学童客车倾覆的防护
47	FMVSS 221	学童客车的车身联结强度
48	FMVSS 222	学童客车乘员坐椅和碰撞保护
49	FMVSS 223	后碰撞保护
50	FMVSS224	后碰撞保护
51	FMVSS 225	儿童约束系统固定点
52	FMVSS 301	燃料系统的完整性
53	FMVSS 302	汽车内饰材料的燃烧特性
54	FMVSS 303	压缩天然气车辆燃料系统的完整性
55	FMVSS 304	压缩天然气车辆燃料箱的完整性
56	FMVSS 305	电动车辆电解液溅出及电击保护
57	FMVSS 401	乘用车行李舱内部开启机构
58	FMVSS 403	机动车辆地板举升系统
59	FMVSS 404	机动车辆地板举升器的安装
60	FMVSS 500	低速车辆(车速介于 20 ~ 35mph 的 4 轮车辆)

二、欧洲汽车法规

ECE(Economic Commission for Europe)全称为欧洲经济委员会。早在20世纪50年代，随着欧洲汽车工业的不断发展，交通安全日益得到人们的重视。ECE 认识到道路交通安全光靠制定道路交通守则是不能保证的，因为它与机动车本身的结构性能有直接的关系，于是 ECE 于 1953 年在其下属的内陆运输委员会、道路交通分委会专门成立车辆结构工作组——WP29。针对车辆结构性能方面的要求为各国政府起草一些建议或推荐要求。后来，随着欧洲汽车生产和贸易的迅速发展、各国原有的汽车法规和认证方式阻碍了贸易自由化和技术交流。为此，ECE 于 1958 年 3 月 20 日在日内瓦制定了《关于采用统一条件批准机动车辆装备和部件并相互承认此批准的协定书》(《1958 年协定书》)。这一具有法律效力的多边框架协定书，旨在整个欧洲范围内对汽车产品采取统一的依据——汽车技术法规(即 ECE 法规)进行型式认证,且欧洲各国互相承认对这种型式认证的批准,以便打破欧洲各国的疆界,便于汽车贸易与技术交流。WP29 就是 1958 年协定书的具体执行机构,专门负责 ECE 法规的制、修订工作。WP29 目前下设 6 个专家小组:一般安全性规定专家组(GRSG)、被动安全性专家组(GRSP)、污染与能源专家组(GRPE)、灯光及光信号专家组(GRE)、噪声专家组(GRB)、制动及底盘专家组(GRRF),分别负责有关汽车安全、环保、节能领域内的 ECE 汽车技术法规制、修订工作。

参加 WP29 工作的是各国政府的官方代表,包括 1958 年协定书的正式缔约国(33 个国家和组织)和非缔约国的少数欧洲国家,以及美国、日本、澳大利亚等非欧洲国家。此外还有许多非政府组织,如 OICA (国际汽车制造商协会)、ISO (国际标准化组织)、IEC(国际电工委员会)等。日本也于 1998 年正式签订 ECE《1958 年协定书》,成为正式缔约国,并从签署之日起正式采用 ECE R13—H(汽车制动)、ECE R19(前雾灯)、ECE R7(信号灯)、ECE R3(回复反射器)和 ECE R28(汽车喇叭)5 项 ECE 汽车技术法规,到 2000 年将增加到 18 项。到目前为止,WP29 共制定 113 项 ECE 汽车技术法规。

EEC(European Economic Community)就是欧洲经济共同市场。对汽、机车及其安全零配件产品,噪声及尾气等,均需依照欧盟指令(EEC Directives)与欧洲经济委员会法规(ECE Regulation)的规定,通过产品符合认证要求,即授予合格证书,以确保行车的安全及环境保护之要求。

ECE 法规中有 44 项法规技术内容等同于 EEC 指令,见表 2-4。随着 EEC 指令的不断更新,ECE 法规也在不断修订,以达到与 EEC 指令一致。EEC 和 ECE 的主要区别是:ECE 汽车法规在缔约国中是自愿采用的,而 EEC 汽车技术指令在成员国中是强制执行的。

ECE 和 EEC 汽车安全法规 表 2-4

法规编号			法规名称
ECE	EEC	EEC 修订号	
R1	76/761	89/517	前照灯
R2	76/761	89/517	前照灯灯泡
R3	76/757		回复反射器
R4	76/760		牌照灯
R5			发射非对称光封闭式前照灯
R6	76/759		转向信号灯
R7	76/758	89/516	侧灯、制动灯、示廓灯、位置灯
R8			卤素前照灯
R11	70/387		车门锁及铰链
R12	74/297	91/662	防止碰撞中转向机构对驾驶员的伤害
R13	71/320	79/489,79/527,85/647 88/194,91/422	制动器
R14	76/115	81/757,82/318,90/629	安全带固定点

续上表

法规编号			法规名称
ECE	EEC	EEC 修订号	
R16	77/541	90/628	安全带和约束系统
R17	74/408	81/577	坐椅,坐椅固定点和头枕
R18	74/61	95/56	防盗装置
R19	76/762		前雾灯
R20			H4 卤素前照灯
R21	74/60	78/632	内饰件
R22			摩托车头盔
R23	77/539		倒车灯
R25	78/932		头枕
R26	74/483	79/488	外部凸出物
R27			提前警告三角板
R28	70/388		声响报警器
R29	92/114		商用车安全驾驶室
R30			充气轮胎
R31			发射非对称卤素封闭前照灯
R32			追尾碰撞车辆的结构特性
R33			正面碰撞车辆的结构特性
R34			火灾防止
R35			脚控制装置布置
R36			大客车结构
R37			灯泡
R38	77/538		后雾灯
R39	75/443		车速表及其安装
R42			前后保护装置
R43	92/22		安全玻璃及其材质
R44	76/756		儿童乘员约束装置
R45			前照灯洗涤器
R46	71/127		后视镜及其安装
R48	76/756	80/233,82/244,83/276 84/8,89/278,91/633	灯光及光信号的安装
R50			摩托车位置灯、制动灯、转向灯、后牌照灯
R52			小型公共运输车辆结构
R53	93/92		摩托车灯光及光信号的安装
R54			商用车及挂车充气轮胎

续上表

法规编号			法规名称
ECE	EEC	EEC修订号	
R55	94/20		汽车列车机械连接件
R56			轻便摩托车前照灯
R57			摩托车前照灯
R58			后下部防护装置及其安装
R60	93/29		摩托车操纵件，指示器
R61	92/114		驾驶室后挡板前向外部凸出物
R62			防盗操纵杆
R64			备胎
R65	93/30		摩托车特别警告灯
R66			大客车车顶结构强度
R67			液化石油气汽车特殊装置
R68			最高车速测量
R69			低速车辆及挂车后标志板
R70			重型、长型车辆后标志板
R72			摩托车非对称光卤素前照灯
R73		89/297	货车、挂车及半挂车侧面碰撞
R74			轻便摩托车灯光及光信号装置
R75			摩托车充气轮胎
R76			摩托车前照灯
R77	77/540		驻车灯
R78		92/62	摩托车制动
R79	70/311		转向装置
R80			大客车坐椅及其固定点
R81	80/780		摩托车上后视镜的安装
R82			轻便摩托车白炽卤素前照灯
R87			白天行车灯
R88			摩托车反光轮胎
R89	92/6		最高车速限制装置
R90			制动衬片总成更替
R91			侧标志灯
R93			前下部防护装置
R94			正面碰撞乘员保护
R95			侧面碰撞乘员保护
R97			碰撞后车辆报警系统

续上表

法规编号			法规名称
ECE	EEC	EEC 修订号	
R98			灯泡气体放电光源
R99			灯具气体放电光源
R100			蓄电池电动车辆的安全性
R104			重型、长型车辆的后反射标志
R105			运输危险物品车辆的结构特性
R106			农用车辆轮胎
R107			双层大客车的一般结构
R108			翻新轮胎
R109			商用车辆翻新轮胎
	70/221	79/490,81/333	机动车液体燃料箱及后下部防护
	70/222		机动车及挂车后牌照板的安装空间及固定
	75/443		机动车倒车装置及车速表
	76/114	78/507	机动车及挂车法定牌照及铭牌,它们的位置及安装方法
	76/767	94/23	压力容器的一般规定和检验方法
	77/143		机动车及挂车道路行驶适用试验
	77/389		机动车辆牵引装置
	91/671		在3.5t以下的车辆强制使用安全带
	77/649	93/91	机动车驾驶员视野
	78/316		机动车操纵件识别、信号装置、指示器
	78/317		机动车玻璃除霜、除雾装置
	78/318	94/68	刮水器、洗涤器
	78/548		乘客舱暖气系统
	78/549		机动车护轮板
	85/3	86/360,88/218,89/338 89/460,89/461,91/60 92/7,86/364	道路车辆质量、尺寸和技术特性
	86/217		轮胎压力表
	87/404	90/488,93/68	简易压力容器
	89/459		轮胎花纹深度
	91/216		机动车及挂车喷雾控制系统
	92/21	95/48	M1类车辆质量和尺寸
	92/23		机动车辆及挂车轮胎和安装
	92/24		机动车限速装置的车载系统
	93/14		两轮或三轮机动车制动

续上表

法规编号			法规名称
ECE	EEC	EEC 修订号	
	93/31		两轮机动车的支脚
	93/32		两轮机动车乘员用的把手
	93/33		两轮或三轮机动车防盗
	93/34		两轮或三轮机动车法定标志
	93/93		两轮或三轮机动车的质量和尺寸
	93/94		两轮或三轮机动车后牌照板的安装空间
	95/1	91/497	两轮或三轮摩托车的设计最大车速,最大转矩,发动机净功率
	95/28		内饰材料的燃烧特性
		88/706	车辆限速装置
		91/239	机动车及挂车的质量和尺寸
		93/679	3.5t 以下车辆最大法定质量和尺寸

三、日本保安基准

日本早在1951年起就根据《道路运输车辆法》制定了道路车辆安全标准,因此比美国和欧洲还要早。后来,随着汽车工业的飞速发展,日本充分吸收了FMVSS和ECE等标准法规的长处,并结合自身的特点形成比较健全的道路车辆安全标准体系。由于国土狭窄,日本特别重视汽车与行人、摩托车之间的安全,因此对汽车外部凸出物等的规定非常详细。

日本的道路车辆安全标准几经修订,现在已经发布的有关汽车安全和排放标准达73条,其中主动安全标准43条,被动安全标准17条,防火标准2条。此外,还设置了试验方法标准88条(表2-5)。由于日本的汽车工业以出口为主,因此日本生产汽车执行的标准法规大多为美国FMVSS法规和欧洲ECE法规。日本道路车辆法律、法规及其管理制度与美国联邦机动车安全法规相比差别很小,基本做法一致。在世界典型的三大法规体系中,美、日两大法规体系比较接近,差别不大,但欧、美体系却存在很大的差别。由于日本在1998年加入《1958年协定书》后积极开展与欧洲ECE法规的协调工作,并逐步向ECE法规靠拢,因此日本汽车技术法规作为国际三大典型汽车技术法规体系的特点正在不断地弱化。

日本道路车辆安全标准 表2-5

标准编号	标准名称
11-1	道路车辆安全标准
11-2	机动车检验规程
11-4-1	吸收冲击式转向装置
11-4-2	缓冲式后视镜
11-4-3	乘用车灯刮水器、洗涤器
11-4-4	制动液泄漏警装置

续上表

标准编号	标准名称
11-4-5	防止碰撞时燃料泄漏
11-4-6	仪表盘吸收冲击
11-4-7	遮阳板吸收冲击
11-4-8	坐椅及固定装置
11-4-9	坐椅靠背背部吸收冲击
11-4-10	坐椅安全带固定点
11-4-11	坐椅安全带
11-4-12	车门防开启装置
11-4-13	缓冲式室内后视镜
11-4-14	乘用车用塑料燃油箱
11-4-15	乘用车用轻合金车轮
11-4-16	车外后视镜安装位置
11-4-17	头枕位置
11-4-21	车窗玻璃
11-4-22	后雾灯
11-4-23	牌照灯
11-4-24	防抱死制动系统
11-4-27	防止钻入装置
11-4-29	乘用车制动装置
11-4-30	正面碰撞乘员保护
11-4-31	内饰材料的燃烧特性
11-4-32	驾驶员安全带报警装置
11-4-33	除雾、除霜装置
11-4-34	客车及货车洗涤器
11-4-37	前照灯技术标准
11-4-38	前雾灯技术标准
11-4-40	客车及载货车用轻合金车轮
11-5-4	大客车坐椅安全带的安装
11-7	机动车用轮胎的使用
11-7-7	机动车车体外形和尺寸
11-7-14	空气扰流器的结构标准
11-7-15	空气扰流器的结构标准使用细则
11-7-16	机动车顶部车顶栏杆的安装
11-7-18	机动车牌照安装架
11-7-19	机动车行驶性能

续上表

标准编号	标准名称
11-7-22	车外后视镜的安装位置
11-7-25	车外后视镜的安装位置的审查
11-7-26	数字式车速表的显示
11-7-31	吸收冲击式遮阳板技术标准的说明
11-7-36	内饰材料的燃烧特性检查方法
11-7-48	汽车车窗玻璃上粘贴物的规定
11-7-50	铰接车辆的行驶特性
TRIAS1	机动车参数测量法
TRIAS2	机动车最大稳定倾角试验方法
TRIAS4	机动车加速试验方法
TRIAS6	机动车最高车速试验方法
TRIAS9	机动车最下转弯半径试验方法
TRIAS10	机动车前轮定位试验方法
TRIAS11	机动车紧急制动试验方法
TRIAS11-2	乘用车制动装置试验方法
TRIAS12	机动车制动能力试验方法
TRIAS13	机动车驻车制动能力试验方法
TRIAS14	机动车制动部分失效试验方法
TRIAS15	机动车制动储气罐试验方法
TRIAS25	机动车操纵稳定性试验方法
TRIAS26	新型机动车试验方法通则
TRIAS27	能力吸收式转向柱冲击试验方法
TRIAS28	重型载货汽车及载货汽车洗涤器试验方法
TRIAS28-2	乘用车刮水器、洗涤器试验方法
TRIAS28-3	除霜、除雾试验方法
TRIAS29	后视镜缓和冲击试验方法
TRIAS31	坐椅安全带试验方法
TRIAS32	头枕试验方法
TRIAS33	碰撞是防止燃油泄漏试验方法
TRIAS34	仪表盘冲击试验方法
TRIAS35	坐椅及固定装置试验方法
TRIAS36	坐椅靠背背部冲击试验方法
TRIAS37	安全带固定点试验方法
TRIAS38	车门防开启试验方法
TRIAS39	内后视镜冲击试验方法

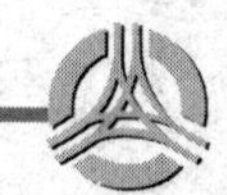

续上表

标准编号	标准名称
TRIAS40	遮阳板冲击试验方法
TRIAS42	乘用车用塑料燃油箱试验方法
TRIAS43	乘用车用轻合金车轮试验方法
TRIAS43-2	载货汽车及大客车用轻合金车轮试验方法
TRIAS44	摩托车用轻合金车轮试验方法
TRIAS45	防抱死制动系统试验方法
TRIAS46	防碰撞装置试验方法
TRIAS47	正面碰撞乘员保护试验方法
TRIAS48	内饰材料燃烧特性试验方法
TRIAS49	驾驶员不使用安全带报警器试验方法
TRIAS50	机动车辅助制动系统减速能力试验方法

四、中国的汽车强制性标准体系

我国的汽车强制性标准工作起步于1990年初期,1995年开始逐步实施。汽车强制性标准体系主要以ECE/EC体系为参照,包括安全、环保、节能、防盗,其中安全标准按照主动安全、被动安全和一般安全划分:主动安全项目主要涉及照明与光信号装置、制动、转向、轮胎等;被动安全项目涉及坐椅、门锁、安全带、凸出物、车身、碰撞防护以及防火等;一般安全项目涵盖视野、指示器与信号装置、车辆结构与防盗等。我国的汽车强制性标准首先从主动安全开始,随着汽车工业的发展和技术、经济的发展逐步向一般安全、被动安全扩展,截至目前批准发布的汽车(含摩托车)强制性标准84项,约80%与ECE法规等效,其中安全标准68项,占强制性标准实施数量的81%。部分强制性安全标准见表2-6。

中国汽车强制性安全标准　　表2-6

标准编号	标准名称
主动安全	
GB 4659	汽车前照灯配光性能
GB 4785	汽车及挂车外部照明和信号装置的安装规定
GB 5920	汽车前、后位灯、示廓灯和制动灯配光性能
GB 11554	汽车及挂车后雾灯配光性能
GB 11564	机动车回复反射器
GB 15235	汽车倒车灯配光性能
GB 15766.1	道路机动车灯泡尺寸、光电性能要求
GB 17509	汽车和挂车转向信号灯配光性能
GB 17510	摩托车光信号装置配光性能
GB 18408	汽车和挂车后牌照板照明装置配光性能
GB 18409	汽车驻车灯配光性能

续上表

标准编号	标准名称
GB 18099	摩托车和挂车侧标志灯配光性能
GB 7258—87	摩托车和轻便摩托车灯光和信号灯装置数量、位置、光色
GB 9743	轿车轮胎
GB 9744	载货汽车轮胎
GB 12676	汽车制动系统机构、性能和试验方法
GB 16897	制动软管
GB 17355	摩托车和轻便摩托车制动性能指标限值
GB 17675	汽车转向系基本要求
GB 5763	汽车用制动器衬片
GB 10830	机动车制动液使用技术条件
被动安全	
GB 11550	汽车坐椅头枕性能要求和试验方法
GB 11552	轿车内部凸出物
GB 11566	轿车外部凸出物
GB 14166	汽车安全带性能要求和试验方法
GB 14167	汽车安全带安装固定点
GB 15083	汽车坐椅系统强度要求及试验方法
GB 15086	汽车门锁及门铰链的性能要求和试验方法
GB 13057	大型客车坐椅及其固定点
GB 7063	汽车护轮板
GB 9656	汽车用安全玻璃
GB 11557	防止汽车转向机构对驾驶员伤害的规定
GB 11567	汽车及挂车侧面及后下部防护装置要求
GB 15743	轿车侧门强度
GB 17354	汽车前后端保护装置
GB 17258	汽车用压缩天然气钢瓶
GB 17259	机动车用液化天然气钢瓶
GB 811	摩托车乘员头盔
GB 11551	汽车正面碰撞的乘员保护
GB 20071—2006	汽车侧面碰撞乘员保护
GB 18986—2003	轻型客车结构安全要求
GB/T 6887—2008	卧铺客车结构安全要求
GB 8410	汽车内饰材料的燃烧特性
GB 1553—89	汽车正面碰撞时对燃油泄漏的规定
GB 18296	汽车燃油箱安全性能要求

续上表

标准编号	标准名称
一般安全	
GB 11555	汽车风窗玻璃除雾系统的性能要求及试验方法
GB 11562	汽车驾驶员前方视野要求及测量方法
GB 15084	汽车后视镜的性能要求和安装要求
GB 15085	汽车风窗玻璃刮水器、洗涤器的性能要求及试验方法
GB 17352	摩托车和轻便摩托车后视镜安装要求
GB 4094	汽车操纵件、指示器及信号装置的标志
GB 15082	汽车用车速表
GB 15365	摩托车操纵件、指示器及信号装置的图形符号
GB 15741	汽车和挂车号牌板及其位置
GB 15742	汽车电喇叭的性能要求及试验方法
GB 1589	汽车外廓尺寸界限
GB 7258	机动车运行安全技术条件
GB 13094	客车安全结构要求
GB 15740	汽车防盗装置性能要求
GB 17353	摩托车和轻便摩托车转向锁止和防盗装置
GB 11568	汽车罩锁止装置
GB 11561—89	汽车加速器控制系统的技术要求

我国的安全法规强制性标准主要包括主动安全强制性标准、一般安全强制性标准、被动安全标准。主动安全法规主要包括灯光、制动、转向，目前已批准发布的有25项。我国安全法规的研究制定工作最先开展的是主动安全，目前已基本形成了较为完整的标准体系，现阶段的主要工作是提高标准的技术要求以及增加与新技术相关的标准。一般安全强制性标准包括视野、指示器与信号装置、车辆结构和防盗三个方面，现已批准发布的强制性标准共23项。其中《机动车辆后视镜的性能和安装要求》（GB 15084—2006）、《汽车防盗装置》（GB 15740—1995）两项修订标准已完成，待批准发布。《客车安全结构要求》（GB 13094—2007）正在修订中；新制定的项目《危险物品运输车辆结构要求》、《汽车用液化石油气蒸发调节器》、《汽车用压缩天然气减压调节器》正在制定中；《汽车防盗玻璃》正在研究、计划制定。

在一般安全标准中，2004年批准发布的《道路车辆外廓尺寸、轴荷及质量限值》（GB 1589—2004）标准是一项非常重要的标准，该标准是对GB 1589—1988的修订。在我国原有的标准中，缺乏对车辆轴荷与总质量方面的限制，随着我国车辆产品及货运、客运市场等近年来的长足发展，大型车辆的运输经济性与物流配送的合理组织日益成为车辆使用者及乘客、货物运营管理者关心的问题。"大吨小标"、超载运输等不规范现象屡禁不止，严重影响了交通安全和道路建设。迫切需要制定车辆外廓尺寸、轴荷与总质量等主要特性参数的标准要求。该标准2004年制定完成并批准发布，该标准的发布和实施为限制"大吨小标"，进行产品的清理整顿等管理工作提供了依据。

近年来,我国机动车被盗车辆数量逐年增多,防盗问题受到重视,汽车防盗方面的相关标准需要进一步完善,提高车辆防盗性能,同时计划制定有防盗标识的标准,以此能够确认被盗车辆的身份。

被动安全标准是汽车安全标准中非常重要的一部分,严格的被动安全标准能够有效降低车辆事故对人员的伤害。汽车被动安全标准批准发布的标准共 20 项。其中修订的 GB 15083、GB 14167 和 GB 15056 三项标准以及新制定的《商用车驾驶室后围板前面外部凸出物》已制定完成,待批准发布。

在被动安全标准中碰撞标准是人们最为关注的,我国最早实施的是《乘用车正面碰撞乘员保护》(CMVDR 294), 2003 年批准发布《汽车正面碰撞的乘员保护》(GB 11551—2003)强制性国家标准,这标志着我国安全技术法规进入了一个重要的发展时期。正面碰撞实施后,根据我国的道路交通实际情况,参照 ECE 法规制定完成了《汽车侧面碰撞的乘员保护》、《乘用车后碰撞燃油系统安全要求》,这两项标准将 2006 年 7 月 1 日起开始实施。

近几年,儿童乘员的保护方面的研究在欧美日等国家和地区得到极大的关注,并出台了相应的标准、法规,使儿童乘员在车辆碰撞事故发生中得到有效的保护。在我国,随着乘用车进入家庭,儿童乘员数量也在不断增加,如何为他们提供安全的乘车保证是人们关心的问题。汽车儿童乘员约束系统是专门为儿童乘员提供的约束保护系统,以保证在车辆碰撞事故发生时,为儿童提供安全保护,从而减少儿童的死亡数量及伤亡程度。2003 年碰撞标准制定工作组,开始研究制定《汽车儿童乘员约束系统》强制性标准,目前标准制定工作正在进行中。

另一项《偏置可吸能壁障正面碰撞试验方法》,暂以推荐性国家标准的形式,碰撞工作组正在研究、制定中。

五、汽车安全技术法规的发展趋势及我国工作重点

汽车的安全是人们最为关心的问题之一,汽车安全是世界汽车技术发展永恒的主题和动力。现在,汽车的安全性比以往更受到人们的关注,安全性也成为汽车的一大卖点。目前世界安全法规的发展方向是:

(1)被动安全和主动安全之间的融合;

(2)减少伤亡;

(3)乘员保护;

(4)行人保护;

(5)碰撞相容性。

欧美日等工业强国都在不断开发研制汽车的各种先进的智能系统,以此降低事故发生率,提高乘员安全性。在提高车内驾驶员和乘员安全的同时,欧洲、日本等国家近两年相继出台了有关行人保护的技术法规,以减少发生碰撞时行人的伤亡事故。

目前,碰撞相容性安全法规的走向为国际安全法规的研究趋势。也就是说,目前法规研究趋势并不是单纯地、无限地提高单车的安全性,而是考虑两车发生碰撞时,车辆能够吸收碰撞产生能量、减少车辆变形,有效降低碰撞发生对人员的伤害。所以我国今后的工作重点是:

(1)密切关注、跟踪全球统一技术法规的进程,及时研究国内情况,制定有利于提高汽车安全性的法规。

(2)商用车安全标准的研究与制定,如货车驾驶室乘员保护要求、货车前下部防护装置、牵引车与挂车连接装置、车辆限速装置要求。

(3)制定具有中国特色的行人保护法规,解决行人的交通安全问题。同时还要跟踪国际动态,着手研究其他碰撞形式乘员保护和车辆碰撞相容性要求。

(4)先进安全技术(主动与被动安全的协调),如电动汽车、燃料电池系统安全要求,新型灯光照明和信号装置相关安全标准的研究与制定。

(5)研究建立中国的NCAP体系(New Car Assessment Programmer),即新车评价规范。大家都知道,根据各国的法规要求,新车在上市前,需要通过规定的碰撞认证试验,但认证试验只能说明汽车产品达到了法规的最低要求,却不能对消费者提供汽车产品安全性能的准确和详细的信息,也容易使生产者在设计和制造产品时只针对法规而忽略了安全的实质。为了能为消费者提供准确可靠信息,同时鼓励生产者提高其产品的安全性能,欧洲、美国、日本都采用了NCAP体系。它规定的实车碰撞速度往往比政府制定的安全法规的碰撞速度要高,从而在更严重的碰撞环境下评价车内乘员的伤害程度,根据头部、胸部、腿部等主要部位的伤害程度将试验车的安全性进行分级。更重要的是,NCAP体系还有一套成熟的安全评价方法,把认证试验结果由简单的"合格"和"不合格"变成更加直观并量化的星级评价。目前有关部门正在结合我国的安全法规实施情况以及国内实际情况,研究制定我国的NCAP评价体系,不久将会推出中国NCAP体系。

六、我国汽车法规的作用

多年来汽车强制性标准的制定和规范实施,对促进我国汽车产品技术水平的提高发挥了突出作用,缩小了与发达国家在产品管理和技术方面的差距。虽然我国汽车强制性标准体系基本建立,但还需进一步的完善,并随着经济和技术的发展不断的增加新的标准和修订已有标准,进一步提高我国汽车产品国际竞争力。

在强制性标准的制定过程中应加强基础研究,结合我国标准的研究、制定有效参与国际法规协调工作,减少国际法规对我国的不利影响;适当减缓安全法规推出的速度或考虑更充分的过渡期,降低企业过重负担;标准的制定应更注重我国社会、经济和产业发展的实际问题,制定适合国情的技术法规。

汽车安全标准法规是汽车安全技术领域的重要内容,但安全技术研究的方向和目标不能限于法规范畴,企业和专家应重视安全技术研究和创新,提高企业和产品的国际竞争力,安全技术研究应主动安全与被动安全并重。我国汽车安全技术水平已经有明显进步,技术法规体系(强制性标准体系)基本建立,但改善我国道路交通安全形势需要进一步提高车辆安全性能,同时积极参与国际汽车安全技术交流和开展国际合作,在全球法规协调中发挥中国应有作用。

第三章　道路与交通安全

第一节　公　　路

一、公路平面线形

所谓线形，是立体描述道路中心线的形状。其中，平面描述的道路中心线形状称为平面线形，立体描述的道路中心线形状称为纵断面线形。线形的好坏，对交通流安全畅通具有极其重要的作用。

平面线形如图 3-1 所示。

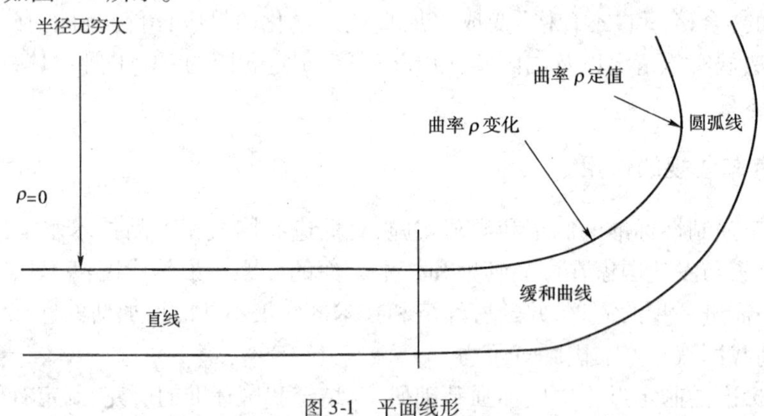

图 3-1　平面线形

1. 直线

1）长直线

直线是平面线形设计最常用的一种线形。直线长度的选择及设置会影响交通安全。汽车沿长直线行驶时，如果道路环境缺乏变化，驾驶行为单一，持续时间过长，会使驾驶者兴奋度降低，造成精神的抑制状态，反应时间过长，甚至达到半睡眠程度，从而会对突然出现的交通状况处理不当，导致交通事故的发生。

长直线造成驾驶者趋势心理，即趋向于尽快通过该段区域，从而引发高速驾驶。长直线区段在白天易产生由于长时间的阳光照射造成的眩光，夜间易造成车辆之间的相互灯光干扰，从而影响正常驾驶。

这些作用的综合效果，造成长直线对行车安全极为不利。

根据我国 1995 ~ 1997 年的统计，在直线段上发生的事故占事故总数的 82.4% ，因疲劳驾驶发生的事故占事故总数的 1.6% 。因此，限制直线长度和合理设置是非常重要的。

根据统计资料，直线长度超过 1500m，直线段上事故就开始增加；超过 2000m 时，统计显示的事故增加较为明显；当直线长度超过 3000m 时，形成了典型的事故多发地段，并且随着直

线长度的持续增加，事故累计将以超过线性规律的速度提高。

当道路不可避免地采用长直线时，必须进行路旁装饰性的绿化，或采用人工构造物，或沿线设置交通安全设施以提高驾驶者的注意力，消除长直线的单调性，避免驾驶疲劳。

2）短直线

平曲线之间以直线过渡，当直线过短时，发生交通事故的潜在危险也将提高，这其中又具体划分为反向曲线间的直线段与同向曲线间的直线段。

反向曲线间的直线段过短，将不能提供足够的时间使驾驶者调整转向盘，使驾驶者在进入下一个反向曲线时不能及时把握车辆方向，从而产生反应不及时、车辆轨迹突变等现象，危及行车安全。

同向曲线间连以短直线，形成了所谓的“断背曲线”，驾驶者在行经这种线形时，视觉上往往将直线段看成是向两端曲线相反方向弯曲，线形不连续。同向曲线间的直线区段过短，还可能造成驾驶者对直线的忽略。即当车辆驶入不同半径的下一同向曲线时，驾驶者会错误地认为还行驶在先前的曲线上，而不采取相应的措施，造成反应不及时。

有研究成果显示，同向曲线间的最小长度不应小于设计车速（km/h 计）的 6 倍（长度以 m 计）。

2. 平曲线

1）平曲线半径

适当半径的曲线，可以使得道路线形流畅，摆脱直线的单调感，避免长时间不需要改变驾驶行为而造成的困倦与麻木。

对于交通安全产生负面影响的是半径过小的平曲线。在高速公路上，车速较快，过小半径的曲线，使得车辆在转弯时的横向系数过高，车辆发生侧向滑移或倾覆的倾向性增大。

曲线半径对于行车安全的影响，更明显地表现在曲线与其他因素的组合作用上。例如当由于天气导致视距不良时，弯道是事故的集中地段，这从一个方面说明了曲线半径对于行车安全的影响是广泛存在的。

将样本道路各曲线上事故数与曲线半径进行相关分析，研究二者之间的相关关系可知，小半径曲线段的事故倾向性较大，且随着半径的减小，事故数将增加。而在半径适当的区间内，事故将不因半径的增加而有明显的改变。

2）平曲线转角

研究证明，当转角过小时，如果不设置平曲线，或设置常规半径的平曲线，会使驾驶员产生错觉，认为平曲线比实际值小，对道路产生急转弯的错觉，从而使驾驶员产生过度的减速与转弯行为，危及行车安全。关于产生错觉的转角值，各国研究成果各不相同，例如美国为 5°，德国为 6°20′，日本为 7°，前苏联为 10°。虽然限值的选取有一定的差异，但是对于小转角能够引发驾驶者错觉这一现象的存在，世界各国有着共识。

平曲线转角越大，行车就越困难，在平曲线路段上，在许多情况下，转角对事故数据的影响，要比平曲线半径的影响大。平曲线转角与相对事故的关系见表 3-1。

平曲线转角与相对事故数的关系　　表 3-1

转角（°）	8	8 ~ 20	20 ~ 30	>30
相对事故数	1.44	1.56	1.64	2

3）平曲线曲率

曲率越大事故越高，尤其是曲率大于10以上，事故率急剧增加。表3-2为英国的调查结果。

平曲线曲率与事故率关系　　表3-2

曲率(°)	0~1.9	2~3.9	4~5.9	6~9.9	10~14.9	>15
事故率(次/百万辆·km)	1.62	1.86	2.17	2.36	8.45	9.26

我国《公路工程技术标准》(JTG B01—2003)对平曲线的半径设计做了相应的规定。

3. 道路纵断面线形

1）纵坡坡度

纵坡过大，对于保持车辆的合理速度，维持连贯的驾驶状态有负面影响。坡段过陡时，车辆下坡会打滑，更有甚至可能造成车辆倾覆；坡长过大，车辆上坡会爬坡吃力，严重的可能产生倒滑现象。因此，纵坡过大将导致道路的安全特性下降。

公路纵坡路段事故发生率高，已为前苏联调查资料所证实。在平原区事故率为7%左右、丘陵区为18%左右、重丘区为25%左右。主要原因是下坡时汽车驶出路基，或者上坡超车的车辆迎面相撞，此类事故占较大纵坡路段事故数的24%；行车过快，制动不及时或失灵，占40%；绕过路边停车或超越车速较低车辆与对面来车相撞，占18%。

对于大纵坡路段，事故特征点主要分布在上坡道路的上面部分与过了坡顶后紧接着的路段上及纵断面的下凹部分。

下坡比上坡事故数量多出一半以上，主要是下坡行驶时间长，制动器发生故障所致。由这一原因引起的事故故障占引起总事故的40%以上。

表3-3为比兹鲁在德国高速公路上调查坡度与事故率关系的统计资料，表中数据说明当坡度大于4%时，事故率剧增。

坡度与交通事故率关系　　表3-3

坡度(%)	交通事故率(每1亿辆·km)	坡度(%)	交通事故率(每1亿辆·km)
0~1.99	46.5	4~5.99	170.0
2~3.99	67.2	6~8.00	210.5

2）纵向视距

道路的竖曲线半径过小时，易造成驾驶员视野变小，视距变短，发生事故，从美国的调查成果表3-4中可见，随着视距减小，事故率增多。

双车道道路上视距与交通事故率关系　　表3-4

视距(m)	<240	204~450	450~750	>750
交通事故率(次/百万辆·km)	1.49	1.18	1.93	0.68

在竖曲线行驶时，当凸形曲线半径过小时，会影响驾驶员的视距，使其视野变小，也易酿成事故。在凹形曲线处时，由于汽车下坡行驶，车速变快，引起车辆左右摆动，若汽车在夜间行驶，车灯照距过短，影响视距，也易造成交通事故。

根据英国资料统计，竖曲线的视距越短，交通事故越频繁，如表3-5所示。

竖曲线视距与交通事故率关系　　表 3-5

视距(m)	百万辆公里交通事故率(次/百万辆·km)	
	凸形竖曲线	凹形竖曲线
<240	2.4	1.5
240~450	1.9	1.2
450~750	1.5	0.8
>750	1.1	0.7

4. 道路线形组合

道路交通安全不仅与道路的平面线形、纵断面线形有关,而且与线形组合是否合理有密切的关系,即使线形设计规范,但组合不当仍然会导致交通事故。表 3-6 为不同弯坡的交通事故情况。

弯坡组合产生的交通事故率(次/百万辆·km)　　表 3-6

曲线半径(m)	坡 度(%)			
	0~1.99	2~3.99	4~5.99	6~8
>4000	0.28	0.20	1.05	1.32
3001~4000	0.42	0.25	1.30	1.55
2001~3000	0.40	0.20	1.50	1.70
1001~2000	0.50	0.70	1.85	2.00
400~1000	0.73	1.00	1.92	2.33

二、视距

1. 行车视距

行车时应使驾驶员看到前方一定距离的道路,以便当发现路上的障碍物或迎面的来车时,能在一定车速下及时停车或避让,避免发生事故,这一段必须的最短的距离称为行车视距。

行车视距分为道路平面上和纵断面上两种。道路平面上的视距又分为停车视距、会车视距与超车视距。

1)停车视距

停车视距是所有道路,无论是分道还是不分道行车,都必须满足的最低要求。当车辆在道路上行驶时,驾驶员在离地面 1.2m 高处,看到前方路面上的障碍物开始制动至到达障碍物前完全停止所需要的最短距离称为停车视距,或称路面视距。

停车视距由三部分距离组成,即反应距离 l_1、制动距离 $l_{制}$ 和安全距离 l_0,如图 3-2 所示。

l_1　　$l_{制}$　　l_0

$l_0=\frac{v_0}{3.6}t=0.694v_0$　　$l_{制}=\frac{v_0^2}{2g\varphi\times3.6^2}=0.00394\frac{v_0^2}{\varphi}$

图 3-2　停车视距

图中 v_0 为汽车行驶速度(km/h),φ 为车轮在道路上的附着系数,g 为重力加速度。

2)会车视距

会车视距是指在单车道的道路上,或在没有分隔带的双车道道路上,车辆习惯在道路中央行驶。当车辆遇到迎面来车时,无法避让或来不及错车,则只能双方采取制动使车辆在碰撞前完全停止，以保证安全。因此，在双方离地 1.2m 高的驾驶员视点之间，应该保证有足够的安全制动距离，称为会车视距。

会车视距由三部分距离组成，即反应距离 l_1、制动距离 $l_{制1}$ 和安全距离 l_0，如图 3-3 所示。

汽车驶向纵断面上的凸形转坡点时会出现视线盲区，因此，必须选定行当的竖曲线半径，使其有足够的视距以保证安全行车。这个保证行车安全的最小曲线半径，称为凸形竖曲线半径。

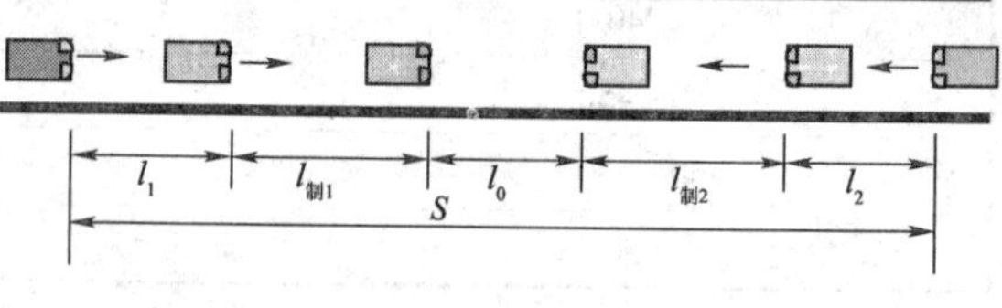

图 3-3　会车视距

3）超车视距

当车辆绕道相邻车道超车时，驾驶员在开始离开原行车路线能看到相邻车道上对向驶来的车辆以便在碰到对向驶来车辆之前能超前并驶回原来车道所需的最短距离，称为超车视距。当后车速度高于前车，以行驶时的车速超越前车时，超车时两车的间距 l_2 等于两车制动距离之差，加上汽车 1 的反应距离 l_1，如图 3-4 所示。

4）错车视距

汽车在行驶中同迎面车辆在同一条车道上行驶，而从来车左边绕至另一车道并与对面来车平面上保持安全距离时两车所行驶的最短距离，称为错车视距，如图 3-5 所示。

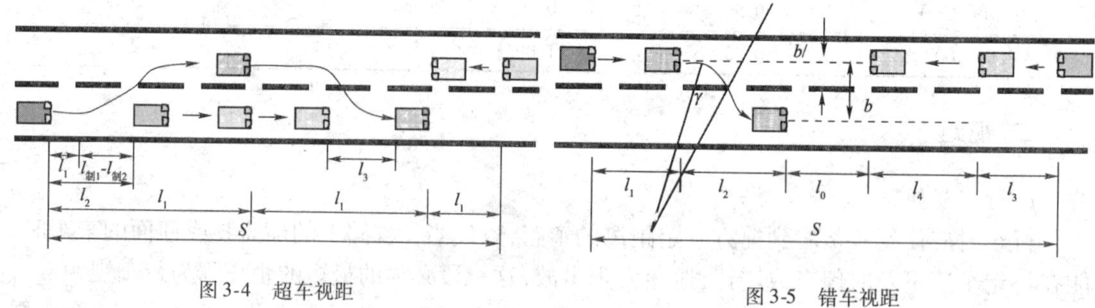

图 3-4　超车视距

图 3-5　错车视距

2. 行车视距与交通安全的关系

在平曲线和纵曲线半径小的地段，往往由于视距不足而形成交通事故多发点。特别是在那些路面规格较高，认为可以高速行驶的道路上，如果某一段视距不够，该处就更容易发生交通事故。根据统计，在美国加州公路（双车道）的行车视距小于 800m 与 2500m 以上的相比，其交通事故前者是后者的 2.2 倍。

3. 各级公路所需的最小视距

各级公路在平曲线与纵断面上的停车与超车视距，不应小于表 3-7 的规定。

各级公路停车与超车视距　　表 3-7

公路等级	汽车专用公路							
	高速公路				一级公路		二级公路	
地形	平原微丘	重丘	山岭		平原微丘	山岭重丘	平原微丘	山岭重丘
停车视距（m）	210	160	110	75	160	110	75	40
超车视距（m）							550	200

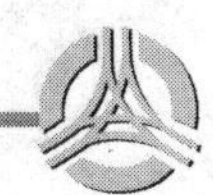

续上表

公路等级	一般公路						
	二级公路			三级公路		四级公路	
地形	平原微丘	山岭重丘	平原微丘	山岭重丘	平原微丘	山岭重丘	
停车视距(m)	110	40	75	30	40	20	
超车视距(m)	550	200	350	150	200	100	

对向行驶的双车道公路，应结合地形设置保证具有超车视距的路段。

对于视距不符合标准的路段，应加强对驾驶员的安全教育，使之养成习惯，在视距不充分的地方自觉地不超车，不高速行驶，从而降低事故率。

三、横断面

道路宽度、车道数、分隔带宽度、道路侧向净空等横断面设计要素对行车安全有着直接或间接地影响。

1. 车道宽度

科布在宽度 240 英里长双车道道路从 18 英尺拓宽为 22 英尺时，对路面拓宽对交通安全的影响进行了调查，调查结果如表 3-8 所示。从表中可以看到，在交通量较小的地点能减少 21.5% 的事故率；在交通量较大的地点则减少 46.6%，这表明随着车道宽度的增加，事故比率降低。

路面拓宽前后事故率变化　　表 3-8

拓宽前的交通事故率(次/百万辆·km)	减少比例(%)	拓宽前的交通量(辆/天)
<2.4	21.5	2170
2.4~3.0	25.2	2284
3.0~4.0	34.4	2700
>4.0	46.6	3006

2. 车道数

在一般情况下，三车道比两车道交通事故率高，四车道与三车道相近，而且随着车道数的增加，交通事故率反而减少。表 3-9 为一些国家不同车道数的公路交通事故率。

各国不同车道数的公路交通事故率(次/百万辆·km)　　表 3-9

	德国	美国	法国	荷兰	比利时
2 车道	3.20	1.37~2.3	0.92	2.19	3.22
3 车道	—	1.60~3.13	1.05	1.64	3.20
4 车道(没有中央分隔带)	2.15	1.63~2.35	0.61	1.44	—
4 车道(有中央分隔带，平面交叉)	—	1.44~2.03	—	—	—
4 车道(部分立体交叉)	—	2.60	—	—	—
4 车道(立体交叉)	1.82	0.89~1.8	0.57	1.01	—
4 车道(有侧带)	1.15	0.93	—	—	—
6 车道	—	0.9	—	—	—
8 车道	—	0.6	—	—	—

对于三车道道路，虽然相对事故率较高，但能提高道路通行能力（与两车道道路比较，通行能力提高30%～70%），特别是在交通高峰期间效果更加明显。

3. 中央分隔带

中央分隔带的宽度影响交通事故数量，随着分隔带宽度的增加，行车相撞事故的数量显著减少；当分隔带宽度达到15m时，基本上不存在行车相撞事故。

美国新泽西州26号公路有4个车道，在长17.02km路线上修建13.7m的中央分隔带。对该路段的调查表明，在修建中央分隔带前后两年间，虽然全州交通事故增加了6.7%，但这一路段却减少了40.4%。

高速公路和一级公路应设置中间带，中间带由两条左侧路缘带和中央分隔带组成，有路缘石的窄分隔带比没有路缘石的宽分隔带肇事多。

4. 侧向净空

路旁的树木或建筑物会限制道路两旁的视距，减小侧向净空，而且会增加驾驶员的神经紧张性，特别是公路路线与次干道、支路相交时，因树木或建筑物的影响会出现视距不足的现象，极易引发交通事故。

道路两旁的树木或建筑物离行车道越近，车速下降越大。汽车撞到路肩上的树木形成的事故后果很严重，常常是车毁人亡。因此，要求树木离行车道边缘的距离不应小于5m。美国建议，对较小的树木不应小于6m，对于较粗的树木不应小于9m。事故严重性与树木的直径有关，树木直径越大，相应事故的死亡、重伤人数比例增加。德国规定分隔带上不允许有直径大于10cm的树木。树木至行车道边缘的距离与百万辆公里道路交通事故数量的关系如图3-6所示。

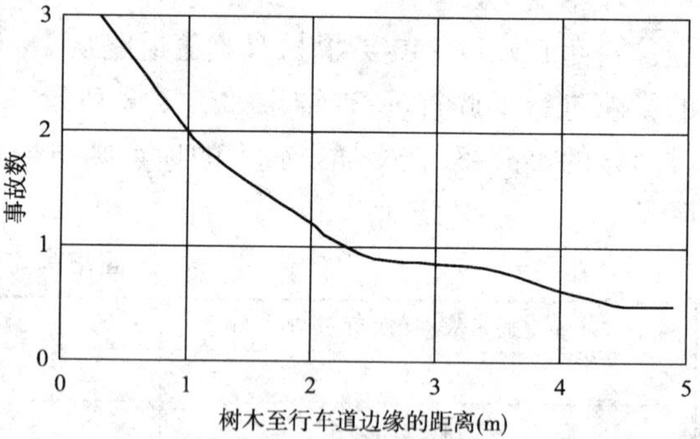

图3-6 在百万辆公里上的道路交通事故数与树木至行车道边缘的距离的关系

四、路面

道路路面与行车安全的相关性是以路面和车轮之间的附着系数表现的。附着系数与道路路面材料、路面表面的粗糙程度、干湿程度以及路面的完好程度相关。附着系数越大，交通事故的发生率越低，交通事故的恶性程度也降低。表3-10为附着系数与事故率系数的关系。

附着系数与事故率系数关系 表3-10

附着系数	0.3	0.4	0.5	0.6	0.7	0.8
事故率系数	8	3	2	1.5	1	0.5

因路面光滑发生事故有两种情况：一种是发生在制动前，路面光滑使驾驶员控制不了车；另一种是发生在制动后，在预定距离内不能减速或停车。美国宾夕法尼亚州收费处调查的路面状况和事故率的关系，其结果表明：如果路面干燥时发生事故的危险率为1的话，则当路面潮湿、降雪、结冰时，危险比率大致相应为2、5、8。半径小于150m的曲线段，因路滑肇事竟达直线路段的48倍。

英国格拉斯科市对路面粗糙化处理前后的事故率进行了观测统计，处理前后事故数的对比表明粗糙化以后可大幅度提高安全率，如表 3-11 所示。对于潮湿、光滑情况，粗糙后事故减少了 3 ~9 倍。

不同路面状况与交通事故率的关系　　表 3-11

粗糙前后	路面干燥	路面光滑	路面不湿而光滑	路面积雪结冰	合计
粗糙前	21	44	15	2	82
粗糙后	18	5	4	0	27

第二节　城市道路

一、交叉口

1. 概述

交叉路口是道路网络中道路与道路、道路与铁路或道路与其他交通设施的交叉点，交叉路口和路段是道路的两个重要组成部分。一般来说，交叉路口可分为无控制交叉路口、标志控制交叉路口、信号控制交叉路口、环岛交叉路口和立体交叉路口，前三种均为平面交叉路口(简称平交路口)。城市中交通阻塞主要发生在平交路口，交通流的中断也主要发生在平交路口。

2. 平交路口的交叉冲突

平交路口既是“意志决定点”，也是一个可能产生冲突的点。车辆通过平交路口，有可能与统一交通流、横断交通流和对向交通流中的车辆以及在人行横道上的行人发生冲突。一般来说，平交路口的基本冲突可以分为交叉、合流与分流三种形式。图 3-7 是十字交叉路口双向交通流的基本冲突形式。

(1)交叉：包括横断与交织，交通流量从两个不同的方向进入交叉路口，然后按两个不同的方向离开交叉路口，这时一个方向的交通流与另一个方向的交通流产生一个交叉点。

(2)合流：两个或两个以上方向的交通流会合成一个方向的交通流。

(3)分流：交通流由一个方向分成两个或两个以上不同的方向。

在交叉路口，交通流的交叉点、合流点和分流点的数目随着交叉路口枝数的增加而急剧增加，如表 3-12 所示。

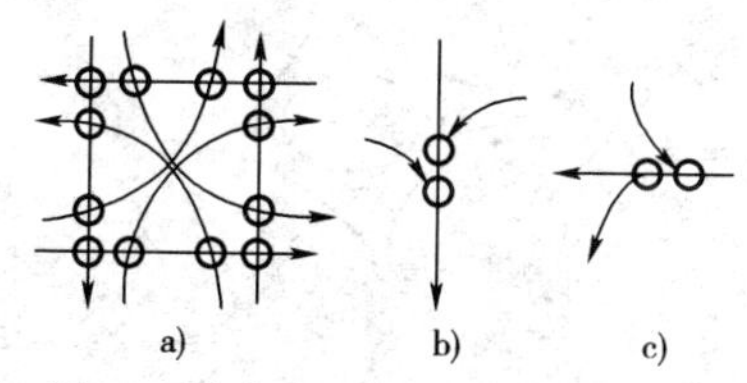

图 3-7　十字交叉路口基本冲突形式
a)交叉冲突点；b)合流冲突点；c)分流冲突点

交通流的交叉点、合流点和分流点的数目(个)　表 3-12

交叉的形式	交叉点	合流点	分流点	共计
3 路交叉	3	3	3	9
4 路交叉	16	8	8	32
5 路交叉	49	15	15	79
6 路交叉	124	24	24	172

表中只考虑了机动车交通流的交叉、合流与分流，未考虑自行车与自行车、自行车与机动车以及自行车与行人的交叉、合流与分流。如考虑后者，则冲突点还要增多。

十字交叉路口的基本冲突如图 3-8 所示。图中是具有两个车道双向交通流的两条道路的交叉路口,允许运行车辆左右转弯,其中交叉冲突点16个,合流冲突点8个,分流冲突点8个,共32个冲突点。如果是错位式交叉路口,则交叉冲突点、合流冲突点和分流冲突点都是6个。

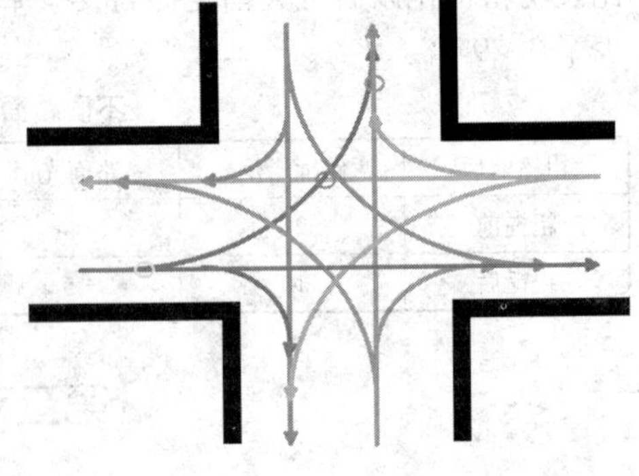
图3-8 平交路口的类型

实际上,冲突的发生与冲突的种类,每一个冲突交通流中的车辆数目、车辆到达冲突点的时间间隔都与交通流中车辆的速度有关。

冲突车辆交通流的相对速度是引起冲突的主要因素。相对速度是冲突车辆交通流速度矢量之差。两个同方向、同速度的车辆,在交通流中发生冲突的可能性最小;而两个反方向的车辆,在交通流中发生冲突的可能性最大。因为前者相对速度小,后者相对速度大。

冲突交通流的相对速度下有两个好处:

第一,冲突的发展过程比较慢,有一个识别判断的时间,尽管这个时间相当短;

第二,在碰撞的情况下,由于碰撞的两物体(如车辆)的相对速度小,因此,碰撞的冲量小,危险性也就比较小。此外,当相对速度小时,横穿或合流都比较方便,因为驾驶员可以选一个比较短的空隙时间来完成横穿或合流运动。

3. 交叉路口的类型

交叉路口一般可根据交叉道路条数、交叉角及交叉地点分为下面几种类型,如图3-9所示。

(1)三路交叉路口:包括直角交叉、T形交叉、斜交或Y形交叉。

(2)四路交叉路口:包括直角交叉或十字交叉或斜交(包括错位交叉)。

(3)五路或多枝交叉路口。

(4)环岛交叉或转盘式交叉路口。

(5)环形交叉路口。

(6)立体交叉路口。

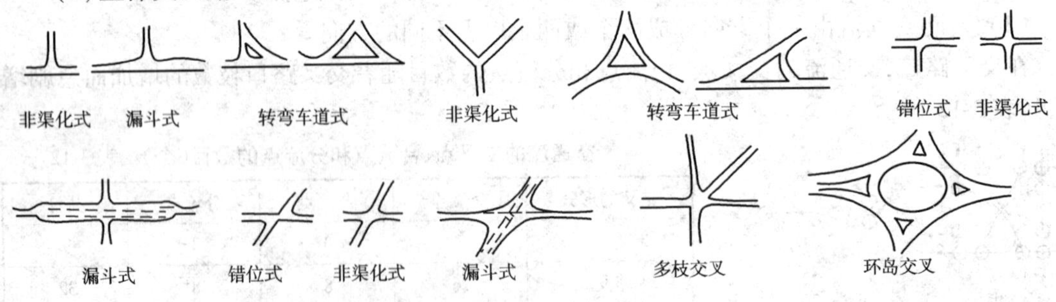

图3-9 交叉路口的类型

4. 平面交叉路口安全设计方法

1)交叉路口设计的影响因素

(1)交叉路口在道路网内的功能。要明确交叉路口在道路网内的功能,首先应明确所交叉的道路的性质与功能,以及在此道路上运行车龄的交通特征。如长途或省际交通、省内或市内交通、地区性短途交通等,交叉路口在很大程度上决定道路网的主要交通特征。为此,交叉

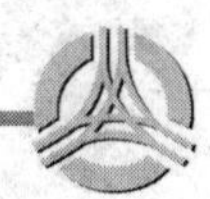

路口采用什么类型和形式,应从是否有助于道路网的交通容量和交通服务水平的提高,交叉路口的限行、横断面和视距等是否符合交通安全的要求,与道路上其他交叉路口是否相互协调等方面来考虑。

从道路网的交通功能来看,交叉路口的设计还应考虑下列因素:是否有优先行驶路线系统,是否有单向交通道路系统,是否采用出入限制或禁止车辆左右转变的交通规则,是否有自行车专用道路网或行人专用道路网,是否采用长途交通与短途交通的分离,是否以公共交通为主,是否限制某些车辆(或行人、自行车等)通行,是否已列为采用计算机的交通信号控制区域等。

(2)驾驶员的驾驶水平。驾驶员的驾驶水平包括对接近自己的车辆(后面车辆)或跟随的车辆(前面车辆)的速度和距离的估计,调整自己车辆的速度能到适应交叉路口物理特征的能力。认知交叉路口几何特征、路面交通标志、交通标示和随时间变化的交通信号,以及在合流和横断时能选择适当的可插车时间间隙,所有这些都直接影响着平交路口的形式、交通安全和交通容量等。

(3)交通因素。交通因素是选择交叉口类型与形式、设计交叉路口的主要依据。交通因素包括交通容量及交通量增长因素,即每日、每周、每年的交通量数据、交通量组成(包括载货汽车和公共汽车占总交通量的百分比,摩托车、自行车、行人和其他车辆的交通量)、车辆和道路利用者的特征、转弯运动以及是否存在其他交通设施与停车区域等。

(4)几何特征。重要的几何特征包括交叉路口道路数,道路之间的夹角,用于摩托车、自行车、行人和农业车辆的隔离线或隔离设施、视距,用于公共交通的停车设施以及与相邻交叉路口的距离等。

(5)控制方法。控制方法包括以下几个方面:标志在信号化交叉路口左转弯和右转弯车道设置的必要性和由控制系统决定的设置数量。如果所设计的交叉路口是区域控制系统的一部分,那么交叉路口的设计要服从区域控制系统的要求。交通标志应与区域内其他标志控制方法相一致。

(6)物理环境。交叉路口类型和形式的选择以及交叉路口的设计,还必须考虑现存的物理环境以及将来的发展,包括地形学方面的条件、地质学方面的条件、气候条件、现有的和规划的交通网络(包括铁路、航空、管道运输等),目前和将来的土地使用以及发展评价、环境要求(包括道路美学观点、风景设计以及减少噪声、废气污染)等。

2)平交路口的安全设计要点

(1)减少冲突点。交叉路口冲突点随着交叉道路数的增加而增加。一个双向交通的十字交叉路口总冲突点数为32个,而一个双向交通的六路交叉路口则有172个冲突点,而且只包括机动车交通。由此可见,在设计交叉路口时应尽量避免四路以上的交叉路口。

(2)控制相对速度。交叉交通流的车辆的相对速度是引起冲突的重要因素。如果交叉车辆的相对速度相当小,如在0~24km/h之间,而且它们之间的交叉角也很小,如小于30°时,就应允许交叉交通流连续运行(如合流)。如果相对速度大,或是不同交通流的速度差大,或是它们之间交叉角(如合流角)大,出现间断交通流,这时就应进行交通信号控制。交叉路口的设计或是采用物理设施使交叉交通流的相对速度减小(即通过合理的设计消除交叉交通流的速度差以及减小交叉角,但相对速度大的交通流交叉角应尽可能接近90°),或是采用交通信号控制。

(3)协调设计与交通控制。相对速度小的交通流的交叉运动不需要什么控制设施,相对速度大的交通流的交叉运动不安全,除非采用交通控制方法,如通车标志和交通信号等。交叉路口的设计应该采用物理的办法使具有危险性运动的车辆交通流的运行路径或者分散,或者封锁。交叉路口的设计应该与交通控制方案的开发同时完成,交叉路口的设计应符合交通信号控制的要求。

(4)运用最灵活的交叉方法。车辆交叉运动可以用4种方式来完成:

①非控制的平面交叉;

②用交通标志和交通信号控制的平面交叉;

③交织;

④立体交叉。

一般来说,运用有效性和建设投资会随着上述次序增加。采用何种方式应根据交通量大小与性质而定。

(5)代替转弯路径。在交叉路口车辆转弯的运行路径是可以变化的,采用分离车道和隔离式道路可为左右转弯车辆的运行提供方便,减少车辆在交叉路口区域的冲突。

(6)避免多种复合式的合流与分流运动。多种合流与分流使驾驶员员的判断与决定更加复杂,还会引起更多的冲突,应尽量避免。

(7)分离冲突点。当交叉路口交通流的交叉运动路径太接近或者重叠时,交叉路口的危险性和延时将增加,因此应将冲突点进行分离,使驾驶员有充分的时间(和距离)来妥善处理交通状况。

(8)有利于重交通流和快速交通流。在交叉路口的设计中,应给重交通流和快速交通流以优先权,尽量减少他们的危险性和延误。

(9)减少冲突区域。交叉区域大意味着冲突区域大,会引起驾驶员的思想混乱。因此,在交叉路口的设计中应尽量减少冲突区域,而斜交和多路交叉路口的冲突区域本来就大,这时应采用渠化设施。

(10)分离非均匀交通流。在交叉路口以不同速度运行的交通量比较大时,应采用分离车道的方法。如转弯车辆的交通量比较大,应采用分离的转弯车道。当横过宽马路的行人比较多时,应设置安全岛,使行人有一定的安全的暂时停留地点。

二、立交

立体交叉是两条道路在不同平面上的交叉。通过空间分离使两条道路交通互不干扰,各自保持原有的行车速度通过交叉口。

立体交叉按交通方式和交叉口道路的相互关系,分为分离式立体交叉和互通式立体交叉两大类。

分离式立体交叉为一条道路直接跨越(或穿越)另一条道路所形成的立体交叉,相交道路互不连接,消除了相交道路间车辆的冲突点和交织点;互通式立体交叉则将相交道路用匝道连接,车辆可以通过匝道相互通行。根据车辆互通的完善程度又可分为半互通式立体交叉和完全互通式立体交叉两种。这些立体交叉按照左转匝道的不同布置和左转车辆的不同交通组织,可归纳为菱形立体交叉、简易立体交叉、部分苜蓿叶式立体交叉、苜蓿叶式立体交叉、环形立体交叉、三岔路口喇叭形立体交叉、定向式立体交叉等多种形式。

立体交叉因为能减少甚至消除交通流的冲突点，对交通安全肯定是有利的。但从实际情况来看，在一些互通式立体交叉附近，交通死亡事故也是比较多的，主要原因是：

(1)驾驶员不熟悉立体交叉的路线和行驶方法而发生交通事故；或遇到立体交叉总想抄近路走，违反交通法规而发生交通事故。

(2)互通式立体交叉的右转弯匝道往往是交通事故多发点，特别是机动车与非机动车混行的苜蓿叶形立体交叉的匝道事故多；机动车与非机动车混行的环形立体交叉的环岛，也易发生交通事故。

(3)机动车通过立交桥时，一般速度很快，当驶过立交桥后，若行人、自行车横穿马路，汽车制动不及时就容易发生交通事故。防止上述交通事故的方法是在行人、自行车可能横穿的地方采用高隔离的措施。

交叉路口选择类型主要从保证有利于交通安全，提高交通容量与交通服务水平，经济上合理，交叉路口附近的环境等方面考虑。

第三节　交通管理设施

一、交通标志与道路交通标线

交通标志包括设置于路旁或车行道上方的道路标志及施画于路面上的路面标线。

所谓交通标志就是将交通指示、交通警告、交通禁令和交通指路等交通管理和控制法规用文字、图形或符号形象化地表示出来，设置于路侧或道路上方的交通管理设施。

1. 交通标志的种类和作用

交通标志分为主标志和辅助标志两大类，是道路交通的向导。主标志分为指示标志、警告标志、禁令标志、指路标志、旅游区标志和道路施工安全标志6种；而辅助标志是附设在主标志下，起辅助说明作用的标志。指示标志是指示车辆、行人行进的标志；警告标志是警告车辆、行人注意危险地点的标志；禁令标志是禁止或限制车辆、行人交通行为的标志；指路标志是传递道路方向、地点、距离信息的标志；旅游区标志是提供旅游景点方向、距离的标志；道路施工安全标志是通告道路施工区通行的标志。

道路上设置齐全的交通标志，能够有效地保护路桥，保障交通秩序，提高运输效率和减少交通事故，它是道路沿线设施不可缺少的组成部分。

2. 交通标志的要素

国内外的人体工程学、心理学和交通心理学家通过研究驾驶员受到人、车、路、环境的刺激与其反应间的关系，证实在一般情况下大多数人首先注意的颜色的变化，其次是形状，再次则是图符，此三者亦称为交通标志的三要素。

1)颜色

人从远处能够看清楚颜色的顺序是红→黄→绿→白，容易看清的牌面是黑/黄、红/白、绿/白、蓝/白、黑/白等(分子为表面颜色，分母为底色)。一般容易看清的配色顺序是：

指示类：底色蓝、指示色白；

指路类：底色蓝、指示色白，底色绿、指示色白；

警告类:底色黄、指示色黑;

禁令类:底色红、指示色白,底色白、指示色黑;

旅游区类:底色棕、指示色白;

道路施工安全类:黑黄相间,红白相间,底色蓝、指示色白,底色黄、指示色黑。

因此,我国新标准规定指示标志采用蓝色底、白色图符;警告标志采用黑色边、黄色底和黑色图符;禁令标志采用红色边、白色底和黑色图符(除解除禁止超车和解除限速标志外);指路标志一般道路采用蓝色底、白色图符,高速公路采用绿色底、白色图符;旅游区标志采用棕色底、白色字符;而道路施工安全标志有多种:路栏采用黑黄相间的斜杠符号;锥形交通路标和道口标柱采用红白相间的条纹符号;施工区标志采用蓝色底、白色字,图案部分为黄色底、黑色图案;移动性施工标志采用黑色边、黄色底、黑色图案。辅助标志则采用黑色边、白色底、黑色图符。

2)形状

将颜色和特殊的几何形状配合作为道路标志,对于视认性和快速识别相当重要。道路标志的几何形状有长方形、三角形、圆形、菱形,还有六边形、八角形等。我国的指示标志采用圆形、长方形和正方形;警告标志采用正三角形,顶角向上;禁令标志采用圆形、八角形、顶角向下的正三角形;指路标志除地点识别标志、里程碑、分合流标志外,采用长方形和正方形;旅游区标志采用长方形和正方形;道路施工安全标志一般采用锥形、柱形和长方形。特殊指示标志中的"让路标志",采用了国际通用的倒三角形。

3)图符

标志的图案和符号,除地名非得用文字表达以外,其他都尽量采用形象的图案,而不用文字(唯一的例外的是"停"、"让"),这主要是为了在认清标志的基础上,尽量缩短视认时间,如图3-10所示。

图3-10 交通标志图符

3. 交通标志的尺寸

交通标志包括指示标志、警告标志、禁令标志、指路标志、旅游区标志和道路施工安全标志等,如图3-11所示。其尺寸的选用一般与计算行车速度存在着一定的关系,可分别参见表3-13~表3-16。

警告标志尺寸与计算行车速度的关系 表3-13

计算行车速度(km/h)	100~120	71~99	40~70	<40
三角形边长 A(cm)	130	110	90	70
黑边宽度 B(cm)	9	8	6.5	5
黑边圆角半径 R(cm)	6	5	4	3
衬底边宽度 C(cm)	1.0	0.8	0.6	0.4

禁令标志尺寸与计算行车速度的关系　　表 3-14

计算行车速度(km/h)		100~120	71~99	40~70	<40
圆形标志	标志外径 D(cm)	120	100	80	60
	红边宽度 a(cm)	12	10	8	6
	红杠宽度 b(cm)	9	7.5	6	4.5
	衬边宽度 c(cm)	1.0	0.8	0.6	0.4
三角形标志	三角形边长 a(cm)	—	—	90	70
	红杠宽度 b(cm)	—	—	9	7
	衬边宽度 c(cm)	—	—	0.6	0.4
八角形标志	标志外径 D(cm)	—	—	80	60
	白边宽度 b(cm)	—	—	3.0	2.0
	衬边宽度 c(cm)	—	—	0.6	0.4

指示标志的尺寸与计算行车速度的关系　　表 3-15

计算行车速度(km/h)	100~120	71~99	40~70	<40
圆形(直径)D(cm)	120	100	80	60
正方形(边长)A(cm)	120	100	80	60
长方形(边长)$A \times B$(cm)	190×140	×	×	—
单地线标志(长方形)$A \times B$(cm)	120×60	×	×	60×
会车先行标志(正方形)A(cm)	—	—	80	60
衬边宽度 C(cm)	1.0	0.8	0.6	0.4

汉字高度与计算行车速度的关系　　表 3-16

计算行车速度(km/h)	100~120	71~99	40~70	<40
汉字高度(cm)	60~70	50~60	40~50	25~30

T形交叉

禁止驶入

禁止机动车通行

直行

向左转弯

丁字交叉路口

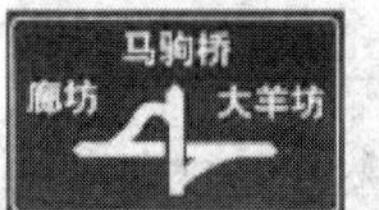

环形交叉路口　　互通式立交

图 3-11　各种类型标志标牌

4. 道路交通标线与标记

1)种类

路面标线是直接在路面上用漆喷刷或用瓷砖、混凝土预制块等铺列成线条、符号,与道路标志配合的交通管理设施。

路面标线种类多,例如行车道中线、停车线等。有的国家还以文字在路面上注明公共汽车优先通行、限制最高车速等。在表现形式上,标线有连续实线、间断线、箭头指示线等,多使用白色或黄色漆。除上述外,在交通危险的道路上或有障碍物时,还有垂直面标线和路缘石标线。垂直面标线用黄与黑色相间的条纹标示,两色条纹均宽约 12cm,呈 45°角,引起驾驶员注意以免肇事。缘石标线一般在 T 形、Y 形和错位交叉口,施画在面对汽车前方的缘石上,用具有反射作用的黄色标志标出,使驾驶员警惕以防驶出路外,如图 3-12 所示。

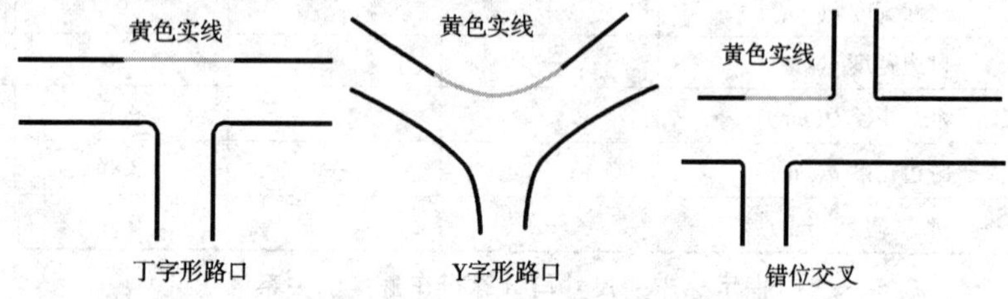

图 3-12　交叉路口前方路缘石标线

禁止停放车辆路段也可在路缘石上面或侧面刷漆,提醒驾驶员注意遵守。

2)道路标线设置要求

(1)中心线:

①一条车道的道路不设中心线。

②双向两车道的道路原则上要设置中心线,如图 3-13 所示。

③道路较宽但日交通量不到 1000 辆的道路可以不设中心线。

④道路较窄(用于机动车道的宽度在 6m 以下)但日交通量不超过 500 辆时,可以不设中心线。

⑤道路较窄又是多发生事故地点,对向交通流有可能分离时应设中心线。

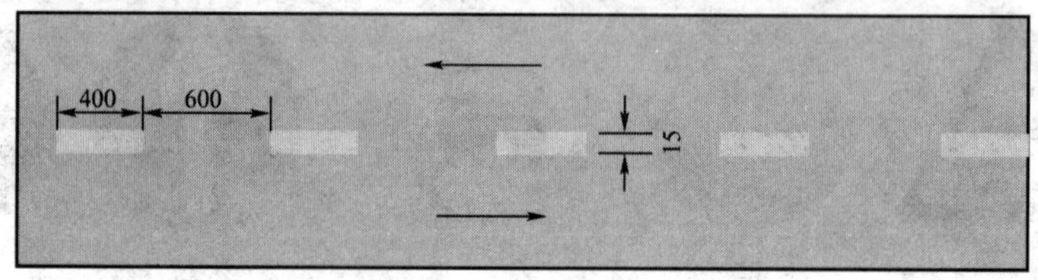

图 3-13　双向两车道路面中心线(尺寸单位:cm)

(2)车道线。下列情况应设车道线(图 3-14):

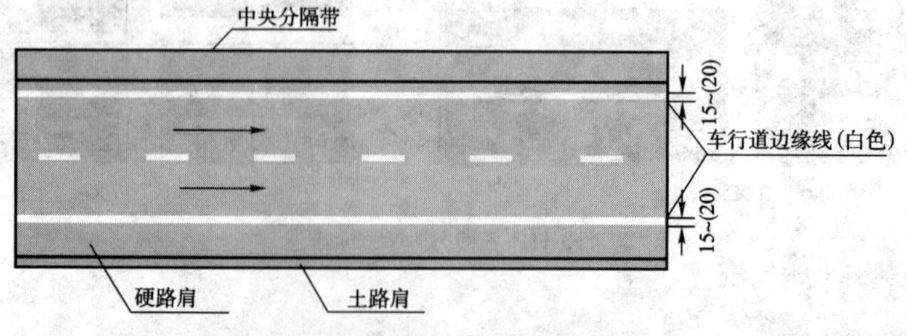

图 3-14　车行道边缘线(尺寸单位:cm)

①具有三条车道以上的道路；

②主要交叉路口及人行横道的流入部分；

③交通较混杂的道路；

④单向通行的道路。

(3)人行横道线：

①在下列情况下不宜设置人行横道线：

A. 曲线部分或纵坡变化点、视野不好的地方；

B. 道路宽窄有很大变化的地方；

C. 公共汽车停靠站的前方；

D. 其他交通状况变化的地方。

②设置人行横道时原则上要与道路成直角。

③人行横道的最小宽度为3m，可根据行人数以1m为一级加宽(图3-15)。

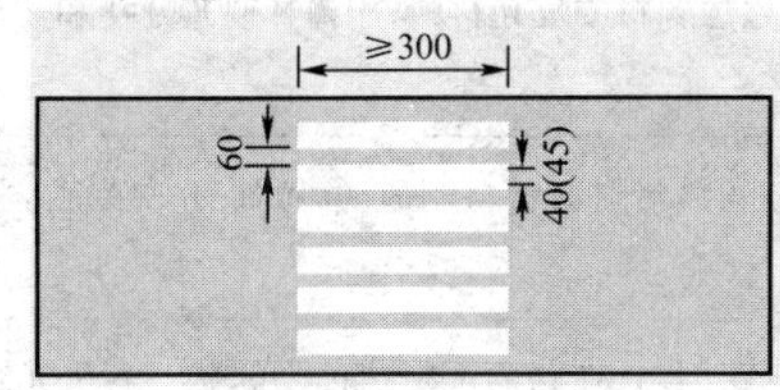

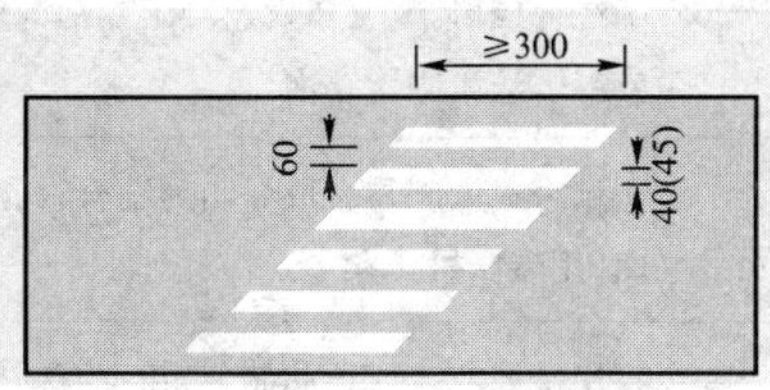

图3-15　人行横道线(尺寸单位：cm)

(4)停车线。交叉路口的流入部分原则上都应设停车线(图3-16)，但是在采用临时停止控制的交叉路口的优先道路，而且在没有人行横道的情况下，可以不设停车线。在没有人行横道而使用交通信号控制的交叉路口，停车线的位置应尽量前移，但是不能妨碍从交叉路口驶来的车辆的左右转弯。在有人行横道时，一般情况下停车线的位置距离人行横道1m左右。在没有人行横道也不用交通信号的交叉路口，停车线应设置在能确保左右交通安全的位置，这个位置不能妨碍交叉道路的交通。

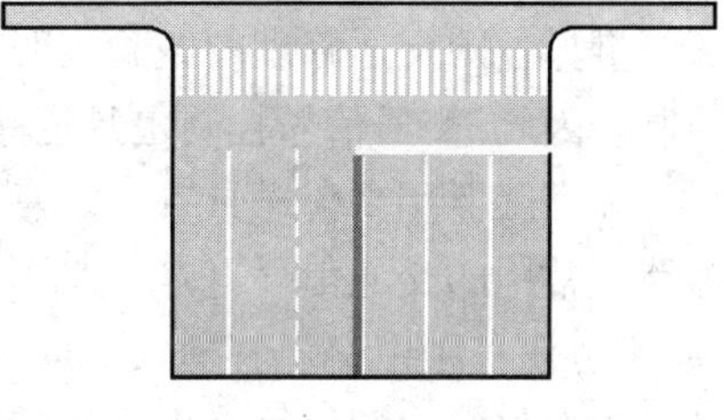

图3-16　停车线

3)辨认性要求

道路标线的辨认性有关因素如表3-17所示。

道路标线的辨认性有关因素　　表3-17

序号	名　称	说　明
1	反光材料	路灯不齐全路段，在标线漆中掺入玻璃珠颗粒，可使驾驶员夜间能清晰地辨认标线
2	文字的视角比例	路面上的标字与眼睛形成的角度比率，对辨认性影响大。写成长方形字易辨认。当辨认距离为5～10m时，文字长度为宽度的4～6倍；超过10m时，则长宽比为8～10倍
3	辨认长度界线	标线用间断线或箭头指示线时，假如驾驶员视力为0.7，从1.2m高度看路面前方30m处的标线，其长度需30cm

4)设置标线应考虑的因素

设置路面标线应考虑道路与交通条件，具体要求见表3-18。

设置标线时应考虑道路与交通条件　　表 3-18

项　目	说　明
车道宽度	车道宽度过宽或过窄均不利于行车安全,根据车辆种类、交通量等,有适当选择车道宽,重新标线的可能。例如车道较宽,重载车又少的情况下,可核减车道宽度,将剩余部分做扩宽人行道等用
无交叉口的路段	两车道时应设车道分界线。在无人行道的情况下,应设路缘线,以供行人安全通行。无中央分隔带的四车道道路,应设行车道中线,车道分界线和路缘线
交叉路口	接近交叉口处,为向驾驶员指明直行,左、右转弯车道,应在停车线前 5m 设箭头指示线

5)材料

路面标线材料要求具有昼、灰与降雨时辨认均好,速凝、经济的性能。材料要求见表 3-19。

路 面 标 线 材 料　　表 3-19

名　称	说　明
标线用漆	在合成树脂中,掺入速凝干燥剂等后,添加颜料或反光材料,用稀释剂充分拌和而成。用加热法或溶解法涂刷于路面
贴附薄片	用合成橡胶与合成树脂为结合料,添加颜料与附着材料制成;其背面有黏结剂。将它贴附于路面,用碾压机压紧
路钮	用金属或合成树脂制成,钮下有固定于路面内,在路面上形成凸形钮状。有反光式与非反光式两种:反光式用于铝合金,合成树脂制成;非反光式用不锈钢等制成

二、信号灯及其控制

世界各国交通管理的经验表明,道路交叉口交通管理的最有效的方法之一就是交通信号控制。因此,交通信号控制也是道路交叉口最普遍的交通管理形式。

在道路上用来传送具有法定意义指挥交通流通行或停止的光、声、手势等,都是交通信号。道路上常用的交通信号有灯光信号和手势信号。灯光信号通过交通信号等的灯色来指挥交通;手势信号则由交通管理人员通过法定的手臂动作姿势或指挥棒的指向来指挥交通。手势信号现在仅在交通信号灯出现故障时或在无交通信号灯的地方使用。

交通信号是在道路空间上无法实现分离原则的地方,主要是在平面交叉口处,用来在时间上给交通流分配行权的一种交通指挥措施。交通信号灯用轮流显示不同的灯色来指挥交通的通行或停止,以使它们最有效地通过交叉路口。"最有效"意味着可以使交通流获得最小的延误和最小的危险。

1. 信号灯的种类

信号灯以绿、黄、红三色变换,指示车辆行驶或停止。1979 年我国公安部规定:绿灯亮时,准许机动车直行、右转,在不妨碍直行的前提下也允许车辆左转。红灯亮时,禁止车辆通行,但在不妨碍绿灯放行车辆行驶时,准许右转。黄灯亮时,禁止车辆通行,但已越过停车线时可以继续前进。

随着交通控制技术的发展,现代信号灯,在原来红、黄、绿三色基本信号灯之外,又增加了两种信号灯:

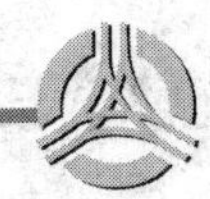

1)箭头信号灯

箭头信号灯是在灯头上加一个指示方向的箭头,可以有左、直、右三个方向。它是专为分离各种不同方向交通流,并对其提供专用通行时间的信号灯。这种信号灯只在专用转弯车道的交叉口上使用才能有效。在一组灯具上,具备左、直、右三个箭头信号灯时,就可以取代普通的绿色信号灯。

2)闪烁灯

普通红、黄、绿或绿色箭头灯在点亮时,按一定的频率闪烁,可以补充特定的交通指挥意义。

2. 信号灯控制分类

1)按控制范围分类

(1)单个交叉口的交通控制。每个交叉口的交通控制信号只按照该交叉口的交通情况独立运行,不与其邻近交叉口的控制信号有任何联系的,称为单个交叉口交通控制,也称为单点信号控制,俗称"点控制"。单点信号控制是交叉口交通信号控制的最基本形式。

(2)干道交叉口信号协调控制。把干道上若干连续交叉口的交通信号通过一定的方式联结起来,同时对各个交叉口设计一种相互协调的配时方案,各个交叉口的信号灯按此协调方案联合运行,使车辆通过这些交叉口时,不致经常遇上红灯,称为干道信号协调控制,也称"绿波"信号控制,俗称"线控制"。

这种控制的原始思路是:希望使车辆通过第一个交叉口后,按一定的车速行驶,到达以后的交叉口时就不再遇到红灯。但实际上,由于各车在路上行驶时车速不一,且随时有变化,交叉口又有左、右转弯车辆进出等因素的干扰,所以很难碰到一路都是绿灯的情况,但使沿路车辆少遇到几次红灯,减少大量车辆的停车次数和延误则是能够做到的。

根据相邻交叉口信号联结方法的不同,线控制可分为:

①有电缆线控:由主控制机或计算机通过传输线路操纵各信号灯间的协调运行。

②无电缆线控:通过电源频率及控制机内的计时装置来操纵个信号灯按时协调运行。

(3)区域交通信号控制系统。以某个区域中所有信号控制交叉口作为协调控制的对象,称为区域交通信号控制系统,俗称"面控制"。

控制区内各受控交通信号都受区域交通信号控制中心的集中控制。对范围较小的区域,可以整区集中控制;范围较大的区域,可以分区分级控制。分区的结果往往使面控制成为一个由几条线控制组成的分级集中控制系统,这时,可认为各线控制是面控制的一个单元,有时分区成为一个点、线、面控制的综合性分级控制系统。

2)按控制方法分类

(1)定时控制。交叉口交通信号控制机均按事先设定的配时方案运行,也称定周期控制。一天只用一个配时方案的称为单段式定时控制;一天按不同时段的交通量采用几个配时方案的成为多段式定时控制。

(2)感应控制。感应控制是在交叉口进口道上设置车辆检测器,信号配时方案由计算机或智能化信号控制计算,可随检测器检测到的车流信息而随时改变的一种控制方式。感应控制的基本方式是单个交叉口的感应控制,简称单点感应控制。单点感应控制随检测器设置方式不同,可分为:

①半感应控制:只在交叉口部分进口道上设置检测器的感应控制。

②全感应控制:在交叉口全部进口道上都设置检测器的感应控制。

采用感应控制方式的线控制、面控制系统就是交通信号自动控制系统。

3. 信号灯控制的基本参数

无论单点控制、线控制、面控制,各交叉口的信号显示均应有下列基本控制参数:

1)信号相位

简称为相,它是信号轮流给某些方向的车或人以通行权的次序。例如我国十字路口常用的两相位信号,即东西方向绿灯亮称为东西相位或第一相;南北绿灯亮:则称为南北相位或第二相。相位用向量表示,其方向与车辆行驶方向一致。相位超过两个的信号统称为多相位信号。

2)周期长

又称为周期时长。信号灯绿、黄、红显示一周所用时间,就是各灯色显示时间之和。

3)绿信比

一个相位的绿灯时长与周期时间之比。

上述的相位、周期长、绿信比是单点控制的三个参数。在信号系统控制中,除这三个参数外还有一个重要的参数,即相位差。在线控制中的关键参数就是相位差。

4. 设置交通信号控制的利弊

合理设计信号控制的交叉口,通行能力比没有通车或让路标志的交叉口大。设有停车或让路标志的交叉口的交通量接近其通行能力时,车流就会不畅会大大增加车辆的停车与延误,特别是次要道路上的车辆,停车、延误更加严重。这时,把设有停车标志的交叉口改为信号控制的交叉口可改善次要道路上的通行状况,减少其停车与延误。如果交通量没有达到需要设置信号灯时,不合理地将停车标志交叉口改为信号控制交叉口,结果就可能适得其反。以下从两方面来说明不合理设置信号控制的弊端。

将停车、让路标志交叉口改为信号交叉口,消除了原停车或让路标志交叉口的缺点。在设有停车、让路标志的交叉口上,主要道路车辆是保证畅通无阻的,可以看成没有这个交叉口一样,因此,主要道路车辆延误很少。改为信号控制交叉口之后,就要为少量次要道路的车辆放绿灯,势必给主要道路车辆增加许多不必要的红灯,从而使主要道路上的车辆产生大量的停车与延误。而次要道路上,因车少,有些时候亮着绿灯却无车通行。这在我国各地是屡见不鲜的事实。这些被迫产生的停车与延误,将导致显著而又是无谓的能耗与运行费用的浪费。

交通信号控制主要功能是在道路车辆相交叉处分配通行权。但是,交通信号控制往往被看成是能解决道路交叉口拥堵问题的灵丹妙药,最普遍的是把交通控制信号看成是主要的安全设施。虽然交通安全公认是交通管理的一个重要方面,但它不是信号控制的主要目标,只是交通控制信号主要目标的一个副产品。交通控制信号的主要目标是使各类、各向交通流有秩序、高效率地通行。

如果交通控制信号被看成是一种交通安全措施,仅为交通安全而在交叉口盲目设置,那么,国际上大量的交通事故就恰恰增加在不合理的设置信号灯的地方又说明了什么呢?由于主要道路驾驶员遇到红灯而停车,但他在相当长的时间内并未看到次要道路上有车辆通行,就往往会引起故意或无意的闯红灯。因此,信号控制交叉口的交通事故,往往多发在交通量较低

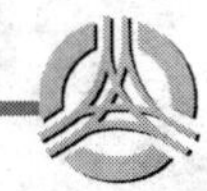

的交叉口，或是交通量较低的时段内。不少事故记录表明，最惊人和最危险的事故往往发生在这种交叉口上。因此，研究制定合理设置交通信号灯的依据是十分重要的。在技术上，要使设置信号灯有据可依，避免乱设信号灯的现象；在经济上，应避免无谓的投资浪费；在交通上，可避免不必要的损失和交通事故。

第四节　安全防护设施

美国《路侧设计手册》(Roadside Design Guide)中指出，不管车辆偏离道路的原因如何，如果路侧无固定障碍物，边坡平缓，则事故的严重程度会大大降低。实际上，由于自然条件、道路用地及工程费用等原因，很多情况下路侧条件很难达到这一要求。因此，在不能将路侧障碍物移除的路段以及高填方陡坡路段或存在危险的路堑路段合理设置路侧安全防护设施，对于防止车辆驶出道路，降低翻车或碰撞障碍物事故发生的概率十分重要。

一、护栏

1. 护栏的功能

护栏是道路安全设施的重要组成部分，在防护失控车辆碰撞事故中起着重要作用，可有效地减少恶性事故的发生。合理设置护栏不但可以减少交通事故，降低事故的严重度，还可以诱导行车视线。具体来说，正确设计、合理设置的护栏可以实现以下功能：

(1)能防止车辆越出路外，坠入深沟、湖泊等，也能防止车辆碰撞到路侧危险物，保护路外建筑物的安全，确保行人不致受到重大伤害；能阻止失控车辆穿越中央分隔带闯入对向车道。

(2)有时护栏能使车辆回到正常的行驶方向。

(3)一旦失控车辆与护栏发生碰撞，对驾驶员和乘客的损伤应不至于太严重，因此要求护栏具有良好的吸收碰撞能量的功能，也要求对碰撞时的加速度小于20g。

(4)能诱导驾驶员的视线，使驾驶员能清晰地看到道路的轮廓及前进方向的线形，增加行车安全。

2. 护栏的分类

(1)按纵向设置的位置。按其在公路上的纵向设置的位置，护栏分为路基护栏与桥梁护栏两种。

(2)按横向设置的位置。护栏按其在公路上的横向设置位置可分为路侧护栏和中央分隔带护栏。

(3)按碰撞后的变形程度。根据碰撞后护栏的变形程度，护栏可分为柔性护栏、半刚性护栏和刚性护栏。其中，柔性护栏变形最大，刚性护栏变形最小，半刚性护栏变形居中。

3. 护栏的设置原则

护栏的防撞机理是通过护栏和车辆的弹塑性变形、摩擦、车体变位来吸收车辆的碰撞能量，从而达到保护驾驶员和乘客生命安全的目的。护栏与其他安全设施的显著区别是以护栏和车辆自身的破坏(变形)来防止更严重的伤害事故的发生。在设置护栏避免车辆与其他危险物碰撞时，应把护栏当成危险物看待。也就是说，如果是某一车辆以一定碰撞条件碰撞某一危险物的事故严重度比相同条件下车辆碰撞护栏的事故严重度小，那么就不用设置护栏。例如，在某一平缓、低填方的路段，车辆越出路堤的事故严重度比车辆碰撞护栏的事故严重度小，即使在此路段上发生过一次乃至几百次以上的车辆越出路外事故，也不能采用护栏保护该路段，而是应采取其他安全措施。

需要注意的是，并非车辆撞击路侧危险物的事故严重程度只要大于车辆撞击护栏的事故严重程度就要设置护栏，还应考虑路段发生事故的概率、车辆驶出路外的可能性、路侧危险等级及路侧障碍物的情况，否则就会导致大量的资金投到发生事故可能性很小的路段上。

二、防眩设施

1. 概述

驾驶员在驾驶途中所获得的信息90%以上是通过视觉获得的。因此，在行车过程中，能见度的大小直接影响到驾驶员对外来信息的感知，影响其做出正确的判断。眩光是视野内由于远大于眼睛可适应的照明而引起的烦恼、不适或丧失视觉的感觉。夜间在公路上行驶的车辆会车时，其前照灯（大灯）的强光会引起驾驶员眩目，致使驾驶员获得视觉信息的质量显著降低，造成视觉机能的伤害和心理的不适，使驾驶员产生紧张和疲劳感，诱发交通事故。

2. 防眩设施的设置依据

下列情况可作为考虑设置防眩设施的依据：

（1）夜间相对白天事故率较高的路段。

（2）夜间交通量较大，特别是货车等大型车混入率较高的路段。

（3）不寻常的夜间事故（尾撞、碰撞路侧结构物或从弯道外侧越出路外）较多的路段。

（4）中央分隔带宽度小于3m的路段。

（5）平曲线半径小于一般最小半径的路段。

（6）夜间事故较集中的凹形竖曲线路段。

（7）公路使用者对眩光程度的评价。

3. 防眩设施的一般设置要求

（1）设置防眩设施应注意连续性，避免在两段防眩设施中间留有短距离的间隙，否则，会给毫无思想准备的驾驶员造成很大的潜在眩目危险。

（2）长区段设置防眩设施时，应考虑在形式或颜色上有所变化，可把植树和防眩板交替设置。

（3）防眩板的宽度应根据中央分隔带宽度确定，并注意与公路景观相协调。

（4）防眩设施与各种护栏结构组合设置时，要根据不同地区的情况结合防风、防雪、防眩、景观等多方面的综合要求，考虑设置组合结构的合理性。

（5）中央分隔带设置防眩设施后，应逐段按停车视距的规定进行验算，不符合停车视距的路段，必须多采取相应的技术措施。

4. 防眩设施形式的选择

防眩设施是防止夜间行车受对向车辆前照灯光眩目的人工构造物，有网格状的防眩网（图3-17）、栅栏式的防眩网（图3-18）、扇面状的防眩板（图3-19）、板条式的防眩板（图3-20）等形式。中央分隔带植树（图3-21）原则上不属于防眩设施，但植树除了具有美化路容的功能

外，也有防眩的作用，故植树也可以作为防眩设施的一种类型。另外，根据交通部的行业标准，高速公路设置的所有中央开口部上均应加设防眩设施。其主要有RB系统中央伸缩式防眩活动护栏（图3-22）、RB系统钢丝索中央伸缩式防眩，防撞活动护栏和插入式中央防眩活动护栏。也就是说，防眩设施主要有防眩网、防眩板和植树（间距型、密集型）三种。

图3-17　网格状的防眩网

图3-18　栅栏式防眩网

图3-19　扇面状防眩板

图3-20　板条式防眩板

图3-21　植树防眩

图3-22　伸缩式活动防眩护栏

三、隔离封闭设施

1. 概述

隔离设施是为了对高速公路和需要隔离的一级公路进行隔离封闭的人为构造物的统称，包括设置于公路路基用地界线边缘上的隔离栅和设置于上跨公路主线的分离式立交桥或人行天桥两侧的防护网。隔离设施的作用是防止人和动物随意进入或横穿汽车专用道路，防止非法占用公路用地。隔离设施可有效排除横向干扰，避免由此产生的交通延误或交通事故，从而保障行车快速、安全。

2. 隔离栅的设置原则

(1)高速公路沿线两侧必须实行封闭，以防行人、非机动车、牲畜等闯入及非法侵占公路用地。

(2)公路两侧的一些天然屏障，不必担心有人进入公路和非法侵占公路用地的路段，可以不设置隔离栅。

(3)公路两侧的封闭，一般在桥梁、通道等薄弱环节，人畜等往往会从桥头锥坡处钻入。因此，在这些地点，需要采取措施进行围封。

(4)一些尺寸较小，流量不大的涵洞，隔离设施可直接跨过。但在跨越处，需做一定围封处理，以防止人、畜钻入。

(5)隔离栅的中心线，一般沿公路用地范围界线以内0.2～0.5m处设置。这主要考虑主柱的基础能落在公路界以内，避免因侵占界外用地发生纠纷。

3. 隔离栅的分类

(1)按构造形式分类。可分为金属网、钢板网(图3-23)、刺铁丝网(图3-24)和常青绿篱。常青绿篱在南方地区常与刺铁丝网配合使用，具有降噪、美化路容和节约投资的功效。金属网根据网面形式的不同可分为编织网(图3-25)、电焊网(图3-26)等。

(2)按立柱断面形式分类。可分为直缝焊接钢管立柱、型钢立柱、Y形钢立柱及混凝土立柱等。

图3-23　钢板网在高速公路上的应用

图3-24　刺铁丝网在高速公路上的应用

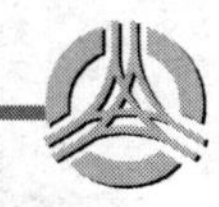

图 3-25　编织网在高速公路上的应用

图 3-26　电焊网在高速公路上的应用

(3)按防腐形式分类。可分为热浸镀锌、热浸镀铝、浸(涂)塑隔离栅。

(4)按安装方法的分类。可分为整网连续安装和分片式(组合式)安装。

第四章　环境与交通安全

影响道路交通安全的环境因素很多，主要包括：交通流状态、天气条件和路侧环境。交通流量的大小、车型比例构成和交通流速度不同程度地影响道路交通安全水平，随着交通量增大，车辆之间的冲突机会增加；由于大车与小车之间的动力性能、制动性能差异，随着大车比例增大，交通事故率也相应增加；速度过快、速度分布的离散程度等也是影响交通事故的重要原因。不良的天气条件，如：冰雪雨雾等天气影响驾驶员的视觉、操作，减小车辆与地面的摩擦力，同样降低道路交通安全性。路侧的高陡边坡、树木、边沟等是影响路侧交通安全的危险物，不仅影响到安全行车视距，而且对侵入路侧的失控车辆造成了安全隐患。

第一节　交通流状态

一、交通流模型

交通流是指一定时间内连续通过某一个断面的车辆或行人所组成的车流或人流的统称。交通量、车流速度、车流密度是表征交通流特性的三个基本参数，其关系见式(4-1)：

$$Q = V \cdot K \tag{4-1}$$

式中：Q——流量(veh/h)；

V——车速(空间平均车速)(km/h)；

K——密度(veh/km)。

交通流参数关系如图 4-1 所示。

二、交通流状态与交通安全的关系

交通流从自由到阻塞状态是一个非常复杂的过程，大致可以分为：自由流、非自由流和阻塞流三个阶段，其中非自由流可以分为稳定流、不稳定流和饱和流。不同的交通流状态下，对应不同的交通安全水平，其关系如图 4-2 所示。

从图中可看出，交通流处于自由状态或稳定流状态前期时，其交通安全水平和道路服务水平均较高；随着饱和度增大，交通流进入稳定流后期，超车危险性越来越大，行车安全性较差，事故率迅速增长，在接近饱和状态前达到最高峰；交通流处于阻塞状态时，车辆的轨迹、行驶自由度完全被限制，没有任何超车机会，车速缓慢，事故率迅速降低。

从驾驶员角度而言，畅通的交通状况有利于驾驶员保持良好的心态和稳定的情绪，而拥挤和堵塞的交通状况则易使驾驶员心态变坏，且随着拥挤和堵塞的时间的增加其情绪变得急躁而不稳定，驾驶员驾车过程中的不良情绪更容易引发交通事故。

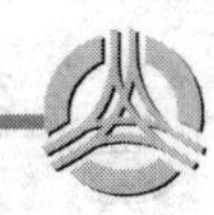

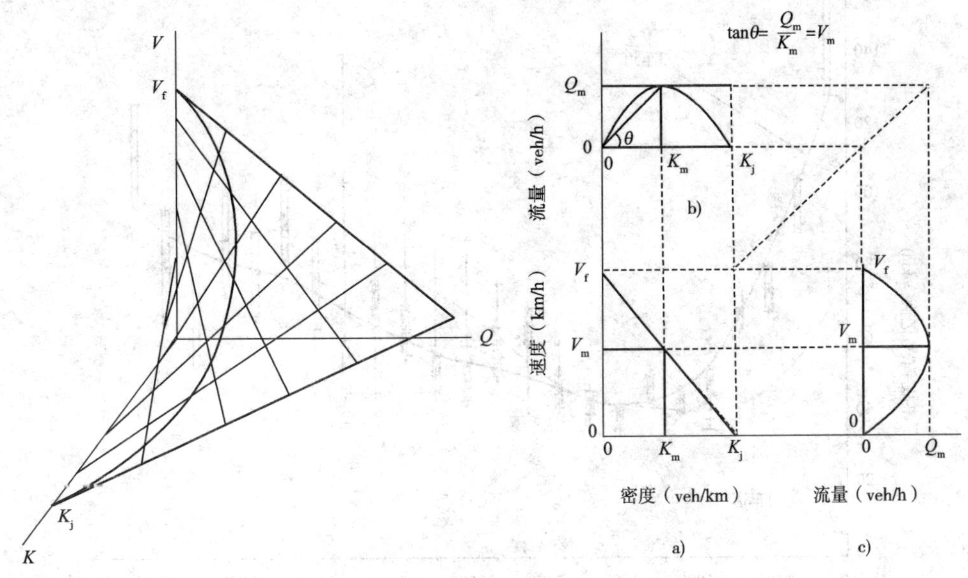

图 4-1 交通流参数关系

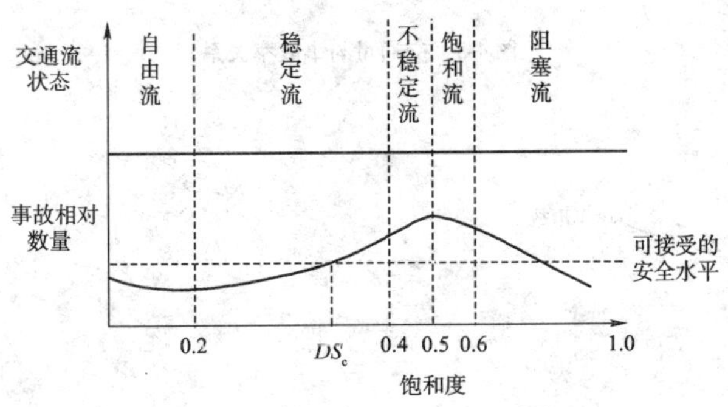

图 4-2 交通流状态与交通事故相对数量关系

三、交通量与交通安全的关系

Gwynne(1967)首次研究了交通量与事故率之间的关系，他对美国新泽西州的某公路 5 年(1959～1963 年)的交通事故情况进行了统计分析，该公路长约 5.9km，双向四车道，结合交通量数据调查结果，利用回归方法得到了一条 U 形曲线以表征交通量与事故率的关系。此后，Ceder(1982)、Franrzeskaki(1987)、Pendelton(1989)、Martin(2002)等人对此问题进行后续研究，巩固了 Gwynne 的研究结论。Jean-Louis Martin (2002)对法国 2000km 的高速公路进行了两年的观测，发现事故率与交通量呈 U 形关系，当交通量为 500veh/(h · 车道)时事故率最低，而交通量为 1000～1500veh/(h · 车道)时事故率最高，如图 4-3 所示；同时，他还对单车事故率和多车事故率进行了研究，如图 4-4 所示，单车事故与多车事故表现出不同的特征：交通量越小，单车事故率越高，随着交通量增大，单车事故率逐渐降低；而多车事故随着交通量增大，事故率逐渐升高。

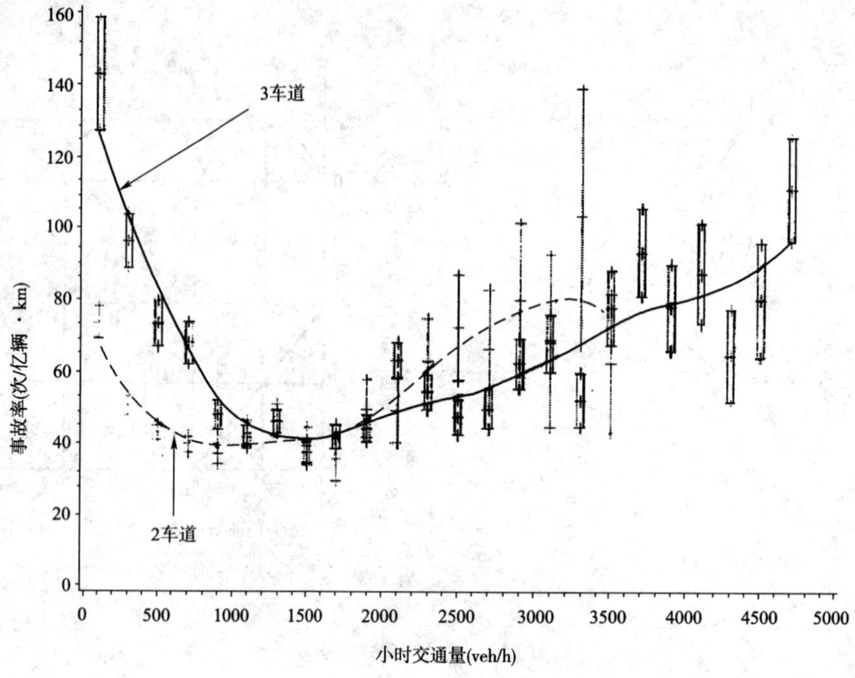

图 4-3　交通量与事故率关系

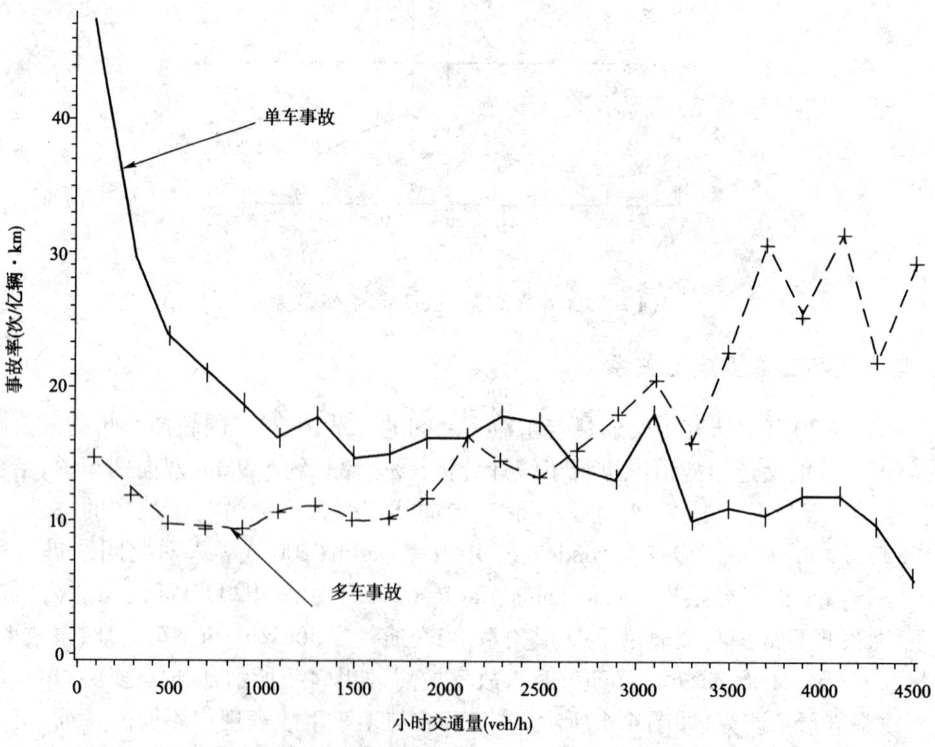

图 4-4　交通量与单车事故率、多车事故率关系

四、行车速度与交通安全的关系

各国的道路交通事故统计资料显示，车速是交通事故的主要原因之一，与之相关的事故比例约占30%，在伤亡事故中的比例更高。澳大利亚RTA(2000)研究表明，在单人死亡事故中，速度因素占37%，两人死亡事故中，占44%，三人及以上死亡事故中，占59%。

速度原因引发事故中，车速离散程度对事故率影响较大。Solomon(1964)对970km路段上10000名与事故相关驾驶员的调查发现，事故率与车速的关系呈U形曲线关系，当车速接近或稍大于平均车速时事故率最低，车速与平均车速的差值越大，发生事故的可能性也就越大，具体的关系模型如下：

$$I = 10^{0.000602\ \ \Delta v^2 - 0.006675\ \ \Delta v + 2.23} \tag{4-2}$$

式中：I——10万车公里事故率(次/10万辆·km)；

Δv——车速与平均车速之差(km/h)。

Cirill对高速公路和乡村公路白天、夜晚的情况进行了类似调查，验证了Solomon的结论，完善了速度离散性与事故率的模型，并给出了二者的关系曲线，如图4-5所示。图中的曲线呈U形，可以看出，速度接近平均车速时，事故率最低，随着离散度增大，事故率增大。

国内学者也对速度与交通事故的关系进行了研究，裴玉龙利用我国部分高速公路车速标准差与事故的统计数据(见表4-1)，对车速标准差和事故率进行回归分析，得到事故率与车速标准差的回归曲线，如图4-6所示。其研究结果与国外基本一致，具体的模型为：

$$AR = 9.5839e^{0.0553\sigma} \tag{4-3}$$

式中：AR——亿车公里事故率(次/(km·10^8·veh))；

σ——车速标准差(km/h)。

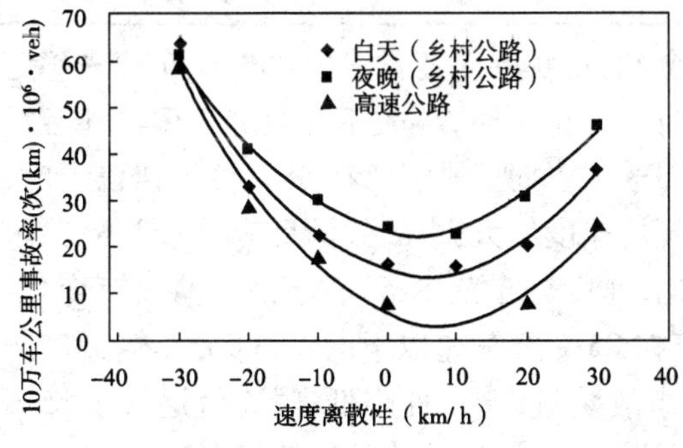

图4-5　事故率与速度离散性关系

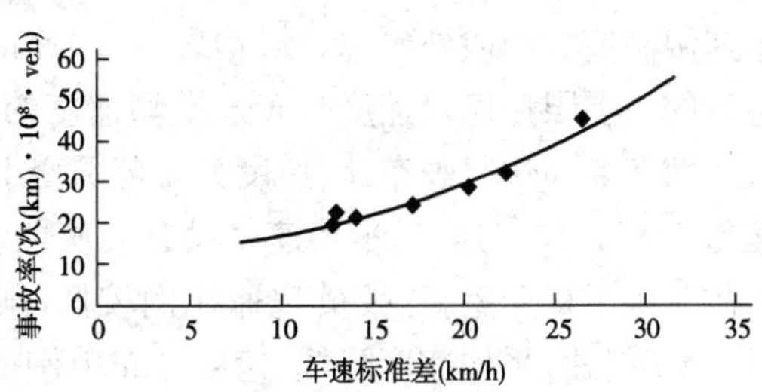

图4-6　事故率与车速标准差的关系

高速公路车速与事故统计数据　　表4-1

高速公路	平均车速(km·h^{-1})	车速标准差(km·h^{-1})	事故数量(次)	交通量(veh·h^{-1})	里程(km)	亿车公里事故率(次·(km·10^8·veh)$^{-1}$)
成渝高速（重庆段）	87.61	17.16	206	7708800	114	23
石太高速	71.00	20.32	244	3972470	213.4	29
广佛高速	58.13	13.01	145	42223200	16	21

续上表

高速公路	平均车速 ($km \cdot h^{-1}$)	车速标准差 ($km \cdot h^{-1}$)	事故数量 (次)	交通量 ($veh \cdot h^{-1}$)	里程 (km)	亿车公里事故率 (次·$(km \cdot 10^8 \cdot veh)^{-1}$)
京石高速	93.00	26.63	1065	8719852	269.6	45
沪宁高速（上海段）	79.86	14.22	194	12511608	74.08	21
沈大高速	79.50	12.73	887	12334480	375	19
京津塘高速(北京段)	88.70	22.57	140	12859680	35	31

国内外研究表明,速度是影响道路交通事故的重要因素,且速度分布的不均匀性更是关键,基于此,车速管理成为道路交通安全管理的重要手段之一,通过限速减少超速驾驶,可以极大程度改善道路交通安全性,表4-2是国外关于道路限速标准变化与道路运营安全性的关系。

道路限制车速变化与运营安全的关系表 表4-2

研究者	所在国家	限制车速变化(km/h)	对安全影响
Nilsson	瑞典	110→90	死亡事故降低21%
Sliogeris	澳大利亚	110→100	受伤事故降低19%
Peltola	英国	100→80	事故总数下降14%
Scharping	德国	60→50	事故总数下降20%
Nhtsa	美国	89→105	死亡事故上升21%
Sliogeris	澳大利亚	100→110	受伤事故上升25%

限速值的大小影响到道路交通服务水平和安全性,现状的限速常采用85%位车速来确定车速限制值。国内外研究结果均表明,限速值取85%位车速时,事故率为最低。瑞典和芬兰进行的一项限速值对速度分布及平均速度的影响研究中发现,限速值在85%位车速以上时,大多数车辆加快行驶车速,速度分布范围变小,但平均速度增大,事故数量及其严重性增大;限速值为85%位车速时,平均速度没有实质性的变化,速度分布范围减小,事故数量没有变化,事故后果不很严重,驾驶员超速比例较低;限速值在85%位车速以下时,大部分车辆速度降低,慢车提速,平均速度降低,速度分布范围变小,事故数量、严重性降低;限速值远低于85%位车速时,部分车辆速度降低,占一定比例的行驶车辆提速,超速违规的比例很大。

第二节 混合式交通

一、混合式交通的定义和组成

1. 混合式交通的定义

混合交通是指多种交通工具或各种交通工具与行人共用同一单幅道路的交通现象,它是

我国城市交通的主要特点。混合交通中的运动实体由机动车、非机动车、行人等组成,机动车是指各种汽车、电车、摩托车、拖拉机、轮式专用机械车;非机动车是指自行车、蓄电池车、三轮车、人力车、畜力车、残疾人专用车。

2. 混合式交通的特点

1)机动车交通特点

机动车的行驶特点是速度快、速度差大,但是起动与制动需要时间,车辆沿道路线形行驶。国外对于机动车交通流特性的研究早在20世纪30年代开始,至今对机动车流交通模型的研究已经取得了较为成熟的研究成果。

2)非机动车交通特点

非机动车交通在我国的城市交通中占有重要地位,是我国居民出行的主要方式之一,而自行车又是非机动车中的主要出行方式。据统计,人口大于200万的城市中,自行车平均出行量约占城市居民总出行量的35%,与公交车平均出行量之比约为62∶38;在人口为100万到200万的中等城市中,自行车平均出行量约为40%,与公交车出行量的比值为72∶28;在人口小于100万的小城市,自行车出行量约占50%,公交车平均出行量只占4.72%,两者的比值为92∶8,居民出行基本靠步行与自行车。

在现阶段和今后相当长一个时期内,自行车仍将是我国城市居民近距离出行的合适工具。自行车较远的出行距离在6~10km之间,它的优点和用途在3km范围内是公共交通和其他交通方式无法替代的,主要包括:

(1)节能环保。在能源日益枯竭的今天,能源已成为制约国民经济发展的重要因素。降低交通所消耗的能源,选择节能性交通工具意义重大,自行车就是最为节能的交通工具。另一方面,依靠人力行驶的自行车不需要能源的驱动,不会排出废气、发出巨大的噪声。因此,自行车是最为清洁的交通方式之一。

(2)灵活方便。自行车交通的另一优点就是方便、灵活、机动性高,自主性及对道路的适应性强。自行车可以实现门到门的交通,短距离出行无须换乘,受道路条件限制较小,可以自由选择路径,在许多条件下自行车出行更省时。许多城市实践证明,自行车在0.5~3km范围内具有较强的竞争力。

(3)自行车停放和运行时占空间较小。自行车的静态占地面积约为1.85~2.1m^2,而机动车的静态占地面积大得多,以小汽车为例,其静态占地面积大致在15.4~25.2m^2之间。通常,停放1辆机动车的用地可以停放8~12辆自行车,这使得自行车比机动车占用更小的空间,从而节省更多的土地和交通资源。在城市道路上,一条3.5m宽的机动车道的理论通行能力大致为1800~2000 veh/h,而3.5m宽的非机动车道,自行车的通行能力大约为3000~3500veh/h,由此可见,自行车对道路的利用效率要远高于机动车。

(4)经济耐用。自行车具有价格低、使用费用少、维修方便的特点。

(5)健身和营造"适宜的居住环境"氛围。骑自行车有利于身心健康,在温度与环境适宜、无交通安全问题的道路上骑自行车出行,无疑是一种身心放松的好方法。在自行车和行人共存的环境中,更容易建立一种安全、舒适的休闲氛围。

当然,除了具备上述优点以外,自行车交通也存在着如下缺点:

(1)稳定性差。自行车只有两点接触地面,重心较高,运行时处于动态平衡,当速度发生剧烈的变化或受到外力的横向干扰时容易失去平衡。

(2)安全性差。自行车行驶时呈蛇形运动轨迹,运行自由度较大。由于骑车人驾驶水平的差异,在高密度车流中行驶时,相互间容易发生磕碰;由于行动灵活,易于拐弯或在较小的空当内穿行,容易与其他机动车发生碰撞而引发事故;由于自行车自身缺乏保护设施,一旦与机动车发生事故,将给自行车骑行者带来严重的伤害。

(3)舒适性和适应性差。受体力的限制,在坡度较大、地形复杂的地区,自行车的使用受到极大限制。同时,自行车也不适合长距离、长时间的出行。由于自行车缺少类似机动车驾驶室的防护设备,因此受气候条件及季节变化影响较大,在风、雪、雨、雾等恶劣气象条件下,其使用受到极大的限制。此外,老人、儿童、残疾人等体弱的人均难以利用。

3)行人交通特点

步行在我国居民出行方式中占据较大比例,调查数据表明:我国城市步行交通在总出行量中约占40%,确保行人交通安全,解决行人与机动车交通的冲突,是交通管理的重要任务。

步行交通的基本特点是:

(1)步行是以步行者自身体力为动力的出行方式,一般只能适于近距离和低速的出行。

(2)行人没有任何保护装置,是交通弱者,容易受到伤害。

(3)步行所占空间很小,通达性很高,几乎任何处所均可达到。

(4)步行仅受个人意志支配,可自由选择步行路线和步行位置。

(5)步行速差小。在完全自由无障碍条件下行走时,行人的步幅在0.75m左右,行人速度为0.8~1.8m/s之间。据南京的观测资料,当没有行人信号灯时步速约为1.94m/s,有行人信号灯时的步速约为1.4m/s。

(6)行人违规穿行与延误有关,当行人在信号交叉口等待时间超过30s后,会以较大的概率选择强行穿越;在无信号灯的路口等待时间超过20s后,也会以较大的概率选择强行穿越。

4)混合式交通的特点

混合交通流由机动车流、非机动车流、行人流三部分构成,三种交通流都具有不同的特点与运动规律。由于在我国城市交通中,大多数道路在机动车和非机动车之间没有物理隔离设施,少数出行者交通素质不高以及交通管理较落后等多方面原因,不论是机动车还是非机动车,为了获得较大的行驶空间与行驶速度,经常借用附近车道的空间,从而对附近的车流造成干扰。为了交通安全,大部分车辆不得不减速并离开机非车道分界线一段距离,交通流的整体运行效率也随之降低。据北京和上海的调查:若车道之间没有隔离设施,则机动车流、非机动车流的车速相对有隔离设施的车流会各自下降约15%。可见,机非干扰有两种形式,一种是违规占道,即少数车辆阻挡附近车道的车流;另一种是交通阻尼,即多数车辆为了安全而降低车速或拉大同附近车道的距离。违规占道是引发交通事故的主要原因;交通阻尼是干扰的主要表现形式,也是导致车流速度下降的主要原因。

在交叉口,混合交通更为复杂,以北京为例,自行车高峰小时总流量达到10000辆以上的十字路口已经有100多个,即每分钟有170辆左右自行车通过,随着机动车保有量增长,机非冲突越来越严重,所带来的问题日益突出,主要表现在:

(1)机非混行使道路通行效率下降。在路段上,当机动车与自行车交通量均较大时,经常出现机动车在自行车道上频繁停靠,而自行车也经常越线占用机动车道行驶,降低了道路的通行效率;在交叉口,机动车和自行车争先抢行、相互干扰的情况也很严重,造成交叉口交通秩序混乱,影响了交叉口的通行效率。

(2)安全性差,交通安全隐患严重。由于自行车交通方式安全性较差,而自行车骑行者的交通遵守意识不强,机动车与自行车间容易发生交通事故。以交叉口为例,在没有特殊交通管理措施的情况下,当红灯时间过长时,经常出现机动车和自行车抢行,双方互不相让,堵塞交叉口的尴尬局面,不仅造成交叉口通行能力下降,而且带来很大的安全隐患。而在机动车与自行车发生交通事故后,往往受伤害最大的是自行车骑行者。

(3)自行车停车设施严重短缺。我国城市自行车交通当前面临着停车难的问题。由于自行车停车问题始终未引起有关规划、管理部门和社会的重视,导致目前普遍存在自行车停车场不足,停车困难,自行车占路停车等现象,严重影响了道路交通功能的正常发挥,致使交通拥挤阻塞现象频繁发生。

解决上述问题应该从各个方面着手。遵章意识淡薄问题,可以通过长期的严格管理和积极的宣传教育加以引导。交通设施的建设则需要规划设计者和交通管理者为各种交通方式提供应有的"路权",保证道路交通的连续、畅通。有效的交通管理方法是解决混合交通问题的必备手段,这只能通过对混合交通流特性的深刻认识来寻找。

二、混合式交通对交通安全的主要影响

1. 概述

由于各种交通方式的完全不同交通特性,混合交通对出行效率和安全带来极大影响。相关资料表明,在混合交通环境下发生的交通事故数量为事故总数的55%左右。混合交通也是导致死亡事故的重要根源,2002年我国道路交通事故死亡人员中步行者、摩托车驾驶员、非机动车驾驶员占总死亡人数的64%,其中行人死亡事故数约占死亡事故总数的30%左右,而且行人交通事故的致死率可达50%以上。因此,治理混合交通,提高非机动车和行人交通安全是缓解我国道路交通事故问题的重点。

2. 混合交通对交通安全影响机理

冲突是导致道路交通事故发生的根本原因。频繁的冲突不仅影响车辆的行驶速度,造成频繁减速和停车,同时还加剧驾驶员的神经紧张和疲劳程度,严重的冲突和事故更是直接威胁到出行者的人身安全。混合交通的存在导致交通冲突大量增加,由于不同交通方式的运行速度差大,行人非机动车路径的不规则性等直接增大了冲突几率。

在机非混行的道路上,机动车与非机动车在有限的空间里同向行驶,由于二者的运行速度、动力性能、稳定性差异较大,导致了冲突形成;另一方面,当机动车在路边停车占用非机动车行驶路径,非机动车流向机动车流"挤压",增大了机非冲突机会。相比机非冲突,"机—人"冲突更严重,行人过街路径垂直于机动车流,导致"截断"车流的结果,即使在有人行横道和信号灯控制路段,如果于行人违规穿行车道,则会影响到行人和驾驶员的安全。

在交叉路口,混合车流对交通安全的影响更大。据资料统计,美国平面交叉路口事故数占

总事故数的36%左右；德国城市道路交通事故的60%～80%发生在平面交叉路口；日本对死亡事故发生地点的统计表明，发生在交叉路口及其附近的事故数占总事故数的42.2%；我国城市交通事故的抽样统计表明，发生在交叉路口的交通事故数约为30%。交叉路口事故多发的根本原因是大量冲突的集聚，以最基本的4枝单车道交叉路口为例，含交叉冲突点16个，分流、合流冲突点8个总计24个冲突点。当车道数增加到双车道时，冲突点数激增到52个。若加入非机动车和行人的影响，冲突点数将增加得更快。不仅如此，冲突点的密度比起其数量更加值得重视，在无信号灯或者只有简单信号灯控制的路口，可能产生三向或更多向的车流死锁，由此造成的长时间延误比一般的冲突后果更加严重。

三、改善混合式交通环境的交通安全对策

1.减少机非冲突的防范措施

1）物理隔离设施实施机非分流

在路段，可以采用机非分隔带（绿化带）、分隔栏杆实现机动车与非机动车流分离，如图4-7、图4-8所示。

图4-7　利用隔离栏杆实现机非分流

图4-8　利用突起路缘带实现机非分流

随着我国居民出行机动化提高，非机动车出行比例降低，针对非机动车道利用效率不高的现状，可以采用非机动车—行人一体化处理，如图4-9所示。

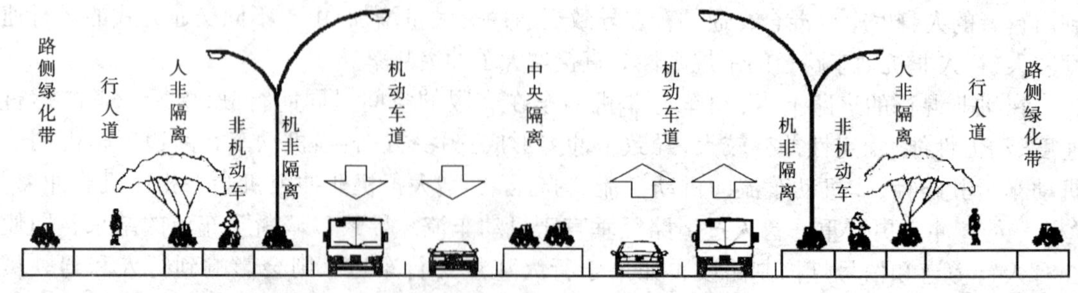

图4-9　非机动车—行人一体化处理模式

在交叉口,通过规定机动车和非机动车的通行空间、停车空间达到机非分离的目的,具体的处理方式包括:左转非机动车二次过街、非机动车停车区间提前等,如图 4-10、图 4-11 所示。

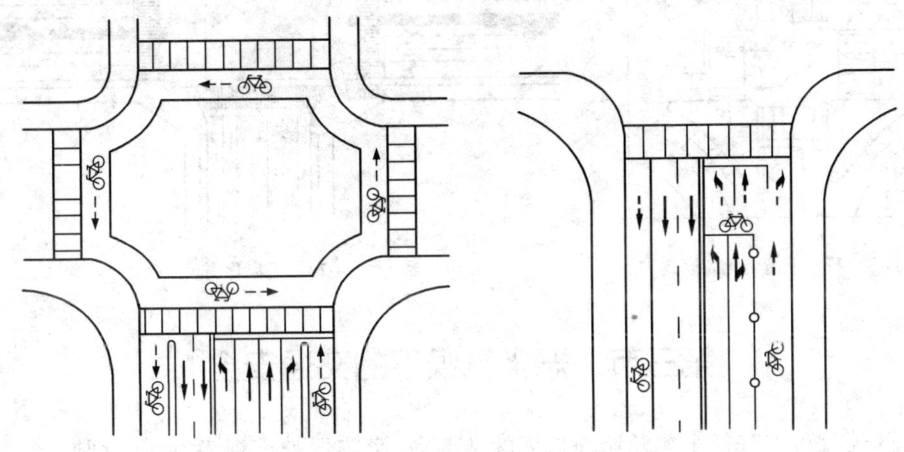

图 4-10　非机动车二次过街模式　　图 4-11　非机动车停车提前处理模式

2)通过信号设计实施机非分流

在典型的交叉口信号控制中,非机动车信号的处理方式一般与机动车共用机动车绿灯,当信号控制为 4 相位方案时,会出现左转、直行非机动车与右转机动车流冲突;2 相位控制时,会出现左转非机动车与直行、右转机动车流冲突,直行非机动车与左转、右转机动车流冲突。为减少此类冲突,可以特殊的非机动车信号处理方式:

(1)设置左转自行车相位。设置一个单独的左转自行车相位,可以将机动车与自行车的冲突分离,减少交叉口通行的混乱程度,提高交叉口通行能力和行车安全性。

(2)自行车绿灯早断。考虑非机动车较机动车速慢,在绿灯尾驶出的非机动车与机动车产生冲突,可以采用自行车绿灯提前截止,截止时间取决于机动车和自行车到达冲突区的时间差。

2. 减少人—机冲突的防范措施

1)路段行人过街的处理

为确保行人过街安全,本着节约投资的理念,可以采用行人两次过街模式,结合路段行人信号控制,以满足行人过街安全。行人两次过街模式如图 4-12 所示。

2)交叉口行人过街的处理

在交叉口范围内，机动车、非机动车和行人三种交通流在有限的空间里运转，必须明确规定各自的运行路线，针对行人过街特性，采用行人横道、渠化岛等为行人提供路径或驻足空间，基本的处理模式包括两类：渠化岛、无渠化岛，如图 4-13、图 4-14 所示。

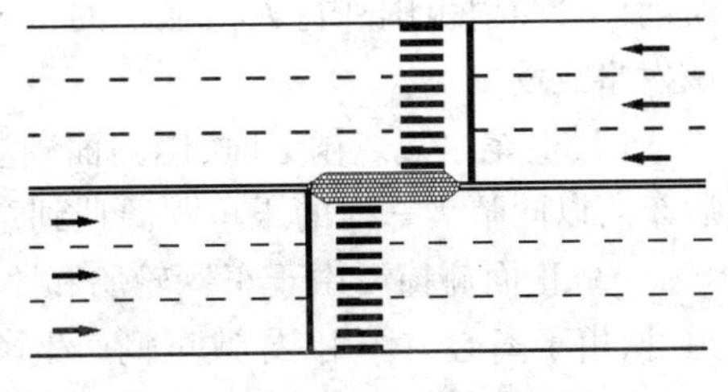

图 4-12　路段行人二次过街模式

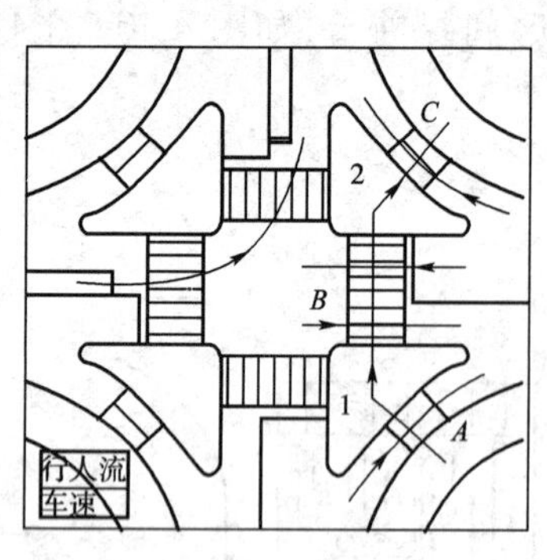

图 4-13 行人过街渠化岛模式

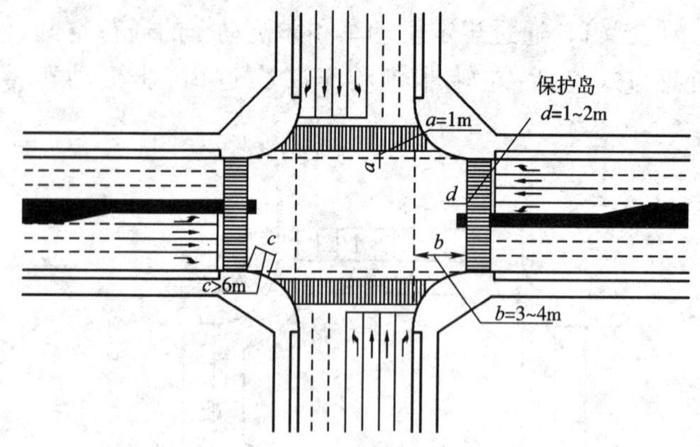

图 4-14 无渠化岛模式

第三节 恶劣气候下的交通安全

恶劣的天气可能降低车辆轮胎与地面的摩擦力、影响驾驶员视距、增加驾驶员紧张感，降低交通安全性，恶劣天气主要包括：大雨、雾天、冰雪等。

一、雨天行车的交通安全

1. 雨天对交通安全的影响

1）概述

数据统计表明，交通事故与降雨量有关。以上海地区为例，2004 年日雨量大于或等于 0.1、5、10、15、20、25、30、35、40、45、50mm 的各级日雨量与相应的日均交通事故指数关系如图 4-15 所示。图中降雨量在 10mm 左右的事故率最高，随着降雨量增大，事故率反而下降，这和交通量减少、驾驶员更谨慎有关。

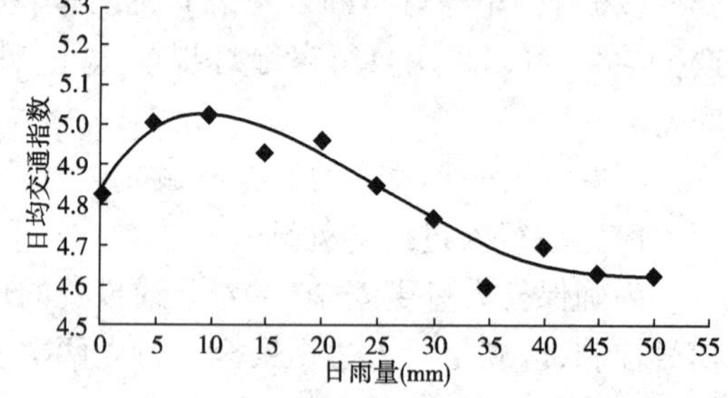

图 4-15 日雨量与交通事故指数关系

雨天的事故类型有：

（1）撞击路侧安全设施或行人。雨天环境下，驾驶员的视野受到刮水器运动范围的限制，前风窗玻璃和侧后视镜附着雨水影响驾驶员清晰观察路侧环境，不能及时发现障碍物而引发碰撞事故。在交叉口，车辆左转时，驾驶员容易忽略前照灯照射范围外行人横道上的行人，也可能诱发事故发生。

（2）追尾事故。雨天时，因路面潮湿，与干燥的路面相比制动距离更长。因此尾随前车的后车若以同晴天一样的跟车距离遇到意外情况突然停车时，容易发生追尾事故。

（3）正面碰撞。由于车辆轮胎和路面的摩擦系数下降，车辆轮胎的横向摩擦力减小，在弯道处，由于离心力作用，导致车辆产生滑移与对向车道上的车辆发生正面碰撞。

2）雨天对道路交通安全影响原理

雨水作用导致路面摩擦系数降低是雨天道路交通安全性较低的关键，路面潮湿或积水都

会影响路面摩擦系数。路面潮湿时，表面上有一层很薄的水膜,使车轮与路面和路面材料之间隔着一道“润滑剂”,水膜将路面上的微小坑洼填平,使轮胎与地面的紧密接触受到严重影响。据测试,0.75cm 厚的水膜,当车速达到 80km/h 时,摩擦系数仅为 0.15;当车速超过 100km/h 时,摩擦系数接近于零。表 4-3 列出了不同车速在雨天条件下的制动距离。

不同车速在雨天条件下的制动距离(m)　　表 4-3

车速(km/h) 路面条件	50	60	70	80	90	100	110
干燥沥青路面	12.3	17.8	24.0	31.5	39.9	49.2	59.5
湿润沥青路面	24.6	35.5	48.2	63.0	79.7	98.4	119.1

车辆在积水路面上行驶时,轮胎与路面的直接接触受到妨碍,轮胎一边排开积水一边向前滚动,轮胎接地处只有一部分直接与路面接触,其余部分是通过水膜与路面间接接触,随着车速的提高,虽然有较多的积水被轮胎高速排出,但由于水的惯性作用,部分未能及时排出的积水,在轮胎与路面间形成楔形水膜,由此引起的浮力支撑了轮胎的垂直负荷,使轮胎浮起,轮胎将在路面的积水上向前滑动,这种现象称为水膜滑溜现象,如图 4-16 所示。

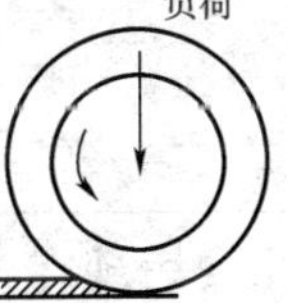

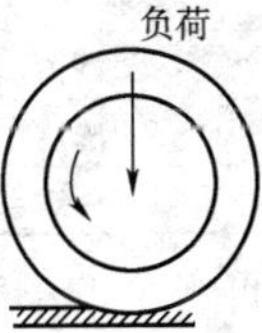

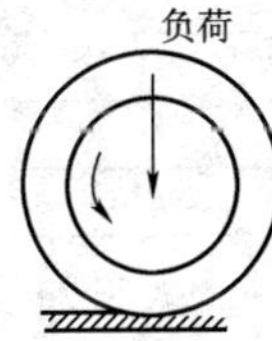

图 4-16　水膜滑溜现象

2. 雨天交通安全改善措施

(1)适当增大道路坡度以利于排水。纵断面线形设计应保证最小纵坡不小于 0.3%,一般高等级公路的纵坡要大于 0.3%,能大于或等于 0.5%。实践证明,高等级公路的最佳纵坡为 0.5% ~2%。另外为了利于排水和行车安全,路面横坡宜采用 2%。

(2)改良路面排水设计。采用必要的防水措施,尽量减少雨水下渗入路面结构层以及路基内;尽快排除渗入路面结构层的自由水,避免路面结构层长期处于潮湿的水饱和状态;提高沥青面层混合料的抗水损害能力;沥青混凝土路面采用密封的表面层或设置封水层 ,尽量减少雨水渗入。

(3)限制车速,在雨水、大风多发路段设置提示性语言标志或警示标志,适当限制车速。

二、雾天行车的交通安全

1. 雾对交通安全的影响

1)概述

在雾天条件下,能见度降低,视野变窄,车辆在高速行驶时容易发生追尾,酿成重大交通事故。Ali S. Al – Ghamdi 通过统计沙特阿拉伯半岛南部地区三年内事故记录,发现雾因事故的伤亡率极高,见表 4-4。

大雾引发的道路交通事故有以下特点:

(1)由于生理条件的限制,驾驶员很难确切感知大雾的严重程度。

(2)由于地理、气候条件的差异,不同路段大雾的能见度不同,驾驶员很难根据各路段不同的能见距离及时调整车速和车间距。

(3)在大雾情况下,可视距离会远远小于绝对安全间距,一旦发生追尾相撞,容易引发多车追尾事故和二次事故。

2)雾天对交通安全影响原理

雾天环境下,能见度降低,视线障碍大,驾驶员可视距离大大缩短,容易判断失误,导致前后车辆追尾碰撞事故。同时,雾会使光线散漫,并吸收光线,致使视物的亮度下降,影响驾驶员观察,表4-5列出了高速公路上雾况与视距关系及行车措施。

雾因事故伤亡率 表4-4

	比率(每100起事故的人数)	
	死亡率(%)	受伤率(%)
所有事故	1.9	15.6
雾因事故	8	101

高速公路雾天行车措施 表4-5

种　　类	视距(m)
淡雾	300～500
浓雾	150～50
特浓雾	<50

大雾对交通安全的影响主要表现在三个方面:

(1)能见度降低。由于雾使光线发生散射,并能吸收光线,使视物明度下降,致使驾驶员对车距、车速估计不足,对交通标志、路面设施的识别困难,容易引发追尾事故。

(2)减小车辆与路面的摩擦系数。雾水与积灰、尘土混合,导致轮胎与路面的附着系数减小,特别是北方冬季,冰雾在道路表面形成一层薄冰,使附着系数下降更为明显,从而导致制动距离延长、行驶打滑、制动跑偏等现象发生。

(3)造成驾驶员心理紧张。由于大雾影响,驾驶员很难正确判断,心理压力增大,一旦发生意外,采取措施不当而引发交通事故。

2. 雾天交通安全防治措施

1)掌握公路雾况规律

由于各路段的位置、地理环境及周围空气湿度、温度的不同,各路段雾况也不同,交通管理部门必须积累经验,掌握公路全线的雾况规律,根据雾况及时采取相应管制措施。

2)限制行驶速度及行车间距

当公路沿线出现雾情而未达到实施封闭交通管制措施的标准时,通过可变情报板(CMS)、可变限速标志(CSLS)发布雾情警示信息、限速以及增距指令来达到限制行车速度、增大行车间距的目的,可以在一定程度上改善道路的行车安全。

3)匝道控制

匝道控制是根据雾区能见度的实际情况,采取间隔放行或完全封闭进口匝道的管制措施,可以有效地降低高速公路主线上的车流密度,从而达到预防交通事故的目的。

4)主线交通诱导控制

在高速公路上出现紧急情况、需要控制主线交通流时,通过CMS、CSLS发布交通警示信息及采取人工诱导的方式将主线上的交通流转移到其他替代道路上去,以确保高速公路主线交通安全。这种交通控制方式能在短时间内有效地控制高速公路主线上的车流,从而预防因雾或其他紧急情况导致的交通事故的发生。目前,我国高速公路交通管理部门雾天所采取的交

通管制方式多以主线交通控制与进口匝道控制相配合的管制方式为主，即在关闭进口匝道的同时，在高速公路主线上实施分流。

5）紧急交通事故救援

在发生交通事故时，及时实施交通控制，并通知交警、路政、医院和消防等部门进行救护，以最大限度地降低事故的严重程度。

6）车辆安全辅助驾驶系统

汽车安全辅助驾驶系统是使汽车在较差的环境中能够识别路况信息，并辅助驾驶员安全行车，为汽车提供安全辅助驾驶功能。汽车安全辅助驾驶系统主要有两大类：红外热成像仪的汽车安全辅助驾驶系统和低照度的汽车安全辅助驾驶系统。基于 GIS 技术将道路前方路况信息、交通信息输送至汽车驾驶室的车载终端，以视频或语音信号提示驾驶员操作事项。

三、冰雪天行车的交通安全

1. 冰雪天对交通安全的影响

1）概述

冰雪天气给人们出行带来极大不便，积雪和低温易导致车辆零件冰冻，引发故障，使车辆控制难度增大；积雪和冰冻严重危害桥梁等结构物，给交通带来安全隐患；冰雪降低公路的通行能力，当冰雪厚度达到一定大小时，可阻碍车辆通行，严重时甚至发生雪崩、雪阻，使交通完全中断；飘雪导致能见度降低；最后，雪花会覆盖交通标志版面，使标志失去作用。

2）冰雪天对交通安全影响原理

（1）冰雪堆积使路面变滑，汽车转向及制动的稳定性下降，汽车操纵困难。据英国的气象条件与交通事故资料统计，雪天高速公路事故发生率是干燥路面的 5 倍，结冰时事故发生概率是干燥路面的 8 倍。表 4-6 列出了路面状态与车辆滑溜事故关系。

路面状况与滑溜事故车辆数关系（英国）　　表 4-6

路面 / 车种	干燥		降雪、冰冻		合计	
	滑溜事故	总事故	滑溜事故	总事故	滑溜事故	总事故
小汽车（辆）	17987	171297	3656	6499	21643	177796
公共汽车（辆）	288	9522	78	212	366	9734
1.5t 以下货车（辆）	1191	12900	270	540	1461	13440
1.5t 以上货车（辆）	1111	8072	163	431	1274	8503

（2）在冰雪天气下，路面附着系数仅为正常干燥路面附着系数的 1/8 ~ 1/4，车速越高，路面附着系数越小，车辆制动距离增大，制动困难，对行车安全威胁极大。表 4-7 列出了不同车速在冰、雪天条件下的制动距离。

不同车速在冰、雪天条件下的制动距离（m）　　表 4-7

车速（km/h） / 路面条件	50	60	70	80	90	100	110
干燥沥青路面	12.3	17.8	24.0	31.5	39.9	49.2	59.5
冰雪路面	49.2	71.0	95.5	126.0	150.0	196.9	238.2

(3)当雪后天晴时,由于积雪对阳光的强烈反射作用,产生眩光,即雪盲现象,也会使驾驶员视力下降,成为安全行车的潜在危险。

2. 冰雪天交通安全改善措施

1)道路工程改善措施

目前,国内不少地方采用撒融雪剂或石米的办法。融雪剂的主要成分是盐,盐可以降低水的冰点,撒了盐的路面水要到零下几度才能结冰,可以达到融雪的效果。但是,由此造成的后遗症也非常严重,不仅会对基础设施造成破坏,尤其是混凝土和钢筋,而且会在一定程度上影响生态环境。

除雪防滑的常用措施有机械除雪,机械除雪因为其环保、快速、适应性强而被广泛采用。现有的除雪设备有:专用除雪机械、多功能养护车装备除雪装置、平地机以及用装载机等轮式机械改装后的除雪机械等。

2)常规交通组织

根据高速公路路网及相邻路网的结构特征、交通特性,针对恶劣天气下考虑纳入路网的控制节点和道路条件,从4个层次开展交通组织:

(1)节点交通控制与组织。当高速公路发生恶劣天气等灾变事件而引起交通拥挤、堵塞现象时,能够在路网结点处实施限流、分流、封闭等交通组织措施,达到预设的控制效果。

(2)通道交通控制与组织。当高速公路因恶劣天气发生拥挤、堵塞时,可以合理利用影响范围内的相邻的平行道路和相交道路,以通道管理的理念,将高速公路主线和周边道路纳入交通组织的范围,通过限制主线流量、速度,分流部分车流到周边道路,达到控制目的。

(3)路网交通控制与组织。将整个区域的路网作为一个整体来实施控制和交通组织,根据路网的OD分布和整个路网的结构特征,结合路网级交通诱导、通道控制、节点组织等,以路网综合性能最优为目的,实施交通组织。

3)冰雪天气下的交通应急管理系统

冰雪天气持续时,很可能转化为冰雪灾害天气,此时需要进行交通应急处理。制定切实可行的应急疏散预案,在冰雪灾害发生,且不能及时清除时,有组织、有计划、有步骤地疏散人员,对减少伤亡是极为重要的。基于气象条件的交通安全管理系统是通过信息采集系统收集气象信息和其他道路的交通信息,经指挥中心的计算机系统分析处理以及人工决策后,根据实际情况形成适当的管理控制方案和交通救援方案,并通过信息发布系统传达给交通参与者,以实现在恶劣气象条件下道路交通的安全。它主要由4个部分组成。

(1)信息采集系统。信息采集的气象信息主要包括能见度、冰冻状况、风力、风向、雨量、路面积雪等。除常规的气象站所提供的测量温度、湿度、风速、降雨量等设备外,系统所用的气象检测器还要包括能见度检测器、路面冰冻检测器、光亮度检测器等;另外,其他交通信息如交通事故、交通堵塞、车速等可通过城市道路或公路交通监控系统的车辆检测器、视频系统、紧急电话、巡逻车等获取。

(2)指挥控制系统。指挥控制系统是该系统的核心部分,它的主要职能是信息的接收、汇集、显示、统计、分析、判断、预测、确认、交通异常事件的处理决策、指令发布、设备运行状态的监视和控制等。指挥控制系统通常由计算机系统、室内显示设备和监控系统控制台等组成。

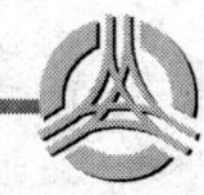

(3)信息发布系统。信息发布是通过可变情报板、交通广播、公共信息电话查询、信息中心终端等向出行者提供气象、事故、道路等信息,帮助出行者计划行程并选择合理的出行方式、行驶速度及路线,以提高道路利用率,并达到交通安全管理与控制的目的。

(4)快速响应系统。快速响应系统是通过指挥控制中心发布指令,生成不同气象条件等级下、不同级别的交通管理控制方案和交通救援措施。它通过限速标志、匝道信号控制器、交通信号灯、车辆诱导系统等交通控制设备来实现交通管理控制方案。在获得事故信息后,救援队伍按指令快速抵达现场,对现场及区域实行必要的交通管制。事故现场勘察处理完毕后,迅速解除紧急状况下的交通管制,恢复正常交通。

冰雪灾害天气下应急疏散预案制定流程如图 4-17 所示。

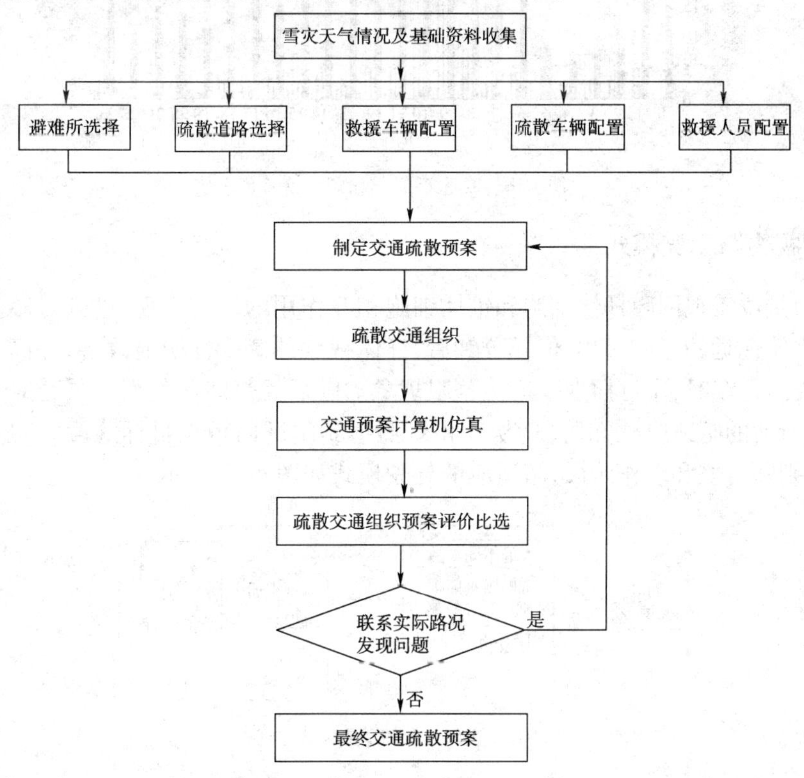

图 4-17 雪灾交通疏散预案制定流程

第四节 夜间行车的交通安全

随着我国道路运输业的快速发展,夜间行车量较以往有了很大的提高。但随之而来的是夜间交通事故的频繁出现,这已成为一个突出的社会问题。图 4-18 列出了 2003 年我国某城市道路交通事故的 24h 分布情况,由图可以看出总的事故数有两个明显的高峰,而死亡事故则多发生在夜间。我们把一天按时间分成两段:白天(08:00 ~20:00)和晚上(20:00 ~08:00),统计结果表明晚间的事故数占事故总数的 27.3% ~34.1%,受伤人数占受伤总人数的 29.3% ~40.6%,死亡人数则占死亡总人数的 55.4% ~77.5%,如果再考虑夜间交通量相对白天少这一因素，可以看出夜间交通事故问题更为严重。

夜间事故多发原因是多方面的，其中驾驶员的夜视力降低是主因，夜间光线亮度低，驾驶员视线和视野严重下降，车型以大车为主，大车机械性能较差，再加上超载和驾驶员疲劳驾驶等原因，事故就更容易发生，严重度也更大。

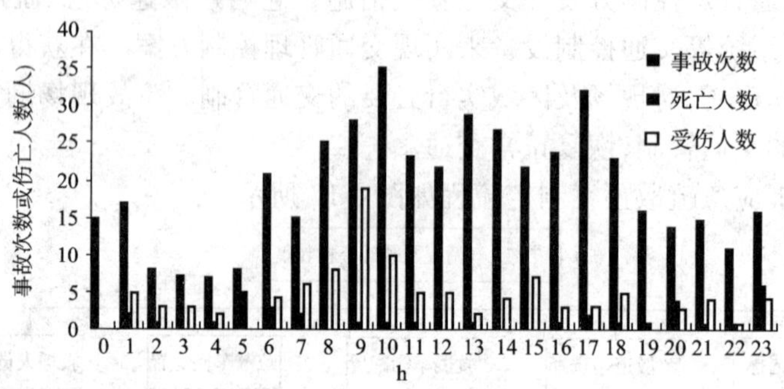

图 4-18　道路交通事故的 24h 分布

一、夜间视力与驾驶模式

夜间视力是位于视网膜杆体细胞和锥体细胞相互作用的效应体现，进到黑暗处的最初几分钟主要是锥体视觉的适应过程，但几分钟后，杆体视觉的感受性明显改善，并高于锥体视觉的感受性。夜间行车时，车灯照射下产生耀眼现象。随后无灯暗区使驾驶员暂时看不清前方状况，这就是所谓的暗适应感知阶段，从停止灯照射到暗区内识别目标这段时间为暗适应时间，随后进入判断阶段和动作阶段，暗适应的驾驶模式如图 4-19 所示。

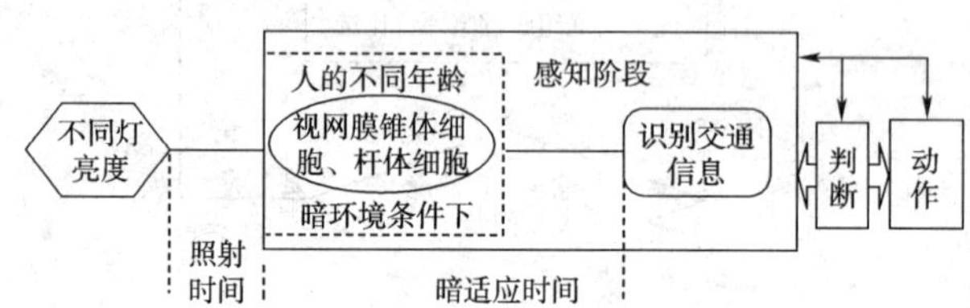

图 4-19　夜间驾驶暗适应模式原理

二、夜间行车的特点

1. 难以观察

夜间行车灯光照射有一定限度，人的视界和视距受到限制，难以看清道路的周围环境，对道路观察和行驶方向的判断仅局限在车前灯光能照射到的范围之内，驾驶员能接收的交通信息量大为减少。

2. 视线不良

由于视线限制，容易出现驾驶员不能正确判断弯道的半径大小，不易区分上、下坡与平路，左右情况容易顾此失彼，超车和会车比较困难等。

3. 视线不清

夜间行车中车灯晃动、亮度不够、能见度变差，容易造成驾驶员对道路上的情况看不真切，

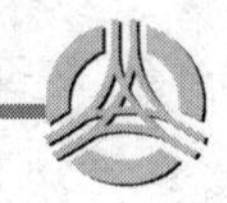

对各种情况判断滞后。夜间会车时，远光灯的眩目，也会使驾驶员产生短暂的视线盲区。

4. 容易疲劳

驾驶员夜晚行车改变了驾驶员的生活规律，易使人的生物钟出现短时的生理性紊乱，而容易产生疲劳感。另外，夜间行车的特殊环境，使驾驶员在行车中处理各种交通情况要比白天付出更多的精力。同样情况，夜间判断需要的时间较白天长，加上夜间周围环境比白天单调，驾驶员更易出现精神和视力疲劳，使交通事故发生概率大大增加。

三、保证夜间行车的安全措施

1. 维持技术状况良好的照明系统

灯光照明的好坏对夜间行车安全至关重要，应对车辆的照明系统经常检查、保养和维护。实际中往往有些车灯安装调试不正确，不但缩短了驾驶员的视距视角，还会给迎面来车驾驶员造成眩目。

2. 控制行车速度

夜间行车要根据气候、地形、时间、环境暗亮度等情况决定行车速度，在弯道、坡道、桥梁、狭路等视线不良的地方应重点控制速度。

3. 车辆辅助驾驶系统

夜间安全行车视觉增强装置最初应用于军事需求，该装置由传感器模块、显示模块、控制模块和定位模块组成，其视野在垂直方向不小于20°，在水平方向不小于40°，而且可通过调整，观察车辆侧面和后面。该装置可以使车辆在夜间的行驶速度达到白天的50% ~60%，并能在110m远的距离识别55cm的物体，极大改善了夜间行车安全性。

4. 基于智能交通技术的夜间安全行车保障措施

随着ITS技术的发展，充分利用检测技术、通信技术和计算机技术等先进手段来改善交通安全，辅助驾驶成为新的趋势，现状针对夜间安全行车的保障措施主要包括：

1）连续波雷达预警系统

该系统采用频率调制的高频电子载波，比较反射信号和发射信号，得到被测距离成比例的频率差，求得距离；利用返回信号的多普勒偏转，可确定被测物体的相对速度。车载电脑根据自车速度和障碍物的速度计算出最小安全行驶间距，进而得到危险预警距离。

2）智能防眩设施

该设备是针对改善驾驶员眼睛部分的照度以减少眩光的影响，其原理是对光线进行有效控制、反射折射掉强光中的紫外线灯有害成分，增强夜间路面、行人和障碍物等的反射光线。现有的技术主要是通过调光玻璃达到其目的，调色可以通过将卤化银胶体分布在玻璃中，当遇到强光时，卤化银成为胶体状，从而消除眩目的影响。

3）全球定位导航系统

该系统采用车载电脑，利用GPS接收信号确定车辆的绝对位置，通过各种传感器测定车辆在电子地图中的相对位置，交通信息中心实时将交通动态信息通过通讯设备传到车载电脑，并根据当前交通状况计算最优路径，并将图像传输到车载终端视频，驾驶员利用该信息选择路径。

第五节　山区道路与交通安全

一、山区道路概况

1. 山区道路的基本特征

山区道路因受地势和当地经济条件的影响，道路路况普遍较差，混合交通状况非常普遍，其基本特征是：

(1)道路等级低，山区道路以四级以下的盘山公路为主，辅之以县、乡道和农村机耕路，构成了山区道路的主体，占总里程的90%以上。

(2)坡陡、弯急、路面不平整等现象普遍。由于财政经费普遍比较紧张，山区道路建设从设计到建造乃至养护都不同程度存在问题，路面基本以砂石、泥土为主，道路线形大多是依山傍水，坡陡弯急，加之受地形、地貌的影响，有相当数量的公路弯道半径小，又受树木及其他障碍物的遮挡，使得视线受到严重影响，不能满足车辆安全行驶的要求，而且路面窄、线形差、事故点多、安全隐患大。

(3)交通环境较差，人为占道严重，尤其是县乡道，被堆柴放物，打场晒谷或当作马路市场等现象普遍存在，严重影响了过往车辆的正常通行。

(4)山区气候条件较差，冰雪雨雾天气较多，对交通安全造成影响。

2. 山区道路交通管理设施情况

交通安全管理设施属于道路基础设施，它对减轻事故的严重程度，排除各种纵、横向干扰，提高道路服务水平，提供视线诱导以及各种警告、禁令、指示、指路信息，增强道路景观起着重要的作用。交通安全管理设施按其功能要求分为安全设施和管理设施两部分。其中安全设施一般包括：安全护栏及相应的防撞缓冲设施，防眩设施和隔离封闭设施，道路照明设施和视线诱导设施等。管理设施包括标志、标线。

总体来说，相比平原地区，山区道路交通安全设施的设置存在以下不足：

1)缺乏必要的安全设施

部分山区公路等级偏低，交通安全设施缺乏，如险桥、险段的反光示警桩、陡峭临桥、急弯路段的防护墙(栏)等。部分设施设置非常简单，达不到防护效果。在视距不良路段或急弯路段缺少交通标志或视线诱导设施，预警功能丧失，驾驶员尤其是过境车辆无法事先掌握路面状况，容易造成判断失误，出现超速和侵占路面等违章操作。

2)安全设施设置不合理

一方面是选用的标准、材料和尺寸等不符合使用要求，如部分农村公路上的交通标志，用一块铁板、水泥板或木板附着在电线杆上或者干脆放在地上代替，设置高度和尺寸根本达不到规定的要求。部分交通标志非但达不到设置效果，不能给驾驶员提供明确的信息，反而会误导驾驶员，诱发交通事故。另一方面，交通安全设施的设置位置不能满足使用要求，如标志的设置位置不醒目，不易被驾驶员发现，或者设置位置距离危险点过近，驾驶员发现交通标志再做出反应为时已晚。

3)各种交通安全设施不配套

各种交通安全设施只有相互协调才能更好地保证行车安全。部分山区公路上的安全设施设置上出现矛盾问题,如:部分路段设置了限速设施,但始终没有解除限速的标志;交通标志和标线不配套,如部分路段交通标志上显示禁止超车,而中心标线却是可以超车的虚线;在长陡、下坡路段,虽然设置了长陡、下坡标志,但没有设置限速的标志或减速设施;没有设置交叉口警告标志,但在交叉口的指路上却设有相应的减速让行标志等。

二、山区公路条件与交通安全

1.公路几何线形对山区公路交通安全影响

1)平面弯道对交通安全的影响

(1)平曲线半径。国外对平面线形与安全事故间关系的研究已经有较多成果,最成熟的是美国 ISHDM(交互式公路安全设计模型)中平曲线半径与 AMF(事故修订因子)的研究。该项研究重点针对事故率与平曲线长度、曲线半径、缓和曲线三个因素之间的关系式如下:

$$AMF=\frac{1.55L_{C}+\frac{80.2}{R}-0.012S}{1.55L_{C}} \tag{4-4}$$

式中:L_C——平曲线中圆曲线部分的长度;

R——曲线半径;

S——缓和曲线参数(有缓和曲线时 S 取 1.0,无缓和曲线时取 0)。

(2)弯道个数。弯道个数会造成环境复杂,频繁的弯道要求驾驶员多而快地接受信息,从而使驾驶操作难度加大,措施不当或稍有疏忽便发生交通事故。国内外对公路的交通事故率(次/亿车·km)统计与弯道个数的关系,发现单位长度的弯道个数即弯道密度与事故率有很强的相关关系,即:

$$P=0.49S^2-3.35S+8.30 \tag{4-5}$$

式中:S——弯道个数(个/km);

P——事故率。

该方程是开口向上的抛物线,最佳弯道密度($P=0$ 时)为 3.4 个/km,即每公里平均约为 3.4 个弯道时,发生交通事故最少,否则交通事故就会以抛物线形增加。当然不同地理环境和公路等级其最佳弯道个数不一样,对于山区公路,由于地理环境复杂,驾驶员在行驶过程中注意力相对集中,故其取值可以适当提高。

2)纵坡对交通安全的影响

公路纵坡对交通安全影响较大。从各国的交通事故统计可以看出,在有坡度的公路上交通事故非常多。德国学者比滋鲁给出了德国高速公路的坡度与公路交通事故率的关系,如图 4-20 所示。从图中可以看出:坡度越陡,事故率就越大。当坡度大于 4% 时,事故率便急剧上升。

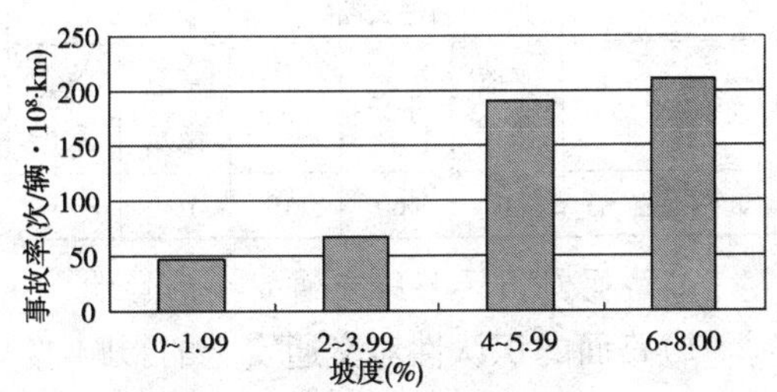

图 4-20 德国高速公路纵坡坡度与交通事故率的关系

纵坡对道路交通安全的影响主要是：下坡过程中，车辆长期处于制动状态，长时间的制动可能导致制动片炭化而出现制动失灵，驾驶员精神紧张，当遇到突发的状况时，就更容易引发事故发生；另一方面，由于各种车型的动力性能差异，在上坡路段，各种车型的车速离散度增大，也增大了事故发生几率。

3）线形组合对交通安全的影响

（1）两个同向曲线之间插入一个短直线，称为断背曲线。这种线形，行车条件差，容易使驾驶员产生错觉而导致发生事故。

（2）凸形竖曲线顶部或凹形竖曲线底部设小半径平曲线起点。前者会使驾驶员视线失去引导，驾驶员爬上坡顶才发现转变，来不及采取措施；后者会造成视觉误差，形成不必要的加速行驶，很不安全。

（3）凸形竖曲线顶部和凹形竖曲线底部设反向平曲线拐点。

（4）一个平曲线内有几个变坡点，或一个竖曲线内有几个平曲线，这种组合会使视线不平衡，驾驶员容易发生判断错误。

4）视距对交通安全的影响

行车视距是一项综合性指标，它与公路的平面、纵剖面、横断面及景观设计有非常密切关系。为了保证行车安全，驾驶员在行车时，需要随时看到公路前方的一定距离，以便发现障碍物或对迎面来车采取停车、避让、错车或超车等措施，为完成这些操作过程所必需的、最短时间内的汽车行驶路程称行车视距。行车视距 S 包括停车视距 S_t，会车视距 S_h 内和超车视距 S_c。其中停车视距 S_t 为：

$$S_t = S_1 + S_2 + S_3 = V/3.6 \times t + 1/2gf \times (V/3.6)^2 + S_3 \tag{4-6}$$

式中：S_1——驾驶员的反应距离（m）；

S_2——制动距离（m）；

S_3——安全距离，一般取 5 ~ 10m；

V——行车速度（km/h）；

t——驾驶员反映时间，一般取 2.5s；

g——重力加速度；

f——轮胎与路面的纵向摩擦系数。

我国《公路路线设计规范》中对各级公路的视距提出了详细的规定，如表 4-8 所示。

《公路路线设计规范》规定的各级公路停车视距表 表 4-8

公路等级	汽车专用公路							一般公路					
	高速公路			一		二		二		三		四	
地形	平原微丘	重丘	山岭	平原微丘	山岭重丘	平原微丘	山岭重丘	平原微丘	山岭重丘	平原微丘	山岭重丘	平原微丘	山岭重丘
停车视距（m）	210	160	110	160	75	110	40	110	40	75	30	40	20

2. 路面对山区公路交通安全的影响

1）路面的识认性对交通安全的影响

公路的识认性是指在一定行车速度条件下，驾驶者能够利用视觉对公路交通状况作出安

全可靠判断。公路线形设计中的视距计算、交通标识和信号、人行横道斑马线等要素是最常见的提高识认性的手段。

在一些特殊条件下，传统技术手段无法提高公路交通的识认性，采取特别的路面材料和技术，可以显著提高公路交通的识认性。例如在一些急转陡坡、事故多发点设置斑马线；普通路面在降雨时形成表面水膜，车辆高速行驶将由轮胎真空吸力造成车后水幕，使得后方车辆丧失对前方车辆尾灯的识认性，从而引起恶性交通事故，这些事故在山区公路中经常发生，可以采用排水式沥青路面来提高公路的识认性，排水式沥青路面在国外应用比较多，也收到比较好的效果。

2）路面灾害对交通安全的影响

路面应该满足稳定性平整性以及抗滑性的要求，由于路面不满足上述而发生的路面灾害有以下几点：

（1）沥青路面：

①泛油。由于油石比过大，矿料用量不足，在气温高时就会形成泛油，形成软粘面，重则可能形成“油海”。油粘在轮胎上，降低了行车速度，增加行驶阻力。雨天，多余的沥青降低了路面防滑性能，影响交通安全。

②油包、油垄。由于石料级配不当，油量过大，使得路面在车辆水平力下推移变形。车辆制动或起动时摩擦力较均匀行驶时要大，故这种病害多发路口、停靠站的路面上，油包、油垄严重影响行车的舒适性，同时也加快了的磨损。

③裂缝。由于施工不良、路基沉陷，造成路面整体性不好；或沥青材料老化、沥青质量低、油石比过小等原因，路面出现龟裂、网裂或纵横裂缝，影响路面的平整度，干扰车辆正常行驶。

④麻面。由于施工方法不同、油石比小、搅和不均匀等造成，严重时可使行车颠簸，对于行车特别是低级机动车影响更大。

⑤滑溜。石料的磨光、磨损或泛油等形成表面滑溜，危及行车安全，对交通影响很大。

（2）水泥路面。主要是接缝的病害，如挤碎、拱起、错台、错缝等。由于水泥混凝土接缝处理不当，可能造成整个水泥板块拱起的现象，不仅路面完全破坏，严重时还会影响交通，造成阻塞和发生事故。

3）公路横断面对交通安全的影响

山区公路横断面一般包括行车道、路肩、边沟、护坡、挡墙等组成部分，横断面设计对道路交通安全影响较大，主要包括：

（1）车道宽度。国外研究的结果显示，车道较宽时则事故较少。机动车双车公路面如宽度大于6m，其事故率较5.5m时要低得多。目前美国的标准车道宽度规定为3.65m，我国则规定大型车道为3.75m，小型车道为3.5m。但是如果车道过宽，例如大于4.5m，则由于有些车辆试图利用富余的宽度超车，反而会增加事故。画有车道标线的公路，由于规定车辆各行其道，其事故率降低。

（2）路肩。一般来说，路肩宽时则较安全，但是山区公路往往由于地形限制路肩较窄。山区公路的路肩一般除了保护路面的、作为行驶车辆的侧向余宽外，大多作为停放发生故障的行驶车辆。

(3)分隔带。公路高等级公路上一般设置中央分隔带,分车带对解决机动车和机动车分离,提高公路通行能力,保证交通安全具有十分重要的作用,具体体现在:

①减少由于横穿马路而引起的交通事故;

②减少由于驾驶员的安全意识不够,出现的越线调头、压线行驶和越线行车;

③降低由于重大交通事故而带来的损失;

④可以起到防眩、改善公路环境等作用,在一定程度上都可以减少交通事故的发生。当然,中央分离带的设置在避免一部分交通事故发生的同时,也会给交通安全带来一定的不利因素。

3. 交叉口对山区公路交通安全的影响

交叉口是公路与公路、公路与铁道或公路与其他交通设施的交叉点,交叉路口和路段是公路的两个重要的组成部分。国内外大量事故表明:大量的事故都发生在交叉处,特别是低等级公路。影响交通安全的因素有以下几个方面:

1)交叉口位置

平面交叉口位置可影响其可识别性及视距三角形区域内的通视条件;互通式立交位置可影响转向交通量的分布、主线交通方向匝道布置和视距。

2)交叉口的间距

间距过短,要求驾驶员在短时间内作出车道选择、穿越、转向等操作,降低了交通安全水平;另一方面,交叉口过近,缩短了交织长度、左转弯车道长度、加减速车道和视距,加重了驾驶难度。

3)交叉角度

小角度交叉的需要较宽的转弯面积,并使视线受到限制,对于载重汽车驾驶尤其如此;另外,增加了车辆横穿主要交通流的时间,增加肇事的可能性。

4)速度的协调性

对于交叉口,主要保证交叉口起、终点及中心点设计速度变化率不能过大。这一点主要是为了保证速度的连续性。另外,还要保证设计速度与运行速度的协调性,两者之差不能相差过大(对于平面交叉,不超过20km/h;对于立体交叉不超过10km/h)。

三、山区公路改善对策

山区公路安全改善可以借鉴平原地区的安全措施,如:完善交通标志、标线、安全护栏、诱导设施等,同时,考虑到山区公路的特征,可以采取特殊的安全措施,下面列举了部分特殊的山区公路交通安全改善对策:

1. 增设强制控速设施

速度过快是公路交通事故的主要原因,据统计,有20.03%的事故是由于超速驾驶造成的。山区公路交通量相对较小,车型混杂,超车、超速行驶频繁发生,针对此问题,建议在易产生超速的路段设置标志、标线以警示驾驶员操作。在某些特殊路段或事故多发路段,可以通过增加强制减速设施达到减速目的,如:在隧道两侧下坡路段前方增设减速带或比利时路面。强制限速设施可以强制车辆保持低挡状态,使车辆维持在设计车速以内,减速措施实例如图4-21所示。

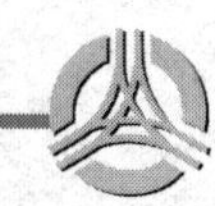

图 4-21　减速标线实例图

2. 改造和完善护栏

根据事故统计数据，翻车事故是山区公路的主要事故形态之一，而且翻车事故造成的死亡率远高于道路交通事故的平均死亡率，后果极为严重。翻车事故的重要原因之一是山区公路交通安全设施薄弱，护栏防撞等级过低，车辆冲出或跨越路侧护栏而导致事故发生。因此，对护栏的合理设置和改善时山区公路的治理重点。

1）护栏设置原则

护栏的设置以路侧具体的因素和条件为基础。若车辆驶出车道后比撞到护栏上更危险，则应该设置护栏。在实际工程实施中，如果道路一侧是悬崖、深沟等路侧危险等级非常高的点段，则应选择设置护栏；如果地势平坦，坡度很小则可以不设。护栏长度要达到规范规定的长度，否则就不能充分地实现其功能。《公路交通安全设施设计规范》（JTG D81—2006）规定：路侧护栏最小设置长度为 70m，两段路侧护栏之间相距不到 100m 时，宜在该两段之间连续设置。

护栏的端部应进行特殊处理，在护栏末端向道路净空一侧展开，以避免车辆碰撞护栏时被护栏端头穿透车厢发生致命的事故；同时向外展开的角度不宜过大，否则车辆碰撞护栏时接近于正面碰撞同样会增加事故的危险性。

2）提高护栏防撞等级

在安全治理工程中，应考虑根据安全运营的需要而设立高强度护栏。例如，在路侧风险等级高，大型货车比例较大或翻车事故频发的区段，可考虑使用加强型的钢板护栏，增加护栏的强度和防护效能。具体的措施有：改进护栏的形式，比如把双波形梁护栏改成三波形梁；加长立柱以确保足够的埋深，加大立柱密度；夯实立柱周围的土石等。

总之，护栏的设置与改善最终要体现防护功能和工程经济的整体化目标。

3. 设置紧急避险车道

坡度过陡和坡长过长是山区公路事故发生的主要致因之一，在此类点段设置紧急避险车道可以为失控车辆提供停车空间，有效地避免或减少事故的发生，降低事故的严重程度。避险车道实例如图 4-22 所示。

a)

b)

图 4-22　避险车道实例图

4. 设置车辆制动冷却降温装置

大型车在长下坡路段行驶中,制动器将长时间、连续地处于工作状态,制动器温度升高很快,重载或超载车辆即使少数几次制动,也会使制动器温度迅速升高,制动性能出现热衰退,从而出现制动失控导致事故发生。目前,对此行之有效的方法就是在坡道合适位置设置冷水冷却装置。车辆进入危险路段之前,制动系统在降温水槽中得到冷却。降温水槽设计应考虑大型货车超载的因素,有效水深应不低于 50cm,有效长度则不小于 50m,同时应设置标志进行诱导。制动冷却降温装置实例如图 4-23 所示。

图 4-23　制动冷却降温装置实例

第五章　交通安全管理

道路交通受人、车、路、环境等复杂因素综合影响，只要其中一个环节出现问题，就可能引发交通事故。交通事故目前已成为一个严重的社会问题，因此，世界各国都投入大量人力、物力、财力来研究减少和避免交通事故的政策和具体的管理措施。

所谓交通安全管理就是在对道路交通事故进行充分调查研究并认识其规律的基础上，由国家行政机关根据有关法律、法规、标准规范，采用科学的管理方法，在社会公众的积极参与下，对构成道路交通系统的人、车、路、交通环境等因素进行有效的组织、协调、控制，以实现防止事故发生、减少死伤人数和财产损失、保证道路交通安全、畅通的管理活动。

交通安全管理包含以下五层含义：

(1)交通安全管理的目标是减少交通事故的发生，保障道路交通安全、畅通，根本上是保证人们的生命财产安全。

(2)交通安全管理的主体是国家公安机关的交通管理职能部门。与此同时，道路交通安全管理需要全社会的广泛参与，包括运输企业、车辆制造维修检测单位、参与交通的驾驶员和行人等。因而，从广义上讲，交通安全管理的主体是以公安交通管理部门为主的社会各方面共同参与的共同力量。

(3)交通安全管理的客体是道路交通构成要素及其相互关系。道路交通管理的客体，从其外在形式上看，是由人、车、路、交通环境等要素构成的，而从其内在实质上看，是由受道路交通管理法规所调整和保护的各种道路交通法律关系构成的。

(4)道路交通安全管理的依据是道路交通管理法律、法规和有关技术规范。概括起来可分为三部分：第一部分是道路交通管理法律(以全国人大及其常委会为立法主体，如《中华人民共和国道路交通安全法》)、法规(包括国务院制定的法规和地方人大及其常委会制定的地方性法规)、规章(包括公安部制定的部委规章和地方人民政府制定的政府规章)；第二部分是与道路交通管理相关的法律、法规；第三部分是道路交通管理的相关技术规范。

(5)道路交通安全管理的基本职能是协调、控制。道路交通行政管理部门通过协调、控制道路交通构成要素及其相互关系，达到要素间的有序的动态平衡。

总体来讲，交通安全管理具有六大作用：

1. 对道路交通行动的规范作用

通过交通法规的制定、执行，规范交通参与者的行为规定交通行为的过程要求和处理原则，保证道路交通的有序进行。

2. 对道路交通安全的保障作用

通过一些系列强制性的管理活动，使所有交通参与者的行为统一于交通法规的原则和各项规定之下，从而减少交通冲突，降低事故发生率。

3. 对道路交通畅通的改善作用

通过对交通安全设施的科学设置和交通秩序的有效维护,减少交通堵塞,保障交通通畅。通过有效的交通管理,创造良好的交通条件,是各种运输工具发挥最大的效能,尽可能地提高道路的利用率,使运输企业和国家收到最大的经济效益和社会效益。

4. 对社会生活秩序的稳定作用

通过对交通事故的正确处理,化解矛盾,减少冲突,降低损失,保障社会安定,增加社会凝聚力。

5. 对道路交通功能的促进作用

通过系列的道路交通安全管理活动,保证汽车运输的通畅,减少环境污染,降低能源消耗,从而最大限度的发挥道路交通的功能,为国民经济建设服务。

6. 对精神文明建设的推动作用

通过交通安全的宣传教育,增强交通参与者的安全意识,帮助人们正确处理生产与安全、速度与效益、局部与全部、个体利益与国家利益等关系,推动精神文明建设进程。

第一节　机动车管理

机动车作为道路交通活动中最为主要的元素之一,在交通活动中具有复杂的多样性和变化性的特点,因此对道路交通的安全畅通、交通运输效益与环境等方面有重要的影响。

我国的机动车管理就是指公安机关交通管理部门依法对道路上行驶的机动车进行登记、核发牌证、安全检验以及对车辆制造和保修所实行的技术监督。其主要目的是延长车辆使用寿命,充分发挥运输效能,保证车辆良好的技术性能,尽可能减少交通事故,保证道路交通安全。

一、机动车登记

机动车登记是对机动车进行管理的重要手段,也是世界各国通行的管理机动车的做法。自从机动车问世之日起,就对其管理采取了登记制度,随着时间的演变,在不同时代呈现不同的特点与要求。在我国,《中华人民共和国道路交通安全法》颁布后,以法律的形式确定了我国的机动车登记制度;《中华人民共和国道路交通安全法实施条例》又进一步对我国的机动车登记制度作出了明确的规定。

1. 机动车的定义和分类

1)机动车的定义

“机动车”是指以动力装置驱动或牵引,上道路行驶的供人员乘用或者用于运送物品以及进行工程专项作业的轮式车辆。

机动车的含义包括以下几个方面:

(1)从动力上讲,以动力装置驱动或者牵引。

(2)从活动范围讲,要上道路行驶。

(3)从功能上讲,又分为三类:一是供人员乘用,二是运送物品;三是进行工程专项作业。

(4)属于轮式车辆。

2)机动车的分类

根据不同的分类标准,机动车的分类方法有很多种。例如,根据机动车使用的燃料可将机

动车分为汽油车、柴油车和燃气车。根据机动车的用途可将机动车分为家庭用机动车、营运客运机动车和营运货运机动车。

根据《中华人民共和国道路交通安全法》对机动车的定义，我国将机动车分为七类：汽车、摩托车、电车、轮式自行机械、农用运输车、拖拉机和挂车。其中根据车辆用途，又将汽车分为载货机动车和载客机动车。在机动车分类的基础上，根据机动车的型号、空车质量、载人载货质量标准还可将机动车按类别分为轻型、微型、小型、中型、大型、重型六种不同机动车规格。

2. 机动车登记的种类

我国的机动车登记是指公安车辆管理机关依法对民用机动车辆的车主、住址、电话、单位代码、居民身份证、车辆类型、厂牌型号以及车辆技术参数和车辆变更、转移、抵押、注销等情况所实行的记录手续。

我国《中华人民共和国道路交通安全法》第八条规定：国家对机动车实行登记制度。机动车经公安机关交通管理部门登记后，方可上道路行驶。尚未登记的机动车，需要临时上道路行驶的，应当取得临时通行牌证。

机动车的登记分为：注册登记、变更登记、转移登记、抵押登记和注销登记。

1）注册登记

初次申领机动车号牌、行驶证的，应当向机动车所有人住所地的公安机关交通管理部门申请注册登记。

申请注册登记，除国家机动车产品主管部门认定免于检验的车型外，应当到机动车安全技术检验机构对机动车进行安全技术检验，取得安全技术检验合格证明。申请注册登记时，应当填写《机动车注册登记/转入申请表》，提交法定证明、凭证，并交验机动车。提交的证明、凭证如下：

（1）机动车所有人的身份证明；

（2）购车发票等机动车来历证明；

（3）机动车整车出厂合格证明或者进口机动车进口凭证；

（4）车辆购置税完税证明或者免税凭证；

（5）机动车第三者责任强制保险凭证；

（6）法律、行政法规规定应当在机动车注册登记时提交的其他证明、凭证。

公安机关交通管理部门应当自受理申请之日起5日内，对机动车的车辆类型、厂牌型号、颜色、发动机代码、车辆识别代号（车架号码）的拓印模，提交的证明、凭证进行审查，合法机动车登记证书、号牌、行驶证和检验合格标志。

2）变更登记

变更登记主要包括下列情况：

（1）申请改变机动车车身颜色的、更换车身或者车架的，应当填写《机动车变更登记申请表》，提交法定证明、凭证。

（2）更换发动机的，机动车所有人应当于变更后10日内向公安机关交通管理部门申请变更登记，填写《机动车变更登记申请表》，提交法定证明、凭证，并交验机动车。

（3）机动车因质量有问题，制造厂更换整车的，机动车所有人应当于更换整车后向公安机关交通管理部门申请变更登记，填写《机动车变更登记申请表》，提交法定证明、凭证，并交验机动车。

(4)营运机动车改为非营运机动车或者非营运机动车改为营运机动车的、机动车所有人的住所迁出或者迁入公安机关交通管理部门管辖区域的,应当于变更后向公安机关交通管理部门申请变更登记,填写《机动车变更登记申请表》,提交法定证明、凭证。

(5)申请机动车转入的,应当填写《机动车注册登记/转入申请表》,提交机动车所有人的身份证明和机动车登记证书及相关凭证,并交验机动车。

申请机动车变更登记,提交的证明、凭证包括:

①机动车所有人的身份证明;

②机动车登记证书;

③机动车行驶证。

3)转移登记

已注册登记的机动车所有权发生转移的,应当及时办理转移登记。申请转移登记的,现机动车所有人应当与机动车交付之日起 30 日内,填写《机动车转移登记申请表》,提交法定证明、凭证,并交验机动车。超过检验有效期的,应当进行安全技术检验。

申请机动车转移登记,应当提交的证明、凭证包括:

(1)当事人的身份证明;

(2)机动车所有权转移的证明、凭证;

(3)机动车登记证书;

(4)机动车行驶证。

公安机关交通管理部门应当自受理申请之日起三日内,确认机动车。

机动车所有人的住所在公安机关交通管理部门管辖区域内迁移、机动车所有人的姓名(单位名称)或者联系方式变更的,应当向登记该机动车的公安机关交通管理部门备案。

现机动车所有人住所在公安机关交通管理部门管辖区内的,收回原行驶证,重新核发行驶证。需要改变机动车登记编号的,收回原号牌、行驶证,确定新的机动车登记编号,重新核发号牌、行驶证和检验合格标志。

4)抵押登记

抵押登记是指抵押人(机动车所有人)将已注册登记的机动车作为抵押物,凭借与抵押权人签订的有效合同,与抵押权人一起向机动车管辖地交警部门公安机关交通管理部门申请登记的行为。

机动车所有人将机动车作为抵押物抵押的,机动车所有人应当向登记该机动车的公安机关交通管理部门申请抵押登记。

经审查符合办理抵押登记的,《机动车登记证书》交抵押权人持有。抵押登记的车辆,不得办理过户、转入、转出等发生财产转移的登记,车辆办理发动机、车价变更等登记必须征得抵押权人,即《机动车登记证书》持有人的同意。车辆因抵押合同等债权、债务纠纷造成的财产转移,需要办理有关登记的,必须向公安机关出具相关部门提供的资料。

5)注销登记

注销登记是指已注册登记的机动车因达到国家规定的强制报废标准或灭失等原因无法继续行驶时,机动车所有人应当向公安机关交通管理部门申请办理登记的行为。

已达到国家强制报废标准的机动车,机动车所有人向机动车回收企业交售机动车时,应当

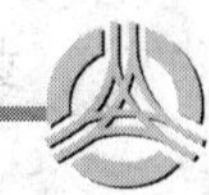

填写《机动车停驶、复驶/注销登记申请表》，提交机动车登记证书、号牌和行驶证。机动车回收企业应当确认机动车并解体，向机动车所有人出具《报废机动车回收证明》。机动车回收企业应当在机动车解体后7日内将《机动车停驶、复驶/注销登记申请表》、机动车登记证书、号牌、行驶证和《报废机动车回收证明》副本交回公安机关交通管理部门。公安机关交通管理部门应当自受理之日起一日内办理注销登记，在计算机登记系统内登记注销信息。

已注册登记的机动车达到国家规定的强制报废标准的，公安机关交通管理部门应当在报废期满的两个月前通知机动车所有人办理注销登记。机动车所有人应当在报废期满前将机动车交售给机动车回收企业，由机动车回收企业将报废的机动车登记证书、号牌、行驶证交公安机关交通管理部门注销。机动车所有人逾期不办理注销登记的，公安机关交通管理部门应当公告该机动车登记证书、号牌、行驶证作废。

因机动车灭失申请注销登记的，机动车所有人应当向公安机关交通管理部门申请注销登记，填写《机动车停驶、复驶/注销登记申请表》，并提交有关灭失证明。公安机关交通管理部门应当自受理之日起一日内办理注销登记，收回机动车登记证书、号牌和行驶证。对因机动车灭失无法交回号牌、行驶证的，公安机关交通管理部门应当公告作废。

机动车所有人因其他原因申请注销登记的，填写《机动车停驶、复驶/注销登记申请表》，公安机关交通管理部门应当自受理之日起一日内办理注销登记，收回机动车登记证书、号牌和行驶证。

3. 登记条件

公安机关管理部门应当自受理申请之日后规定时间内完成机动车登记审查工作，对符合规定条件的，应当发放机动车登记证书、号牌和行驶证；对不符合相关规定条件的，应不予登记，并向申请人说明理由。

(1)有下列情形之一的，不予办理注册登记：

①机动车所有人提交的证明、凭证无效的；

②机动车来历证明被涂改或者机动车来历证明记载的机动车所有人与身份证明不符的；

③机动车所有人提交的证明、凭证与机动车不符的；

④机动车未经国务院机动车产品主管部门许可生产或者未经国家进口机动车主管部门许可进口的；

⑤机动车的有关技术数据与国务院机动车产品主管部门公告的数据不符的；

⑥机动车达到国家规定的强制报废标准的；

⑦机动车属于被盗抢的；

⑧其他不符合法律、行政法规规定的情形。

(2)下列情形之一的，不予办理变更登记：

①属于不予办理注册登记情形之一的；

②机动车与该车的档案记载内容不一致的；

③机动车未被海关解除监管的；

④机动车在抵押期间的；

⑤机动车或者机动车被人民法院、人民检察院、行政执法部门依法查封、扣押的；

⑥机动车涉及未处理完毕的道路交通安全违法行为或者交通事故的。

(3)有下列情形之一,在不影响安全和识别号牌的情况下,机动车所有人不需要办理变更登记:可以自行变更:

①小型、微型载客汽车加装前后防撞装置;

②货运机动车加装防风罩、水箱、工具箱、备胎架等;

③增加机动车车内装饰等。

4. 机动车登记业务的基本岗位

机动车的登记机关为经公安部批准的具有确定注册机关代号和管辖区的各区、市、地(市、州、盟)公安机关交通管理部门。为了加强公安机关交通管理部门车辆管理岗位业务规范化建设,强化内部监督制约机制,机动车管理业务设以下岗位负责:

(1)机动车登记审核岗。查验申请人提供的有关手续是否齐全、真实、有效;复核机动车检验相关手续是否符合要求;暂扣非法手续;将车辆登记信息录入计算机。

(2)机动车牌证管理岗。通知车主缴纳税、费,查验缴纳税、费凭证;核发号牌;收回车辆照片;核发机动车行驶证、机动车登记证书和检验合格标志;管理计算机自动选牌系统,及时添加机动车号牌;受理申请检验合格标志,审核机动车所有人提交的行驶证、第三者责任强制保险凭证、安全技术检验合格证明;回收、销毁废旧牌证;与档案管理岗核对空白行驶证、机动车登记证书、检验合格标志、防伪膜用量,并做好登记;提请公安机关交通管理部门公告机动车登记证书、号牌和行驶证作废;做好牌证库的防潮、防火和防盗工作。

(3)业务领导岗。按职责和权限审核或审批机动车有关手续;审核进口机动车手续;检查监督各岗位的工作情况;掌握发牌发证数量;受理群众投诉;处理其他日常事务。

(4)机动车登记档案管理岗。清点全部手续是否齐全、真实、有效并核对计算机登记系统的信息;保管好空白行驶证、机动车登记证书、检验合格标志、防伪膜,与牌证管理岗核对发牌发证数量,防止空白证件流失;因涉嫌走私、盗抢、抢劫机动车案件侦查需要或其他业务需要,出具核对车辆档案的证明或车辆档案有关内容的复印件;做好档案(室)库的防潮、防火和防盗工作。

(5)嫌疑车辆调查岗。处理机动车业务岗位反映的涉嫌资料被套用、涂改或者有伪造嫌疑,涉嫌走私、盗窃、抢劫以及无进口证明、非法拼(组)装机动车的问题;对各岗位移交的嫌疑车辆资料进行调查,建立嫌疑车辆调查台账,按照有关规定开展调查;根据取得的证据和询问记录,对不能排除嫌疑的机动车,移交有关部门立案侦查,并按规定办理交接手续;对作出排除嫌疑结论的机动车,在《机动车登记业务流程记录单》上注明情况,附有关证据和询问记录,经业务领导审核后,交相应岗位继续办理登记业务;其他执法部门办理涉嫌走私、盗抢机动车案件需要查阅档案或出具证明时,负责接待并协助办理。

二、机动车的检验

机动车是一种速度较高,具有一定危险性的交通工具。上道路行驶的机动车的安全技术状况如何,不仅关系到该机动车驾驶员自身以及车上成员的生命和财产安全,而且还关系到道路上行驶的其他车辆和行人的生命和财产安全。因此,《中华人民共和国道路交通安全法》及其实施条例规定,按照国家机动车安全技术标准和规程等技术规范要求,对上路行驶的机动车

进行检验检测的活动。经检验合格的，有公安机关交通管理部门发给检验合格标志。未取得检验合格标志的车辆，不准上道路行驶。

1. 机动车安全检验的目的

通过对申请登记的机动车进行安全技术检验，可以判定机动车是否符合机动车国家安全技术标准，以便确定是否给予机动车登记、核发牌证，从管理的源头上确保机动车安全技术性能的良好。

通过对在用机动车的安全技术检验，可以督促机动车所有人及时维护车辆，确保机动车经常处于良好的安全技术状况，减少因车辆性能原因造成的交通事故。同时，通过检验还可以判定机动车是否达到强制报废条件，以便及时实施报废。

通过对肇事机动车进行安全技术检验，可以帮助交通事故处理人员查找事故原因，为确定事故赔偿责任提供依据。

通过对机动车的定期检测，可以掌握车辆使用情况，预防和打击利用车辆进行危害社会的活动。

公安机关交通管理部门将机动车检验中发现的普遍问题向机动车生产厂家和维修部门提供情况反馈，为厂家改进机动车产品质量以及提高机动车维修行业的维修质量，提供技术参考。

2. 机动车安全检验的种类

根据机动车的不同状况和公安交通管理工作的实际需要，机动车安全技术检验分为不同的种类。

1）初次检验

机动车辆为了申领行驶牌照而进行的检验称为初次检验。初次检验的目的，在于审核机动车是否具备申领牌证的条件，检验的内容为：是否有车辆使用说明书、合格证（进口车辆的商检证明），车体上的出厂标记是否齐备。对机动车内外轮廓尺寸及轮距、轴距进行测量。测量的具体项目是车长、车宽、车高、车厢栏板高度及面积、轮距、轴距等。按技术检验标准逐项进行。合格后，填写“机动车初检异动登记表”，并按原厂规定填写空车质量、装载质量、乘载人数、驾驶室乘坐人数。

2）定期检验

定期检验是对已经领取取得正式号牌和行驶证上路行驶的车辆，定期按照《机动车运行安全技术条件》国家标准进行的检验。定期检验的目的在于检查机动车的主要技术状况，督促加强机动车的维修维护，是机动车经常处于完好状态，确保机动车行驶安全。

《中华人民共和国道路交通安全法实施条例》规定：机动车应当从注册之日起，按照下列期限进行安全技术检验：

①营运载客汽车 5 年以内每年检验 1 次；超过 5 年的，每 6 个月检验 1 次；

②载货汽车和大型、中型非营运载客汽车 10 年以内每年检验 1 次；超过 10 年的，每 6 个月检验 1 次；

③小型、微型非营运载客汽车 6 年以内每 2 年检验 1 次；超过 6 年的，每年检验 1 次；超过 15 年的，每 6 个月检验 1 次；

④摩托车 4 年以内每 2 年检验 1 次；超过 4 年的，每年检验 1 次；

⑤拖拉机和其他机动车每年检验1次。

营运机动车在规定检验期限内经安全技术检验合格的,不再重复进行安全技术检验。

已注册登记的机动车进行安全技术检验时,机动车行驶证记载的登记内容与该机动车的有关情况不符,或者未按照规定提供机动车第三者责任强制保险凭证的,不予通过检验。

机动车定期检验的主要内容包括:

①检查发动机、底盘、车身及其附属设备是否清洁、齐全、有效,漆面是否均匀美观,各主要总成是否更换,与初检记录是否相符;

②检验车辆的制动性、转向操纵性、灯光、排气及其他安全性能是否符合机动车安全运行技术条件的要求;

③检验车辆是否经过改装、改型、改造、行驶证、号牌、车辆档案所有登记是否与现在车况相符,有无变化,是否办理了审批和异动、变更手续;

④号牌、行驶证及车上喷印的号牌放大字样有无损坏、涂改字迹不清等情况,是否需要更换;

⑤转籍、过户是否办理了规定的手续,在册机动车与实有机动车是否一致等。

办理机动车定期检验的车辆应当遵守以下规定:

①车主在接到车辆管理机关定期检验通知后,应当按照规定的时间、地点和要求参加审验。

②对于检验合格的车辆分别在行驶证和《机动车定期检验表》加盖印章。

③定期检验不合格的车辆,应在规定期限内修复,逾期仍不合格的,不能通过检验,并不准该机动车在道路上行驶,也不允许转籍。

④长期在外地执行任务不能按期参加检验的车辆,由车主提出申请,报经原籍车管所委托驻地车管所代为检验。检验后,将检验结果通知原籍车管所;因特殊情况不能按期参加年检的车辆,应事先向当地车管所申请延期。无故不参加年检的车辆,不准在道路上行驶,也不准转籍。

3)临时检验

临时检验是公安机关交通管理部门对申请临时牌照、车辆损坏修复后以及车辆管理机关认为有必要对机动车进行的检验。临时检验采取逐车检验的方法。

4)特殊检验

特殊检验是根据特定目的和特殊要求或配合司法部门对机动车进行的检验,主要是对交通事故车辆、与违法犯罪相关的车辆、执行特殊任务的车辆和改装、报废车辆等的检验。

特殊检验的内容根据特定目的而定。

5)技术监督

技术监督是指公安机关交通管理部门依法对机动车维护、维修单位的工作进行的技术监督。

3. 检验的方式、工位、项目及常用设备和工具

机动车安全技术检验是一项专业技术性很强的工作,《机动车安全检验项目和方法》对检验的方式、工位、项目、常用设备和工具作了具体规定。机动车安全检验的检验方式/工位/项目/常用设备和工具见表5-1。

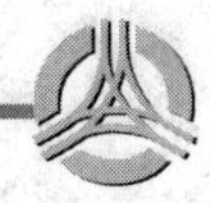

机动车安全检验的检验方式/工位/项目/常用设备和工具一览表　　表 5-1

检验方式	检验工位	检验项目	常用设备和工具
线外检验	外观检查	①车辆唯一性认定；②车身外观；③发动机舱；④驾驶室（区）；⑤发动机运转状况；⑥灯光信号；⑦客车内部；⑧底盘件；⑨车轮	轮胎气压表、轮胎花纹深度计、透光率计、钢卷尺（20m 和 5m 各一把）、钢直尺（50cm）、铅锤、转向盘转向力—转向角检测仪、照明器具
	底盘动态检验	①转向系；②传动系；③制动系	
线内检验	车速表	车速表指示误差	滚筒式车速表检验台
	排气污染物测量	①汽油车 CO、HC 容积浓度值（双怠速法、怠速法）；CO、HC 和 NO 容积浓度值（加速模拟工况法） ②柴油车 自由加速试验排气可见污染物限值：光吸收系数（m^{-1}）或烟度值（Rb）	汽油车排气分析仪 底盘测功机 滤纸式烟度计 不透光烟度计 发动机转速表 秒表
	台试制动性能检验	①轮（轴）重；②车轮阻滞力；③轮制动力；④左、右轮制动力过程差；⑤整车制动率；⑥驻车制动力	滚筒反力式制动检验台 平板式制动检验台、秒表 踏板力计、轮（轴）重仪
	转向轮横向侧滑量	转向轮的横向侧滑量	汽车侧滑检验台
	前照灯	①前照灯远光光束 远光光束发光强度、远光光束上下偏移量、远光光束左右偏移量 ②前照灯近光光束 近光光束的明暗截止线转角折点位置	前照灯检测仪 车辆摆正装置
	喇叭声级	喇叭声级	声级计
	地沟检查	①转向系检查；②传动系检查；③行驶系检查；④制动系检查；⑤底盘其他部件检查；⑥电器线路检查	专用手锤 汽车悬架转向系间隙检查仪
路试检验	行车制动	充分发出的平均减速度（MFDD）、制动协调时间、制动稳定性，或制动距离、制动稳定性	便携式制动性能测试仪 第五轮仪 非接触式速度仪 踏板力计
	驻车制动	驻车制动性能	
	车速表	车速表指示误差	第五轮仪等

注意事项：

①存在严重漏油、漏水等有损检验设备的车辆必须经过整改后上线检验；

②轴荷超过检验设备允许承载能力的车辆，多轴无法上线的车辆不得上线检验；

③无法在车速表检验台检验车速表指示误差的车辆，路试检验车速表指示误差；

④台试检验制动性能有质疑的或无法在制动检验台上检验的车辆应进行路试。

4. 机动车安全检验流程

《机动车安全检验项目和方法》(GA468—2004)的实施,目的是从源头上杜绝带病车辆、不合格车辆上路行驶。机动车安全检验流程见图5-1。

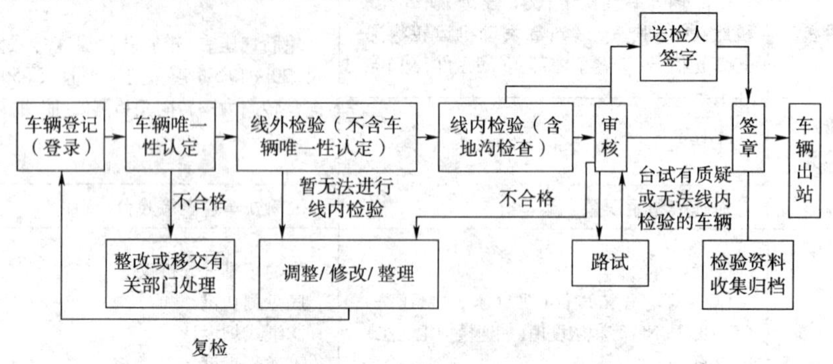

图5-1 机动车安全检验流程图

5. 检验方法、内容及基本要求

机动车安全检验的主要内容涉及车辆唯一性认定、机动车安全性能和减少公害三方面的内容。安全检验方式可分为线外检验、线内检验、路试检验三种基本检验方法。机动车安全检验机构必须严格按照规定进行机动车检验,填写检验记录单,向机动车所有人提供检验结果。

被检车辆应清洁,无明显漏油、漏水、漏气现象,轮胎完好、气压正常,胎冠花纹中无异物,发动机怠速正常。

1)线外检验

线外检验主要进行外观检查和底盘动态检验。

(1)外观检查。检查时车辆应停放在指定位置,并将发动机停转("发动机运转状况"项目检验除外)。各项检验的主要技术要求(见表5-2)应符合规定。

外观检查项目、主要技术要求 表5-2

序号	检验项目	内容	主要技术要求
1	车辆唯一性认定	车辆的号牌、车辆类型、厂牌型号、颜色、发动机号码、VIN代码/车架号等主要特征参数	车辆的号牌、车辆类型、厂牌型号、颜色、发动机号码、VIN代码/车架号应与机动车注册登记资料一致
2	车身外观	保险杠	保险杠应无明显变形、损坏
		后视镜、下视镜、车窗玻璃	机动车(挂车除外)必须在左右各设置一面后视镜;安装、调节及视野范围应符合规定;车长大于6m的平头客车、无轨电车和平头载货汽车车前应设置一面下视镜,下视镜完好;车窗玻璃应完好,不得张贴镜面反光遮阳膜
		车体周正	车体应周正,车体外缘左右对称部位高度差不得大于40mm
		后悬	应符合GB 7258的要求
		货箱底板、栏板	货箱与车架连接牢固、底板平整、栏板铰链及栏板锁栓齐全有效
		外廓尺寸、货箱内部尺寸	货箱尺寸及货箱内部尺寸,应符合要求
		车辆喷涂(各省自定)、漆面	放大号及门徽应按规定喷制,漆面完好

续上表

序号	检验项目	内　容	主要技术要求
3	发动机舱	发动机各系统机件	机件应齐全、有效
		蓄电池桩头及连线	应牢固、安全、可靠
		电器导线、各种管路	电器导线捆扎、布置、固定、绝缘保护等情况应完好。各种管路完好,固定可靠
		液压制动储液器	储液器的液面高度应符合规定且无泄漏
4	驾驶室(区)	驾驶员坐椅/驾驶室固定	驾驶员坐椅应固定可靠、位置可调整;驾驶室固定应可靠
		前风窗玻璃、两侧窗玻璃	前风窗玻璃及两侧窗玻璃应完好;驾驶员两侧窗玻璃的可见光透射比必须大于或等于50%
		刮水器/洗涤器	刮水器、洗涤器工作应正常
		门锁、铰链	应牢固可靠
		安全带	齐全有效
		汽车行驶记录仪	长途客车应安装符合规定的汽车行驶记录仪,工作正常。其固定、连接应可靠
5	发动机运转状况	起动性能、怠速、电源充电、仪表	发动机应能正常起动;各仪表工作正常;电源系统充电正常;怠速运转稳定
		加速踏板控制	发动机加、减速反应正常,应无"回火"和"放炮"现象
		水温、油压	水温、油压指示应正常
		关电熄火	关闭点火开关后能正常熄火
		柴油车停机装置	应灵活有效
6	灯光信号	前后位灯、后牌照灯、示廓灯、挂车标志灯、倒车灯	齐全、完好
		前照灯(远光、近光)	近光不得眩目,远近光变换自如。不允许左、右的远、近光灯交叉点亮
		转向信号灯(前、后、侧),危险报警闪光灯	齐全、有效
		倒车灯、制动灯	齐全、有效。制动灯的亮度应明显大于后位灯
		后反射器、侧反射器、侧标志灯	后反射器应齐全有效;车长大于10m的机动车应安装侧反射器和侧标志灯,汽车列车的挂车必须装有侧反射器
		前、后雾灯	后雾灯必须配备
7	客车内部	坐椅/卧铺位、扶手和行李架	安装应牢固可靠;坐椅间距应符合规定;卧铺客车的卧铺排列和尺寸应符合GB/T 16887—1997的规定。每个卧铺均有两点式汽车安全带。卧铺客车不得设置车外顶行李架,其他客车的车外顶行李架长度不得超过车长的三分之一
		安全带	对卧铺客车检查每个铺位的安全带是否齐全有效;对长途客车和旅游客车检查驾驶员坐椅及前面没有护栏的坐椅的安全带应齐全、有效

续上表

序号	检验项目	内　容	主要技术要求
7	客车内部	客车地板	客车地板应密封良好
		通道、安全出口	通向安全门的乘客通道宽度应不小于300mm。采用动力开启的乘客门应具有应急开启装置。安全门开启时应报警,关闭时应能锁止
		车厢灯、门灯、灭火器、击碎安全出口玻璃专用手锤	车厢灯、门灯应齐全、有效。座位数大于9的客车应配置灭火器,安装牢固并便于取用。击碎安全出口处玻璃专用手锤等应符合要求
8	底盘件	燃料箱、燃料箱盖	燃料箱及燃料管路应固定可靠;燃料箱盖应关闭可靠。不允许用户加装燃料箱
		挡泥板/牵引钩、蓄电池、蓄电池架	挡泥板齐全、完好;牵引钩应安装牢固;蓄电池、蓄电池架安装应牢固、可靠
		贮气筒排污阀	排污阀排污、关闭功能应正常
		钢板弹簧	钢板弹簧不得有裂纹和断片现象,其弹簧形式、片数应符合产品使用说明书的规定
		侧面及后下部防护装置	对于厂定最大总质量大于3500kg的载货汽车和挂车应装备符合要求的侧面及后下部防护装置,在空载状态检查。侧面防护装置下缘离地高度应不大于550mm。后下部防护装置整个宽度上的下边缘离地高度应不大于450mm(后下部防护装置的状态可以调整),下边缘离地高度应不大于550mm(后下部防护装置的状态不可以调整),其强度要求应符合GB 115672—2001有关规定 注:对结构本身已具备防护功能的除外
		牵引连接装置	牵引车与被牵引车的连接装置应连接牢固,并装有防止车辆行驶中脱开的安全装置。牵引车和挂车之间装备有效的侧面防护装置
9	车轮	轮胎及轮胎螺栓、半轴螺栓	转向轮不得安装翻新轮胎;轮胎型号、速度等级、负载能力应符合出厂规定;同轴轮胎的花纹应相同;轮胎的胎面和胎壁上不得有长度超过25mm或深度足以暴露出帘布层的破裂和割伤;轮胎充气压力(用轮胎气压表检验)、轮胎胎冠花纹深度(必要时用轮胎花纹深度尺检验)等均应符合要求;轮胎螺栓,半轴螺栓齐全并按规定扭力紧固

(2)车辆唯一性认定。核对车辆的号牌、车辆类型、厂牌型号、颜色、发动机号码、VIN代码/车架号,检查VIN代码/车架号和发动机号码有无被凿改嫌疑,必要时应检查车辆的外廓尺寸等主要特征技术参数,确认与机动车注册登记资料是否一致。

(3)底盘动态检验。车辆静止时,检验员检验转向盘的最大自由转动量;起步并行驶一段

距离，检验离合器、变速器换挡、转向系；车速在20km/h时，施加部分制动后迅速放松踏板，检验是否有制动跑偏现象；对于气压制动汽车，停车后检查制动气压。各项检验的主要技术要求应符合表5-3规定。

底盘动态检验项目、主要技术要求　　表5-3

序号	检验项目	内容	主要技术要求
1	转向系	转向盘最大自由转动量	从中间位置向左或向右自由转动量均不得大于： ①最大车速大于或等于100km/h的机动车10°； ②三轮汽车22.5°； ③其他机动车15°
		转向沉重、自动回正能力	转向力正常。转向后，转向盘应具有自动回正能力
		保持直线行驶能力	车辆应具有保持直线行驶能力
2	传动系	离合器	离合器接合时应平稳、无打滑、沉重、抖动、异响或分离不彻底现象
		变速器	应能正常换挡，应有挡位标志，倒挡能锁止
		传动轴/链	运行中传动轴/链应无异响
		驱动桥	驱动桥的主减速器和差速器应无异响
3	制动系	点制动跑偏(20km/h)	车辆应无明显跑偏现象，制动协调时间和释放时间应无异常
		低气压报警装置	制动系统的气压低于400kPa时低压报警装置应发出报警信号
		弹簧储能制动器	在低气压时弹簧储能制动器自锁装置应正常有效

2）线内检验

车辆上线检验前，应对检测设备/仪器进行检查，保证其工作正常。各项线内检验的技术要求应符合《机动车运行安全技术条件》(GB 7258—2004)相关条款规定。

3）路试检验

路试检验机动车制动性能时，应在纵向坡度不大于1%、轮胎与地面间的附着系数不小于0.7的硬实、清洁、干燥的水泥或沥青路面上进行。检验时变速器置于空挡。

(1)行车制动性能检验。用制动距离检验机动车制动性能时，机动车在规定的初速度下的制动距离和制动稳定性要求应符合表5-4的规定。对空载检验的制动距离有质疑时，可用表5-4规定的满载检验制动距离要求进行。

对于无法上制动检验台检验的车辆及经台架检验后对其制动性能有质疑的车辆，用制动距离或者充分发出的平均减速度和制动协调时间判定制动性能。必要时应安装踏板力计，检查达到规定制动效能时的制动踏板力是否符合标准。

制动距离：指机动车在规定的初速度下急踩制动时，从脚接触制动踏板(或手触动制动手柄)时起至机动车停止时机动车行驶过的距离。

制动稳定性要求：指制动过程中机动车的任何部位(不计入车宽的部位除外)不允许超出规定宽度的实验通道的边缘线。

制动距离和制动稳定性要求　　表 5-4

机动车类型	制动车速度(km/h)	满载检验制动距离要求(m)	空载检验制动距离要求(m)	试验通道宽度(m)
三轮汽车	20	≤5.0		2.5
乘用车	50	≤20.0	≤19.0	2.5
总质量不大于 3500kg 的低速货车	30	≤9.0	≤8.0	2.5
其他总质量不大于 3500kg 的汽车	50	≤22.0	≤21.0	2.5
其他汽车、汽车列车	30	≤10.0	≤9.0	3.0

(2)应急制动性能检验。汽车(三轮车除外)在空载和满载状态下,按表 5-5 所列初速度进行应急性能检验,应急制动性能应符合表 5-5 的要求。

应急制动性能要求　　表 5-5

机动车类型	制动初速度(km/h)	制动距离(m)	充分发出的平均减速度(m/s^2)	允许操纵力不应大于(N)	
				手操纵	脚操纵
乘用车	50	≤38.0	≥2.9	400	500
客车	30	≤18.0	≥2.5	600	700
其他汽车(三轮汽车除外)	30	≤20.0	≥2.2	600	700

(3)驻车制动。在空载状态下,驻车制动装置应能保证机动车在坡度为 20%(对总质量为装备质量的 1.2 倍以下的机动车为 15%)、轮胎与路面间的附着系数不小于 0.7 的坡道上正、反两个方向保持固定不动,其时间不应少于 5min。对于允许挂接挂车的汽车,其驻车制动装置必须能使汽车列车在满载的状态下时能停在坡度为 12% 的坡道(坡道上轮胎与路面间的附着系数不小于0.7)上。

另外,在规定的测试状态下,机动车使用驻车制动装置能停在坡度值更大且附着力符合要求的实验坡道上时,应视为达到了驻车制动性能检验规定的要求。

三、机动车检验机构管理

机动车安全检验机构,是指在中华人民共和国境内,依法接受委托,从事机动车安全技术检验,并向社会出具公正数据的技术机构。

1. 对机动车安全检验机构的规定要求

根据《中华人民共和国道路交通安全法》的规定,机动车的安全技术检验实行社会化。机动车安全技术检验实行社会化的地方,任何单位不得要求机动车到指定的场所进行检验。公安机关交通管理部门、机动车安全技术检验机构不得要求机动车到指定的场所进行维修、维护。

对提供机动车行驶证和机动车第三者责任强制保险单的,机动车安全技术检验机构应当予以检验,任何单位不得附加其他条件。对符合机动车国家安全技术标准的,公安机关交通管理部门应当发给检验合格标志。

机动车安全技术检验机构对机动车检验收取费用,应当严格执行国务院价格主管部门核

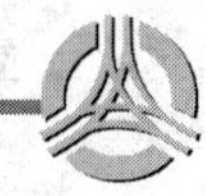

定的收费标准。

2. 安全检验机构的设置原则

安全检验机构的设置,应当遵循统筹规划、合理布局、方便检测、数量控制的原则。

各省级质量技术监督部门应当结合本行政区域内机动车安全技术检验工作的需要,提出本行政区域的安全检验机构数量、规模等设置规划,报国家质检总局批准后执行;设置规划未经国家质检总局批准,不得设置安全检验机构。

3. 安全检验机构的检验资格

检验资格分为常规检验资格和特殊检验资格。取得常规检验资格的安全检验机构可以承担申请机动车注册登记时的初次检验和定期检验;取得特殊检验资格的安全检验机构可以承担肇事、改装和报废等机动车的特殊检验。

国家对安全检验机构实施检验资格许可制度。安全检验机构必须依照国家有关法律法规和本规定的规定,经省级以上质量技术监督部门资格考核,取得安全检验机构检验资格许可证书,方可在许可的范围内从事相关机动车安全技术检验活动。未取得安全检验机构检验资格许可证书的,不得从事机动车安全技术检验活动。

安全检验机构的常规检验资格由安全检验机构所在地省级质量技术监督部门实施许可申请的受理、审查和决定;安全检验机构的特殊检验资格由安全检验机构所在地省级质量技术监督部门实施许可申请的受理,由国家质检总局实施许可申请的审查和决定。

申请安全检验机构检验资格许可,应当向所在地省级质量技术监督部门提交以下申请材料:

(1)申请书;

(2)申请人法人证明;

(3)计量认证证书;

(4)安检人员考核合格证明及复印件;

(5)计量器具检定证书及复印件;

(6)检测线配置明细以及检测设备清单;

(7)检测用厂房及地理位置、场地平面图,相应所有权或合法使用权证明及复印件;

(8)其他有关证明材料。

省级质量技术监督部门接到申请后,应当按照《中华人民共和国行政许可法》关于许可受理的规定,根据申请不同情况,分别作出处理。对应当由国家质检总局实施审查和决定的申请,省级质量技术监督部门受理后,应当在5个工作日内将全部申请材料报送国家质检总局。国家质检总局和省级质量技术监督部门在受理申请后,应当按照职责分工及时组织有关人员对申请人进行审查,审查包括资料审查和实地考察。

国家质检总局和省级质量技术监督部门对申请人进行审查后,应当按照职责分工,根据《中华人民共和国行政许可法》关于许可审查和决定的程序、期限等规定,作出是否批准检验资格的决定。

对批准安全检验机构常规检验资格的,由省级质量技术监督部门为申请人颁发安全检验机构检验资格证书和检验专用印章;对批准安全检验机构特殊检验资格的,由国家质检总局为申请人颁发安全检验机构检验资格证书和检验专用印章。安全检验机构常规检验和特殊检验资格证书的编号、式样、印制，由国家质检总局统一管理。

安全检验机构检验资格证书有效期为3年。安全检验机构检验资格有效期满，继续从事机动车安全技术检验活动的，应当于期满前3个月内向省级质量技术监督部门重新提出申请；申请的受理、审查和决定按照本规定执行。

4. 申请检验资格许可的条件

申请取得安全检验机构检验资格许可，应当具备以下基本条件：

（1）具有法人资格；

（2）经省级以上质量技术监督部门计量认证，取得计量认证证书，并在认证合格有效期内；

（3）有12名以上具有相应机动车安全技术检验业务知识，并经省级以上质量技术监督部门考核合格的从事机动车安全技术检验工作的技术人员；

（4）有严格完备的工作管理制度，有完整的机动车安全技术检验标准和规程等技术规范文件资料；

（5）机动车安全技术检验设备已通过合法有效的形式认定，在用计量器具经质量技术监督部门授权的计量技术机构计量检定合格，并在检定有效期内；

（6）具备与质量技术监督部门和有关部门信息联网的设施；

（7）有相应的停车场地、行车跑道和检验制动器的驻坡台，进、出、停车场地标志标线明显，出入口视线良好，不影响公共交通；

（8）检验厂房宽敞、明亮、防雨，通风照明设备完好，消防安全设备齐全，检测线布置合理，便于流水作业；

（9）拥有申报所承担的检测车辆类型和项目所需的侧滑、灯光、轴重、制动、排放、噪声、速度等必要的能够满足机动车安全技术检验的设备及其校准设备。

申请取得安全检验机构特殊检验资格许可，除具备前款规定条件外，还应当具备与从事特殊检验相适应的2名以上高级技术人员和必要设备等条件。

5. 安全检验机构行为规范

安全检验机构应当在许可的检验资格范围内，依法接受委托，严格按照检验标准和规程等技术规范开展机动车安全技术检验，并及时向委托人出具检测结果，不得伪造检测数据。安全检验机构应当保持与质量技术监督部门和有关部门电子监管信息系统联网通畅，提供机动车安全技术检验信息准确、及时、可靠。

安全检验机构应当确保在用设备正常完好，对在用计量器具依法进行计量检定，并按照质量技术监督部门的要求定期参加检验能力比对试验。安全检验机构应当建立健全各项规章制度；建立健全机动车安全技术检验档案，按照国家有关规定对检验结果和有关技术资料进行保存，有保密要求的，应当遵守保密规定。安全检验机构应当加强机动车安全技术检验人员培训和内部管理，不断提高检验服务水平。

安全检验机构应当接受质量技术监督部门的监督检查和管理，每年12月底之前向质量技术监督部门提交年度工作报告。年度工作报告内容应当包括：

（1）法人注册等有关基本情况；

（2）机动车安全技术检验业务开展情况以及收费情况；

(3)在用设备的使用情况和计量器具检定情况;

(4)检验人员考核情况;

(5)其他遵纪守法情况。

安检机构在机动车安全技术检验活动中发现普遍性质量安全问题的,应当在5个工作日内向质量技术监督部门等有关部门报告,以便及时将信息反馈到车辆制造维修部门,避免类似的质量缺陷。

安检机构应当按照国家有关规定收取检验费用,独立接受委托、开展机动车安全技术检验活动,不受任何第三方影响。

四、机动车的报废

国家实行机动车强制报废制度,根据机动车的安全技术状况和不同用途,规定不同的报废标准。已注册登记的机动车达到国家规定的强制报废标准的,公安机关交通管理部门应当在报废期满的2个月前通知机动车所有人办理注销登记。机动车所有人应当在报废期满前将机动车交售给机动车回收企业,由机动车回收企业将报废的机动车登记证书、号牌、行驶证交公安机关交通管理部门注销。机动车所有人逾期不办理注销登记的,公安机关交通管理部门应当公告该机动车登记证书、号牌、行驶证作废。

凡在我国境内注册登记的机动车,属下列情况之一的应强制报废:

(1)达到使用年限的;

(2)经修理和调整仍不符合机动车国家安全技术标准的;

(3)经修理和调整或者采用排放控制技术后,排气污染物及噪声不符合在用机动车排放国家标准的;

(4)因故损坏,车辆发动机、车架(或承载式车身)需要更换的;

(5)因故损坏,车辆发动机、车架(或承载式车身)之一需要更换,且变速器总成、驱动桥总成、非驱动桥总成、转向系统、前悬架、后悬架中3个或3个以上总成需要更换的;

(6)在1个机动车安全技术检验周期内连续3次检验不合格的;

(7)在检验合格有效期届满后连续2个机动车安全技术检验周期内未参加检验或者未取得机动车检验合格标志的。

五、法定保险

《中华人民共和国道路交通安全法》第十七条规定:“国家实行机动车第三者责任强制保险制度,设立道路交通事故社会救助基金。具体办法由国务院规定。”这意味着,全国所有上路行驶的机动车都必须投保第三者强制责任险。这是中国第一次以法律的形式明确提出机动车必须强制投保第三者责任险,而此前第三者责任险只是一个附加险种,不具有强制性。

所谓机动车强制险是指机动车在使用过程中发生道路交通事故,致使第三者遭受人身伤亡和财产的直接损失,被保险人依法承担对受害人的赔偿责任,由保险公司在规定的保险责任限额内承担的一种强制保险,即指以汽车所有人或使用人对汽车事故受害人应当承担的损害赔偿责任为标准的责任保险。

未参加第三者强制保险的车辆肇事或者肇事后逃逸的,由该基金先垫付部分或全部抢救费用,该基金管理机构有权向事故责任人追偿。交警部门已不能再指定预付抢救治疗费用,也不能收缴当事人交通事故保证金。

第二节 驾驶员管理

随着我国社会经济的迅速发展以及人民生活水平的不断提高,汽车作为现代化交通工具越来越普及,导致了我国的机动车驾驶员数量迅速增长。由于驾驶员队伍不断壮大,由此带来的行车违章、交通肇事现象也层出不穷,道路事故频发已成为“社会顽疾”,2005 年,全国机动车驾驶员交通肇事 417355 起,造成 91062 人死亡,分别占总数的 92.7% 和 92.2%。因此,必须依靠全社会力量,加强驾驶员的管理工作,严格驾驶员准入机制,完善驾驶员管理制度;根据驾驶职业特点和驾驶员心理特点,加强培训,提高驾驶员的整体素质。

一、驾驶员的基本条件

驾驶机动车,应当依法取得机动车驾驶证。

申请机动车驾驶证,应当符合国务院公安部门规定的驾驶许可条件;经考试合格后,由公安机关交通管理部门发给相应类别的机动车驾驶证。

申请机动车驾驶证的人,应当符合下列规定:

1. 年龄条件

(1)申请小型汽车、小型自动挡汽车、轻便摩托车准驾车型的,在 18 周岁以上,70 周岁以下;

(2)申请低速载货汽车、三轮汽车、普通三轮摩托车、普通二轮摩托车或者轮式自行机械车准驾车型的,在 18 周岁以上,60 周岁以下;

(3)申请城市公交车、中型客车、大型货车、无轨电车或者有轨电车准驾车型的,在 21 周岁以上,50 周岁以下;

(4)申请牵引车准驾车型的,在 24 周岁以上,50 周岁以下;

(5)申请大型客车准驾车型的,在 26 周岁以上,50 周岁以下。

2. 身体条件

(1)身高:申请大型客车、牵引车、城市公交车、大型货车、无轨电车准驾车型的,身高为 155cm 以上。申请中型客车准驾车型的,身高为 150cm 以上;

(2)视力:申请大型客车、牵引车、城市公交车、中型客车、大型货车、无轨电车或者有轨电车准驾车型的,两眼裸视力或者矫正视力达到对数视力表 5.0 以上。申请其他准驾车型的,两眼裸视力或者矫正视力达到对数视力表 4.9 以上;

(3)辨色力:无红绿色盲;

(4)听力:两耳分别距音叉 50cm 能辨别声源方向;

(5)上肢:双手拇指健全,每只手其他手指必须有三指健全,肢体和手指运动功能正常;

(6)下肢:运动功能正常。申请驾驶手动挡汽车,下肢不等长度不得大于 5cm。申请驾驶自动挡汽车,右下肢应当健全;

(7)躯干、颈部:无运动功能障碍。

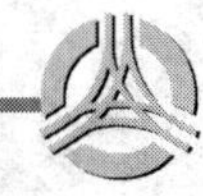

3. 有下列情形之一的，不得申请机动车驾驶证

(1)有器质性心脏病、癫痫病、美尼尔氏症、眩晕症、癔病、震颤麻痹、精神病、痴呆以及影响肢体活动的神经系统疾病等妨碍安全驾驶疾病的；

(2)吸食、注射毒品、长期服用依赖性精神药品成瘾尚未戒除的；

(3)吊销机动车驾驶证未满两年的；

(4)造成交通事故后逃逸被吊销机动车驾驶证的；

(5)驾驶许可依法被撤销未满三年的；

(6)法律、行政法规规定的其他情形。

二、驾驶员培训管理

2005 年，全国三年以下驾龄机动车驾驶员肇事共导致 31534 人死亡，占全部机动车驾驶员肇事导致死亡总数的 31.9%。其中，一年以下驾龄驾驶员肇事造成 12674 人死亡，占全部机动车驾驶员肇事导致死亡总数的 12.8%。这使得交通安全形势日趋严峻，驾驶员的整体素质亟待提高，驾驶员的培训工作必须规范化、制度化、长期化。

2006 年，交通部发布了《机动车驾驶员培训管理规定》(交通部令 2006 年第 2 号)，使我国机动车驾驶员的培训工作进一步走向规范化、制度化。规定发布目的是为了规范机动车驾驶员培训经营活动，维护机动车驾驶员培训市场秩序，保护各方当事人的合法权益。《机动车驾驶员培训管理规定》明确指出，机动车驾驶员培训实行社会化，从事机动车驾驶员培训业务应当依法经营，诚实信用，公平竞争。

1. 驾驶员培训业务概念

机动车驾驶员培训业务是指以培训学员的机动车驾驶能力或者以培训道路运输驾驶员员的从业能力为教学任务，为社会公众有偿提供驾驶培训服务的活动，包括对初学机动车驾驶员员、增加准驾车型的驾驶员员和道路运输驾驶员员所进行的驾驶培训、继续教育以及机动车驾驶员培训教练场经营等业务。

2. 经营许可分类

机动车驾驶员培训依据经营项目、培训能力和培训内容实行分类许可。

机动车驾驶员培训业务根据经营项目分为普通机动车驾驶员培训、道路运输驾驶员从业资格培训、机动车驾驶员培训教练场经营三类。

普通机动车驾驶员培训根据培训能力分为一级普通机动车驾驶员培训、二级普通机动车驾驶员培训和三级普通机动车驾驶员培训三类。

获得一级普通机动车驾驶员培训许可的，可以从事三种(含三种)以上相应车型的普通机动车驾驶员培训业务；获得二级普通机动车驾驶员培训许可的，可以从事两种相应车型的普通机动车驾驶员培训业务；获得三级普通机动车驾驶员培训许可的，只能从事一种相应车型的普通机动车驾驶员培训业务。

道路运输驾驶员从业资格培训根据培训内容分为道路客货运输驾驶员从业资格培训和危险货物运输驾驶员从业资格培训两类。

获得道路客货运输驾驶员从业资格培训许可的，可以从事经营性道路旅客运输驾驶员、经营性道路货物运输驾驶员的从业资格培训业务；获得危险货物运输驾驶员从业资格培训许可的,可以从事道路危险货物运输驾驶员的从业资格培训业务。

获得道路运输驾驶员从业资格培训许可的,还可以从事相应车型的普通机动车驾驶员培训业务。

获得机动车驾驶员培训教练场经营许可的,可以从事机动车驾驶员培训教练场经营业务。

3. 经营条件

1)从事普通机动车驾驶员培训业务

申请从事普通机动车驾驶员培训业务的,应当符合下列条件:

(1)有健全的培训机构,包括教学、教练员、学员、质量、安全、结业考试和设施设备管理等组织机构,并明确负责人、管理人员、教练员和其他人员的岗位职责。

(2)有健全的管理制度,包括安全管理制度、教练员管理制度、学员管理制度、培训质量管理制度、结业考试制度、教学车辆管理制度、教学设施设备管理制度、教练场地管理制度、档案管理制度等。

(3)有与培训业务相适应的教学人员:

①有与培训业务相适应的理论教练员。理论教练员应当持有机动车驾驶证,年龄不超过60周岁,具有汽车及相关专业中专以上学历或者汽车及相关专业中级以上技术职称,具有两年以上安全驾驶经历,熟练掌握道路交通安全法规、驾驶理论、机动车构造、交通安全心理学、常用伤员急救等安全驾驶知识,了解教育学、教育心理学的基本教学知识,具备编写教案、规范讲解的授课能力。理论教练员总数的80%应当经全国统一考试合格,持有《中华人民共和国机动车驾驶培训教练员证》(以下简称《教练员证》)。

②有与培训业务相适应的驾驶操作教练员。驾驶操作教练员应当持有相应的机动车驾驶证,年龄不超过60周岁,具有汽车及相关专业中专或者高中以上学历,符合一定的安全驾驶经历和相应车型驾驶经历,熟练掌握道路交通安全法规、驾驶理论、机动车构造、交通安全心理学和应急驾驶的基本知识,熟悉车辆维护和常见故障诊断、车辆环保和节约能源的有关知识,具备驾驶要领讲解、驾驶动作示范、指导驾驶的教学能力。驾驶操作教练员总数的90%应当经全国统一考试合格,持有《教练员证》。

③所配备的理论教练员数量应当不少于教学车辆总数的10%;每种车型所配备的相应驾驶操作教练员应当不少于该种车型车辆总数的110%。

(4)有与培训业务相适应的管理人员。管理人员包括理论教学负责人、驾驶操作训练负责人、教学车辆管理人员、结业考核人员和计算机管理人员。

(5)有必要的教学车辆:

①所配备的教学车辆应当符合国家有关技术标准要求,并装有副后视镜、副制动踏板、灭火器及其他安全防护装置。

②从事一级普通机动车驾驶员培训的,应当配备大型客车、通用货车半挂车(牵引车)、城市公交车、中型客车、大型货车、小型汽车(含小型自动挡汽车)、低速汽车(含低速载货汽车、三轮汽车)、摩托车(含普通三轮摩托车、普通二轮摩托车、轻便摩托车)、其他车型(含轮式自行机械车、无轨电车、有轨电车)九类车型中三种(含三种)以上的车型,所配备的教学车辆不少于50辆,且每种车型的教学车辆不少于5辆;从事二级普通机动车驾驶员培训的,应当配备上述九类车型中的两种车型,所配备的教学车辆不少于20辆,且每种车型的教学车辆不少于

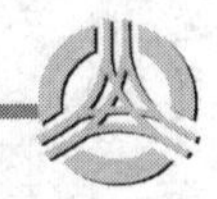

5 辆；从事三级普通机动车驾驶员培训的，应当配备上述九类车型中的一种车型，且所配备的教学车辆不少于 10 辆。

(6)有必要的教学设施、设备和场地。

2)从事道路运输驾驶员从业资格培训业务

申请从事道路运输驾驶员从业资格培训业务的，应当具备下列条件：

(1)具备相应车型的普通机动车驾驶员培训资格。从事道路客货运输驾驶员从业资格培训业务的，应当同时具备大型客车、城市公交车、中型客车、小型汽车(含小型自动挡汽车)四种车型中至少一种车型的普通机动车驾驶员培训资格和通用货车半挂车(牵引车)、大型货车两种车型中至少一种车型的普通机动车驾驶员培训资格。

从事危险货物运输驾驶员从业资格培训业务的，应当具备通用货车半挂车(牵引车)、大型货车两种车型中至少一种车型的普通机动车驾驶员培训资格。

(2)有与培训业务相适应的教学人员。从事道路客货运输驾驶员从业资格培训业务的，应当配备 2 名以上教练员。教练员应当具有汽车及相关专业大专以上学历或者汽车及相关专业高级以上技术职称，熟悉道路旅客运输法规、货物运输法规以及机动车维修、货物装卸保管和旅客急救等相关知识，具备相应的授课能力，具有两年以上从事普通机动车驾驶员培训的教学经历，且近两年无不良的教学记录。教练员总数的 90% 应当经全国统一考试合格，持有《教练员证》。

从事危险货物运输驾驶员从业资格培训业务的，应当配备 2 名以上教练员。教练员应当具有化工及相关专业大专以上学历或者化工及相关专业高级以上技术职称，熟悉危险货物运输法规、危险化学品特性、包装容器使用方法、职业安全防护和应急救援等知识，具备相应的授课能力，具有两年以上化工及相关专业的教学经历，且近两年无不良的教学记录。教练员总数的 90% 应当经全国统一考试合格，持有《教练员证》。

(3)有必要的教学设施、设备和场地。从事道路客货运输驾驶员从业资格培训业务的，应当配备相应的机动车构造、机动车维护、常见故障诊断和排除、货物装卸保管、医学救护、消防器材等教学设施、设备和专用场地。

从事危险货物运输驾驶员从业资格培训业务的，还应当同时配备常见危险化学品样本、包装容器、教学挂图、危险化学品实验室等设施、设备和专用场地。

3)申请从事机动车驾驶员培训教练场经营业务的条件

申请从事机动车驾驶员培训教练场经营业务的，应当具备下列条件：

(1)有与经营业务相适应的教练场地。

(2)有与经营业务相适应的场地设施、设备，办公、教学、生活设施以及维护服务设施。

(3)具备相应的安全条件，包括场地封闭设施、训练区隔离设施、安全通道以及消防设施、设备等。

(4)有相应的管理人员，包括教练场安全负责人、档案管理人员以及场地设施、设备管理人员。

(5)有健全的安全管理制度，包括安全检查制度、安全责任制度、教学车辆安全管理制度以及突发事件应急预案等。

机动车驾驶员培训许可证件实行有效期制。从事普通机动车驾驶员培训业务和机动车驾驶员培训教练场经营业务的证件有效期为6年;从事道路运输驾驶员从业资格培训业务的证件有效期为4年。

4)经营管理

机动车驾驶员培训机构应当按照经批准的行政许可事项开展培训业务。机动车驾驶员培训机构应当在注册地开展培训业务,不得采取异地培训、恶意压价、欺骗学员等不正当手段开展经营活动,不得允许社会车辆以其名义开展机动车驾驶员培训经营活动。机动车驾驶员培训机构应当将机动车驾驶员培训许可证件悬挂在经营场所的醒目位置,公示其经营类别、培训范围、收费项目、收费标准、教练员、教学场地等情况。

机动车驾驶员培训实行学时制,按照学时合理收取费用。机动车驾驶员培训机构应当将学时收费标准报所在地道路运输管理机构备案。对每个学员理论培训时间每天不得超过6个学时,实际操作培训时间每天不得超过4个学时。应当建立学时预约制度,并向社会公布联系电话和预约方式。

三、驾驶证申领和使用管理

驾驶证是驾驶员获得驾车上路资格的一个证明。无证驾驶或通过非正常渠道获得驾驶证对于道路交通系统都是一个巨大的危害。因此,应当严格驾驶证的申领条件,严格控制考试、发证、审验等各环节,通过对驾驶证的管理来规范驾驶员的驾驶行为。《机动车驾驶证申领和使用规定》对驾驶证的申领、换证、补证和注销,积分和审验作了详细的规定,对于指导全国驾驶证的管理工作,规范和约束驾驶员的驾驶行为,提高驾驶员的安全驾驶素质有着十分深远的意义。

《机动车驾驶证申领和使用规定》由公安机关交通管理部门负责实施。直辖市公安机关交通管理部门、设区的市或者相当于同级的公安机关交通管理部门负责办理本行政辖区内机动车驾驶证业务。县级公安机关交通管理部门办理机动车驾驶证业务的范围由省级公安机关交通管理部门确定。

1.驾驶证信息

机动车驾驶证记载和签注以下内容:

(1)机动车驾驶员信息:姓名、性别、出生日期、国籍、住址、身份证明号码(机动车驾驶证号码)、照片。

(2)公安机关交通管理部门签注内容:初次领证日期、准驾车型代号、有效期起始日期、有效期限、核发机关印章、档案编号。

机动车驾驶员准予驾驶的车型顺序依次分为:大型客车、牵引车、城市公交车、中型客车、大型货车、小型汽车、小型自动挡汽车、低速载货汽车、三轮汽车、普通三轮摩托车、普通二轮摩托车、轻便摩托车、轮式自行机械车、无轨电车和有轨电车。

机动车驾驶证有效期分为6年、10年和长期。年龄在60周岁以上的,不得驾驶大型客车、牵引车、城市公交车、中型客车、大型货车、无轨电车和有轨电车;年龄在70周岁以上的,不得驾驶低速载货汽车、三轮汽车、普通三轮摩托车、普通二轮摩托车和轮式自行机械车。

初次申领机动车驾驶证的,可以申请准驾车型为城市公交车、大型货车、小型汽车、小型自动挡汽车、低速载货汽车、三轮汽车、普通三轮摩托车、普通二轮摩托车、轻便摩托车、轮式自行

机械车、无轨电车、有轨电车的机动车驾驶证。

在暂住地初次申领机动车驾驶证的，可以申请准驾车型为小型汽车、小型自动挡汽车、低速载货汽车、三轮汽车的机动车驾驶证。

已持有机动车驾驶证，申请增加准驾车型的，应当在本记分周期和申请前最近一个记分周期内没有满分记录。申请增加中型客车、牵引车、大型客车准驾车型的，还应当符合下列规定：

(1)申请增加中型客车准驾车型的需已取得驾驶小型汽车、小型自动挡汽车、低速载货汽车或者三轮汽车准驾车型资格三年以上，并在申请前最近连续两个记分周期内没有满分记录；或者取得驾驶城市公交车、大型货车准驾车型资格一年以上，并在申请前最近一个记分周期内没有满分记录。

(2)申请增加牵引车准驾车型的需已取得驾驶中型客车或者大型货车准驾车型资格 3 年以上，并在申请前最近连续两个记分周期内没有满分记录；或者取得驾驶大型客车准驾车型资格 1 年以上，并在申请前最近一个记分周期内没有满分记录。

(3)申请增加大型客车准驾车型的需已取得驾驶中型客车或者大型货车准驾车型资格 5 年以上，并在申请前最近连续三个记分周期内没有满分记录；或者取得驾驶牵引车准驾车型资格 2 年以上，并在申请前最近一个记分周期内没有满分记录。

在暂住地可以申请增加的准驾车型为小型汽车、小型自动挡汽车、低速载货汽车、三轮汽车。

有下列情形之一的，不得申请增加大型客车、牵引车、中型客车准驾车型：

(1)发生交通事故造成人员死亡，承担全部责任或者主要责任的；

(2)醉酒后驾驶机动车的；

(3)在本记分周期和申请前最近连续三个记分周期内有饮酒后驾驶机动车行为的；

(4)在本记分周期和申请前最近连续三个记分周期内有驾驶机动车行驶超过规定时速 50% 以上行为，机动车驾驶证未被吊销的。

持有军队、武装警察部队机动车驾驶证，或者持有境外机动车驾驶证，符合本规定的申请条件，可以申请对应准驾车型的机动车驾驶证。

2. 考试管理

公安机关交通管理部门对符合机动车驾驶证申请条件的，应当受理，并在申请人预约考试 30 日内安排考试。

1)考试科目

考试科目分为道路交通安全法律、法规和相关知识考试科目(以下简称“科目一”)、场地驾驶技能考试科目(以下简称“科目二”)和道路驾驶技能考试科目(以下简称“科目三”)。考试顺序按照科目一、科目二、科目三依次进行，前一科目考试合格后，方准许参加后一科目的考试。

初次申请机动车驾驶证或者申请增加准驾车型的，科目一考试合格后，公安机关交通管理部门应当在 3 日内核发驾驶技能准考证明。驾驶技能准考证明的有效期为 2 年。申请人应当在有效期内完成科目二和科目三考试。

2)考试科目内容及合格标准

(1)科目一考试内容及合格标准：

①考试内容包括:道路交通安全法律、法规和规章;机动车的总体构造、主要装置的作用,车辆日常检查、维护、使用,常见故障的判断和排除方法等机动车构造、维护知识;高速公路、恶劣气候、复杂道路、危险情况时的安全驾驶知识,伤员急救的一般知识,危险物品运输知识及其紧急情况的处理知识,文明驾驶和职业道德等安全驾驶相关知识。

②合格标准:考试成绩应当在90分以上。

(2)科目二考试内容及合格标准:

①考试内容包括:在规定场地内,按照规定的行驶线路和操作要求完成驾驶机动车的情况;对车辆前、后、左、右空间位置的判断能力;对机动车基本驾驶技能的掌握情况。

②合格标准:未出现下列情形的,科目二考试合格:不按规定路线、顺序行驶;碰擦桩杆;车身出线;移库不入;在不准许停车的行驶过程中停车两次;发动机熄火;驾驶两轮车考试时单脚或双脚触地。

(3)科目三考试内容及合格标准:

①考试内容:在场内道路上驾驶机动车通过单边桥、上坡起步、通过连续障碍、曲线行驶、直角转弯、侧方停车、限速通过限宽门、起伏路行驶、低附着系数路面行驶等情况。其中,按照申请报考的准驾车型,设定必考项目。

A. 大型客车、城市公交车准驾车型必考项目:上坡起步、侧方停车、直角转弯、曲线行驶、通过连续障碍、通过单边桥。

B. 牵引车准驾车型必考项目:上坡起步、曲线行驶、直角转弯、限速通过限宽门、通过连续障碍。

C. 中型客车、大型货车准驾车型必考项目:上坡起步、曲线行驶、侧方停车、限速通过限宽门、通过连续障碍、通过单边桥。

D. 小型汽车、小型自动挡汽车准驾车型必考项目:考试项目不得少于6项,手动挡汽车必须考试侧方停车、上坡起步,自动挡汽车必须考试侧方停车,其他项目考试由考试员随机选取。

E. 普通三轮摩托车、普通二轮摩托车准驾车型必考项目:考试项目不得少于6项,其中上坡起步、曲线行驶、通过单边桥、起伏路考试项目属必考项目,其他项目考试由考试员随机选取。

F. 其他准驾车型的必考项目,由省级公安机关交通管理部门负责制定。

考试员可以在必考项目的基础上,增加其他科目三考试项目。

在实际道路上驾驶机动车进行起步前的准备、起步、通过路口、通过信号灯、按照道路标志标线驾驶、变换车道、会车、超车、定点停车等正确驾驶机动车的能力,观察、判断道路和行驶环境以及综合控制机动车的能力,在夜间和低能见度情况下使用各种灯光的知识,遵守交通法规的意识和安全驾驶情况。其中,按照申请报考的准驾车型,设定实际道路驾驶技能考试距离:大型客车、牵引车、城市公交车准驾车型考试距离不少于7km;中型客车、大型货车准驾车型考试距离不少于5km;小型汽车、小型自动挡汽车考试距离不少于3km。

②合格标准:科目三考试满分为100分。按照不同准驾车型设定不合格、减20分、减10分、减5分的评判标准。达到下列分值规定的,科目三考试合格:报考大型客车、牵引车、城市公交车、中型客车、大型货车准驾车型,应当达到90分;报考其他准驾车型的应当达到80分。

3. 记分和审验管理

1）管理规定

道路交通安全违法行为累积记分周期（即记分周期）为12个月，满分为12分，从机动车驾驶证初次领取之日起计算。依据道路交通安全违法行为的严重程度，一次记分的分值为：12分、6分、3分、2分、1分5种。对机动车驾驶人的道路交通安全违法行为，处罚与记分同时执行。机动车驾驶人一次有两个以上违法行为记分的，应当分别计算，累加分值。

机动车驾驶人在一个记分周期内累积记分达到12分的，应当在15日内到机动车驾驶证核发地或者违法行为地公安机关交通管理部门接受为期7日的道路交通安全法律、法规和相关知识的教育。机动车驾驶员接受教育后，公安机关交通管理部门应当在20日内对其进行科目一考试。机动车驾驶员在一个记分周期内两次以上达到12分的，公安机关交通管理部门还应当在科目一考试合格后10日内对其进行科目三考试。

年龄在60周岁以上或者持有大型客车、牵引车、城市公交车、中型客车、大型货车、无轨电车、有轨电车准驾车型的机动车驾驶人，应当每年进行一次身体检查，在记分周期结束后15日内，提交县级或者部队团级以上医疗机构出具的有关身体条件的证明。

2）道路交通安全违法行为记分分值的规定

（1）机动车驾驶人有下列违法行为之一，一次记12分：

①醉酒后驾驶机动车的；

②机动车驾驶证被暂扣期间驾驶机动车的；

③造成交通事故后逃逸，尚不构成犯罪的；

④违反交通管制的规定强行通行，不听劝阻的；

⑤使用他人机动车驾驶证驾驶机动车的；

⑥驾驶与准驾车型不符的机动车的；

⑦超过3个月不缴纳罚款或者连续两次逾期不缴纳罚款的。

（2）机动车驾驶人有下列违法行为之一，一次记6分：

①饮酒后驾驶机动车的；

②公路营运客车载人超过核定人数20%以上或者违反规定载货的；

③货车载物超过核定载质量30%以上或者违反规定载客的；

④机动车行驶超过规定时速50%的；

⑤在高速公路上不按规定停车的；

⑥在高速公路上倒车、逆行、穿越中央分隔带掉头的；

⑦在高速公路上试车和学习驾驶机动车的。

（3）机动车驾驶员有下列违法行为之一，一次记3分：

①违反道路交通信号灯的；

②在高速公路上驾车低于规定最低车速的；

③在高速公路上违反规定拖曳故障车、肇事车的；

④在高速公路上货运机动车车厢、二轮摩托车载人的；

⑤在高速公路上骑、压车道分界线行驶的；

⑥低能见度气象条件下在高速公路上不按规定行驶的；

⑦驾驶禁止驶入高速公路的机动车驶入高速公路的；

⑧不按规定超车的；

⑨不按规定让行的；

⑩机动车违反规定牵引挂车的；

⑪在道路上车辆发生故障、事故停车后，不按规定使用灯光和设置警告标志的；

⑫机动车行驶超过规定时速50%以下的；

⑬驾驶机动车下陡坡时熄火或者空挡滑行的；

⑭上道路行驶的机动车未悬挂机动车号牌的；

⑮故意遮挡、污损、不按规定安装机动车号牌的；

⑯逆向行驶的。

(4)机动车驾驶员有下列违法行为之一，一次记2分：

①连续驾驶机动车超过4小时未停车休息或停车休息时间少于20分钟的；

②在高速公路匝道、加速车道或者减速车道上超车的；

③违反禁令标志、警告标志、禁止标线、警告标线指示的；

④客车载人超过核定人数未达20%的；

⑤货车载物超过核定载质量未达30%的；

⑥行经交叉路口不按规定行车或者停车的；

⑦有拨打、接听手提电话、观看电视等妨碍安全驾驶的行为的；

⑧在同车道行驶中，不按规定与前车保持必要的安全距离的；

⑨行经人行横道，不按规定减速、停车、避让行人的；

⑩在没有划分中心线和机动车道与非机动车道的道路上，不按规定行驶的；

⑪在实习期内驾驶公共汽车、营运客车或者执行任务的警车、消防车、救护车、工程救险车以及载有爆炸物品、易燃易爆化学物品、剧毒或者放射性等危险物品的机动车，驾驶的机动车牵引挂车的；

⑫不按规定牵引故障机动车的；

⑬驾驶和乘坐二轮摩托车，不戴安全头盔的。

(5)机动车驾驶员有下列违法违法行为之一，一次记1分：

①不按规定使用灯光的；

②机动车行驶时，机动车驾驶员、乘坐人员未按规定系安全带的；

③不按规定会车的；

④不按规定倒车的；

⑤摩托车后座乘坐满12周岁的未成年人，轻便摩托车载人的；

⑥驾驶机动车没有关好车门、车厢的；

⑦其他违反机动车载物规定的；

⑧上道路行驶的机动车未放置保险标志，未随车携带行驶证、机动车驾驶证的。

4. 驾驶证变更和补、换发驾驶证

1)驾驶证的变更

驾驶证持证人如改变姓名、出生日期、住地、通信地址及身份证件，必须在5日内到公安机

关交通管理部门办理变更手续。

2)驾驶证的补发

机动车驾驶证丢失、损毁,机动车驾驶员申请补发的,应当向公安机关交通管理部门提交本人身份证明和申请材料。公安机关交通管理部门经与机动车驾驶证档案核实后,在收到申请之日起3日内补发。

3)驾驶证的换发

机动车驾驶员应当于机动车驾驶证有效期满前90日内,向机动车驾驶证核发地公安机关交通管理部门申请换证。

机动车驾驶员户籍迁出原公安机关交通管理部门管辖区的,应当向迁入地公安机关交通管理部门申请换证;机动车驾驶员在核发地公安机关交通管理部门管辖区以外居住的,可以向居住地公安机关交通管理部门申请换证。

年龄达到60周岁,持有准驾车型为大型客车、牵引车、城市公交车、中型客车、大型货车的机动车驾驶员,应当到机动车驾驶证核发地公安机关交通管理部门换领准驾车型为小型汽车或者小型自动挡汽车的机动车驾驶证;年龄达到70周岁,持有准驾车型为普通三轮摩托车、普通二轮摩托车的机动车驾驶员,应当到机动车驾驶证核发地公安机关交通管理部门换领准驾车型为轻便摩托车的机动车驾驶证。

有下列情形之一的,机动车驾驶员应当在30日内到机动车驾驶证核发地公安机关交通管理部门申请换证:

(1)在公安机关交通管理部门管辖区域内,机动车驾驶证记载的机动车驾驶员信息发生变化的;

(2)机动车驾驶证损毁无法辨认的。

5. 驾驶资格的丧失

违反道路交通安全法律、法规的规定,发生重大交通事故,构成犯罪的,要依法追究刑事责任,并由公安机关交通管理部门吊销机动车驾驶证;造成交通事故后逃逸的,由公安机关交通管理部门吊销机动车驾驶证,且终生不得重新取得机动车驾驶证,也就是终生丧失驾驶资格。

第三节　车辆运行管理

为建立和维护良好的交通秩序,确保道路交通的安全畅通,必须通过道路交通安全法律、法规设立一定的道路通行规范,使车辆在使用道路过程中,遵循规范。道路通行规范是道路交通安全法律、法规中最基本的内容,是指导车辆运行的行为准则,也是道路交通秩序管理的基本依据。

一、道路通行原则

道路通行原则是通行规范具体内容的制定依据,使车辆运行必须遵循的。根据的规定,我国道路通行原则主要包括右侧通行原则、各行其道原则、遵守交通信号原则和优先通行原则。

1. 右侧通行原则

根据国际道路交通公约的规定,对于机动车和非机动车的通行原则,各国可以根据本国的不同情况作具体的规定。规定机动车、非机动车通行的原则,主要从交通秩序、交通安全和传统习惯的角度考虑。有的国家规定机动车、非机动车实行左侧通行,而我国规定机动车、非机动车实行右侧通行,这是根据我国的实际情况和多年来的习惯做法决定的。根据这条规定,机动车、非机动车在我国境内(香港、澳门、台湾除外)道路行驶的,都应当遵守右侧通行的原则。所谓"右侧通行",一般是指在划设机动车道、非机动车道和人行横道的道路以及城市的胡同、巷子和农村的乡间道路行驶的机动车和非机动车靠道路右侧行驶。

2. 各行其道原则

各行其道是道路交通通行规则中的一个基本原则,是指车辆、行人按照道路通行带的划分,在道路交通安全法律、法规准许通行的各自相应的区域、道路或道路的某一部位上通行。

《中华人民共和国道路交通安全法》对各行其道作了如下规定:

(1)车辆、行人各行其道;

(2)机动车在机动车道行驶;

(3)非机动车在非机动车道行驶;

(4)行人在人行道或其他行人通行设施内通行;

(5)借道通行。

3. 遵守交通信号原则

全国实行统一的道路交通信号。

交通信号包括交通信号灯、交通标志、交通标线和交通警察的指挥。交通信号灯分为:机动车信号灯、非机动车信号灯、人行横道信号灯、车道信号灯、方向指示信号灯、闪光警告信号灯、道路与铁路平面交叉道口信号灯。交通标志分为:指示标志、警告标志、禁令标志、指路标志、旅游区标志、道路施工安全标志和辅助标志。道路交通标线分为:指示标线、警告标线、禁止标线。交通警察的指挥分为:手势信号和使用器具的交通指挥信号。

车辆、行人应当按照交通信号通行:遇有交通警察现场指挥时,应当按照交通警察的指挥通行;在没有交通信号的道路上,应当在确保安全、畅通的原则下通行。

4. 优先通行原则

优先通行原则是指当行人与车辆、车辆与车辆在道路的同一部分内相遇时谁拥有优先权,可以先行通过的规定。

优先通行的原则比较广泛,其总的要求是:转弯的车辆让直行的车辆先行;右转弯的车辆让左转弯的车辆先行;准备进入环形路口的车辆让已在路口内的车辆先行;有障碍一方的车辆让无障碍一方的车辆先行;下坡的车辆让上坡的车辆先行;借道通行的车辆或行人让在其本道内通行的车辆或行人先行;一般车辆让执行紧急任务的警车、消防车、工程救险车、救护车先行。

二、车辆通行规范

机动车辆行驶,不同于人的行走,机动车在行驶时都具有潜在的危险性和对外界的威胁性。这种危险性和威胁性通常产生于某一瞬间,因此必须对机动车辆的行驶作出严格的通行规范,以保障道路交通的安全和畅通。

1. 行驶车道

机动车按照各行其道的规定分道行驶。

同车道行驶的机动车，后车应当与前车保持足以采取紧急制动措施的安全距离。

慢速车道内的机动车超越前车时，可以借用快速车道行驶。

机动车遇有前方车辆停车排队等候或者缓慢行驶时，不得借道超车或者占用对面车道，不得穿插等候的车辆，即不允许借道行驶。

2. 行驶速度

1）最高时速

机动车上道路行驶，不得超过限速标志标明的最高时速。

在没有限速标志的路段，应当保持安全车速。没有道路中心线的道路，城市道路为30km/h，公路为40km/h；同方向只有一条机动车道的道路，城市道路为50km/h，公路为70km/h。

机动车在冰雪、泥泞的道路上行驶时；遇雾、雨、雪、沙尘、冰雹，能见度在50m以内时；掉头、转弯、下陡坡时；进出非机动车道，通过铁路道口、急弯路、窄路、窄桥时；牵引发生故障的机动车时，机动车最高行驶速度不得超过30km/h，其中拖拉机、蓄电池车、轮式专用机械车不得超过15km/h。

在单位院内、居民居住区内，有限速标志的，按照限速标志行驶。

2）减速行驶

夜间行驶或者在容易发生危险的路段行驶，以及遇有沙尘、冰雹、雨、雪、雾、结冰等气象条件时，应当降低行驶速度。

在单位院内、居民居住区内，机动车应当低速行驶，避让行人。

3. 超车、会车

1）超车与被超车

机动车超车时，应当提前开启左转向灯、变换使用远、近光灯或者鸣喇叭。在没有道路中心线或者同方向只有一条机动车道的道路上，前车遇后车发出超车信号时，在条件许可的情况下，应当降低速度、靠右让路。后车应当在确认有充足的安全距离后，从前车的左侧超越，在与被超车辆拉开必要的安全距离后，开启右转向灯，驶回原车道。

2）禁止超车

遇有下列情形的，不得超车：

（1）前车正在左转弯、掉头、超车的；

（2）与对面来车有会车可能的；

（3）前车为执行紧急任务的警车、消防车、救护车、工程救险车的；

（4）行经铁路道口、交叉路口、窄桥、弯道、陡坡、隧道、人行横道、市区交通流量大的路段等没有超车条件的。

3）会车

在没有中心隔离设施或者没有中心线的道路上，机动车遇相对方向来车时应当遵守下列规定：

（1）减速靠右行驶，并与其他车辆、行人保持必要的安全距离；

（2）在有障碍的路段，无障碍的一方先行；但有障碍的一方已驶入障碍路段而无障碍的一方未驶入时，有障碍的一方先行；

(3)在狭窄的坡路,上坡的一方先行;但下坡的一方已行至中途而上坡的一方未上坡时,下坡的一方先行;

(4)在狭窄的山路,不靠山体的一方先行;

(5)夜间会车应当在距相对方向来车 150m 以外改用近光灯,在窄路、窄桥与非机动车会车时应当使用近光灯。

4. 行经交叉路口、人行横道、铁路道口和渡口

1)有交通信号灯控制的交叉路口

机动车通过有交通信号灯控制的交叉路口时,应当按照下列规定通行:

(1)在画有导向车道的路口,按所需行进方向驶入导向车道。

(2)准备进入环形路口的让已在路口内的机动车先行。

(3)向左转弯时,靠路口中心点左侧转弯。转弯时开启转向灯,夜间行驶开启近光灯。

(4)遇放行信号时,依次通过。

(5)遇停止信号时,依次停在停止线以外。没有停止线的,停在路口以外。

(6)向右转弯遇有同车道前车正在等候放行信号时,依次停车等候。

(7)在没有方向指示信号灯的交叉路口,转弯的机动车让直行的车辆、行人先行。相对方向行驶的右转弯机动车让左转弯车辆先行。

2)既没有交通信号灯控制也没有交通警察指挥的交叉路口

机动车通过既没有交通信号灯控制也没有交通警察指挥的交叉路口时,应当遵守下列规定:

(1)有交通标志、标线控制的,让优先通行的一方先行。

(2)没有交通标志、标线控制的,在进入路口前停车瞭望,让右方道路的来车先行。

(3)转弯的机动车让直行的车辆先行。

(4)相对方向行驶的右转弯的机动车让左转弯的车辆先行。

机动车遇有前方交叉路口交通阻塞时,应当依次停在路口以外等候,不得进入路口。

3)行经人行横道

机动车行经人行横道时,应当减速行驶;遇行人正在通过人行横道,应当停车让行。

机动车行经没有交通信号的道路时,遇行人横过道路,应当避让。

4)行经铁路道口

机动车通过铁路道口时,应当按照交通信号或者管理人员的指挥通行;没有交通信号或者管理人员的,应当减速或者停车,在确认安全后通过。

机动车载运超限物品行经铁路道口的,应当按照当地铁路部门指定的铁路道口、时间通过。

5)渡口

机动车行经渡口,应当服从渡口管理人员指挥,按照指定地点依次待渡。机动车上下渡船时,应当低速慢行。

5. 掉头、倒车、交通阻塞

1)掉头

车在有禁止掉头或者禁止左转弯标志、标线的地点以及在铁路道口、人行横道、桥梁、急

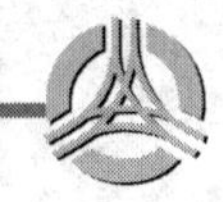

弯、陡坡、隧道或者容易发生危险的路段，不得掉头。

机动车在没有禁止掉头或者没有禁止左转弯标志、标线的地点可以掉头，但不得妨碍正常行驶的其他车辆和行人的通行。

2）倒车

机动车倒车时，应当观察车后情况，确认安全后倒车。不得在铁路道口、交叉路口、单行路、桥梁、急弯、陡坡或者隧道中倒车。

3）交通阻塞

机动车遇有前方交叉路口交通阻塞时，应当依次停在路口以外等候，不得进入路口。

机动车在遇有前方机动车停车排队等候或者缓慢行驶时，应当依次排队，不得从前方车辆两侧穿插或者超越行驶，不得在人行横道、网状线区域内停车等候。

机动车在车道减少的路口、路段，遇有前方机动车停车排队等候或者缓慢行驶的，应当每车道一辆依次交替驶入车道减少后的路口、路段。

6. 灯光、喇叭

机动车应当按照规定使用转向灯：向左转弯、向左变更车道、准备超车、驶离停车地点或者掉头时，应当提前开启左转向灯；向右转弯、向右变更车道、超车完毕驶回原车道、靠路边停车时，应当提前开启右转向灯。

机动车在夜间没有路灯、照明不良或者遇有雾、雨、雪、沙尘、冰雹等低能见度情况下行驶时，应当开启前照灯、示廓灯和后位灯，但同方向行驶的后车与前车近距离行驶时，不得使用远光灯。机动车雾天行驶应当开启雾灯和危险报警闪光灯。

机动车在夜间通过急弯、坡路、拱桥、人行横道或者没有交通信号灯控制的路口时，应当交替使用远近光灯示意。

机动车驶近急弯、坡道顶端等影响安全视距的路段以及超车或者遇有紧急情况时，应当减速慢行，并鸣喇叭示意。

机动车在道路上发生故障或者发生交通事故，妨碍交通又难以移动的，应当按照规定开启危险报警闪光灯并在车后50～100m处设置警告标志，夜间还应当同时开启示廓灯和后位灯。

牵引故障机动车时，牵引车和被牵引车均应当开启危险报警闪光灯。

机动车驶近急弯、坡道顶端等影响安全视距的路段以及超车或者遇有紧急情况时，应当减速慢行，并鸣喇叭示意。但在禁止鸣喇叭的区域或者路段严禁鸣喇叭。

7. 发生故障、故障车牵引、拖带挂车

机动车在道路上发生故障，需要停车排除故障时，驾驶员应当立即开启危险报警闪光灯，将机动车移至不妨碍交通的地方停放；难以移动的，应当持续开启危险报警闪光灯，并在来车方向设置警告标志等措施扩大示警距离，必要时迅速报警。

牵引故障机动车应当遵守下列规定：被牵引的机动车除驾驶员外不得载人，不得拖带挂车；被牵引的机动车宽度不得大于牵引机动车的宽度；使用软连接牵引装置时，牵引车与被牵引车之间的距离应当大于4m且小于10m；对制动失效的被牵引车，应当使用硬连接牵引装置牵引；牵引车和被牵引车均应当开启危险报警闪光灯。汽车吊车和轮式专用机械车不得牵引车辆。摩托车不得牵引车辆或者被其他车辆牵引。转向或者照明、信号装置失效的故障机动车，应当使用专用清障车拖曳。

机动车牵引挂车应当符合下列规定：载货汽车、半挂牵引车、拖拉机只允许牵引1辆挂车。挂车的灯光信号、制动、连接、安全防护等装置应当符合国家标准；小型载客汽车只允许牵引旅居挂车或者总质量700kg以下的挂车。挂车不得载人；载货汽车所牵引挂车的载质量不得超过载货汽车本身的载质量。大型、中型载客汽车，低速载货汽车，三轮汽车以及其他机动车不得牵引挂车。

8. 装载

机动车载物不得超过机动车行驶证上核定的载质量，装载长度、宽度不得超出车厢，并应当遵守下列规定：重型、中型载货汽车，半挂车载物，高度从地面起不得超过4m，载运集装箱的车辆不得超过4.2m；其他载货的机动车载物，高度从地面起不得超过2.5m；摩托车载物，高度从地面起不得超过1.5m，长度不得超出车身0.2m。两轮摩托车载物宽度左右各不得超出车把0.15m；三轮摩托车载物宽度不得超过车身。载客汽车除车身外部的行李架和内置的行李舱外，不得载货。载客汽车行李架载货，从车顶起高度不得超过0.5m，从地面起高度不得超过4m。

机动车载人应当遵守下列规定：公路载客汽车不得超过核定的载客人数，但按照规定免票的儿童除外，在载客人数已满的情况下，按照规定免票的儿童不得超过核定载客人数的10%；载货汽车车厢不得载客。在城市道路上，货运机动车在留有安全位置的情况下，车厢内可以附载临时作业人员1~5人；载物高度超过车厢栏板时，货物上不得载人；摩托车后座不得乘坐未满12周岁的未成年人，轻便摩托车不得载人。

9. 作业车和特种车行驶

道路养护车辆、工程作业车进行作业时，在不影响过往车辆通行的前提下，其行驶路线和方向不受交通标志、标线限制，过往车辆和人员应当注意避让。

洒水车、清扫车等机动车应当按照安全作业标准作业；在不影响其他车辆通行的情况下，可以不受车辆分道行驶的限制，但是不得逆向行驶。

警车、消防车、救护车、工程救险车执行紧急任务时，可以使用警报器、标志灯具；在确保安全的前提下，不受行驶路线、行驶方向、行驶速度和信号灯的限制，其他车辆和行人应当让行。警车、消防车、救护车、工程救险车非执行紧急任务时，不得使用警报器、标志灯具，不享有道路优先通行权。

10. 临时停车和车辆停放

机动车在道路上临时停车，应当遵守下列规定：在设有禁停标志、标线的路段，在机动车道与非机动车道、人行道之间设有隔离设施的路段以及人行横道、施工地段，不得停车；交叉路口、铁路道口、急弯路、宽度不足4m的窄路、桥梁、陡坡、隧道以及距离上述地点50m以内的路段，不得停车；公共汽车站、急救站、加油站、消火栓或者消防队(站)门前以及距离上述地点30m以内的路段，除使用上述设施的以外，不得停车；车辆停稳前不得开车门和上下人员，开关车门不得妨碍其他车辆和行人通行；路边停车应当紧靠道路右侧，机动车驾驶员不得离车，上下人员或者装卸物品后，立即驶离；城市公共汽车不得在站点以外的路段停车上下乘客。

机动车应当在规定地点停放。禁止在人行道上停放机动车，但是，施画的停车泊位除外。在道路上临时停车的，不得妨碍其他车辆和行人通行。

11. 禁止行为

驾驶机动车不得有下列行为：在车门、车厢没有关好时行车；在机动车驾驶室的前后窗范围内悬挂、放置妨碍驾驶员视线的物品；拨打、接听手持电话，观看电视等妨碍安全驾驶的行为；下陡坡时熄火或者空挡滑行；向道路上抛撒物品；驾驶摩托车手离车把或者在车把上悬挂物品；连续驾驶机动车超过 4h 未停车休息或者停车休息时间少于 20min；在禁止鸣喇叭的区域或者路段鸣喇叭。

三、高速公路车辆运行管理

高速公路是指经国家公路主管部门认定，符合高速公路工程技术标准，并设置完善的交通安全设施、管理设施和服务设施，专供机动车高速行驶并全部控制出入的公路。

自 1988 年中国开始建设高速公路以来，中国高速公路建设向世界前列高速发展。1998 年底，中国高速公路通车总里程达到 6258km，居世界第八；2001 年底达到 1.9 万 km，居世界第二。中国 2008 年高速公路通车总里程达到 6.03 万 km，继续居世界第二位。

高速公路具有行驶速度高，通行能力大等特点，由于高速公路采取了一系列的措施，交通事故大为减少，其事故率只有一般公路的 1/3 ~ 1/4，但是由于高速公路上车速快，一旦发生事故，其严重性增大，高速公路事故的死亡率是一般公路的两倍。因此，只有对高速公路实行比普通公路更加严格的管理，才能有效地预防和减少交通阻塞和交通事故的发生。

1. 禁止进入和禁止拦截

行人、非机动车、拖拉机、轮式专用机械车、铰接式客车、全挂拖斗车以及其他设计最高时速低于 70km 的机动车，不得进入高速公路。高速公路限速标志标明的最高时速不得超过 120km。

除公安机关的人民警察依法执行紧急公务外，任何单位、个人不得在高速公路上拦截检查行驶的车辆。

2. 行驶规定

机动车从匝道驶入高速公路，应当开启左转向灯，在不妨碍已在高速公路内的机动车正常行驶的情况下驶入车道。机动车驶离高速公路时，应当开启右转向灯，驶入减速车道，降低车速后驶离。

机动车在高速公路上行驶，车速超过 100km/h 时，应当与同车道前车保持 100m 以上的距离，车速低于 100km/h 时，与同车道前车距离可以适当缩短，但最小距离不得少于 50m。

机动车在高速公路上行驶，遇有雾、雨、雪、沙尘、冰雹等低能见度气象条件时，应当遵守下列规定：能见度小于 200m 时，开启雾灯、近光灯、示廓灯和前后位灯，车速不得超过 60km/h，与同车道前车保持 100m 以上的距离；能见度小于 100m 时，开启雾灯、近光灯、示廓灯、前后位灯和危险报警闪光灯，车速不得超过 40km/h，与同车道前车保持 50m 以上的距离；能见度小于 50m 时，开启雾灯、近光灯、示廓灯、前后位灯和危险报警闪光灯，车速不得超过 20km/h，并从最近的出口尽快驶离高速公路。遇有上述情形时，高速公路管理部门应当通过显示屏等方式发布速度限制、保持车距等提示信息。

机动车在高速公路上行驶，不得有下列行为：倒车、逆行、穿越中央分隔带掉头或者在车道内停车；在匝道、加速车道或者减速车道上超车；骑、压车道分界线或者在路肩上行驶；非紧急情况时在应急车道行驶或者停车;试车或者学习驾驶机动车。在高速公路上行驶的载货汽车车厢不得载人。两轮摩托车在高速公路行驶时不得载人。

3. 速度限制

高速公路应当标明车道的行驶速度,最高车速不得超过 120km/h,最低车速不得低于 60km/h。

在高速公路上行驶的小型载客汽车最高车速不得超过 120km/h,其他机动车不得超过 100km/h,摩托车不得超过 80km/h。

同方向有两条车道的,左侧车道的最低车速为 100km/h;同方向有三条以上车道的,最左侧车道的最低车速为 110km/h,中间车道的最低车速为 90km/h。道路限速标志标明的车速与上述车道行驶车速的规定不一致的,按照道路限速标志标明的车速行驶。机动车通过施工作业路段时,应当注意警示标志,减速行驶。

4. 交通管制

受严重自然灾害、恶劣天气和施工影响以及发生交通事故致使交通受阻时,公安机关交通管理部门可以采取限制车速、调换车道、暂时中断通行等交通管制措施。采取交通管制措施时,必须以交通标志显示或者公告发布。确需关闭高速公路时,应当由公安机关交通管理部门和高速公路管理机构共同发布公告实施。

5. 发生故障和救援车

机动车因故障、事故等原因不能离开行车道或者在路肩上停车时,驾驶员必须立即开启危险报警闪光灯,并在行驶方向的后方 100m 处设置故障车警告标志,夜间还须同时开启示宽灯和尾灯。驾驶员和乘车人必须迅速转移到右侧路肩上或者紧急停车带内,并立即报告交通警察除高速公路经营企业救援、清障车辆外,禁止其他车辆在高速公路上拖曳车辆。

四、交通违法行为处理

违法行为的处理应当遵循合法、公正、文明、公开、及时的原则,尊重和保障人权,保护公民的人格尊严。对违法行为的处理应当坚持教育与处罚相结合的原则,教育公民、法人和其他组织自觉遵守道路交通安全法律法规。对违法行为的处理,应当以事实为依据,与违法行为的事实、性质、情节以及社会危害程度相当。

公安机关交通管理部门及其交通警察对道路交通安全违法行为,应当及时纠正。对道路交通安全违法行为的处罚种类包括:警告、罚款、暂扣或者吊销机动车驾驶证、拘留。

机动车驾驶员违反道路交通安全法律、法规关于道路通行规定的,处警告或者 20 元以上 200 元以下罚款。

饮酒后驾驶机动车的,处暂扣 1 个月以上 3 个月以下机动车驾驶证,并处 200 元以上 500 元以下罚款;醉酒后驾驶机动车的,由公安机关交通管理部门约束至酒醒,处 15 日以下拘留和暂扣 3 个月以上 6 个月以下机动车驾驶证,并处 500 元以上 2000 元以下罚款。饮酒后驾驶营运机动车的,处暂扣 3 个月机动车驾驶证,并处 500 元罚款;醉酒后驾驶营运机动车的,由公安机关交通管理部门约束至酒醒,处 15 日以下拘留和暂扣 6 个月机动车驾驶证,并处 2000 元罚款。一年内有前两款规定醉酒后驾驶机动车的行为,被处罚两次以上的,吊销机动车驾驶证,5 年内不得驾驶营运机动车。

公路客运车辆载客超过额定乘员的，处200元以上500元以下罚款；超过额定乘员20%或者违反规定载货的，处500元以上2000元以下罚款。货运机动车超过核定载质量的，处200元以上500元以下罚款；超过核定载质量30%或者违反规定载客的，处500元以上2000元以下罚款。有上述行为的，由公安机关交通管理部门扣留机动车至违法状态消除。

对违反道路交通安全法律、法规关于机动车停放、临时停车规定的，可以指出违法行为，并予以口头警告，令其立即驶离。机动车驾驶员不在现场或者虽在现场但拒绝立即驶离，妨碍其他车辆、行人通行的，处20元以上200元以下罚款，并可以将该机动车拖移至不妨碍交通的地点或者公安机关交通管理部门指定的地点停放。

上道路行驶的机动车未悬挂机动车号牌，未放置检验合格标志、保险标志，或者未随车携带行驶证、驾驶证的，公安机关交通管理部门应当扣留机动车，通知当事人提供相应的牌证、标志或者补办相应手续。

伪造、变造或者使用伪造、变造的机动车登记证书、号牌、行驶证、检验合格标志、保险标志、驾驶证或者使用其他车辆的机动车登记证书、号牌、行驶证、检验合格标志、保险标志的，由公安机关交通管理部门予以收缴，扣留该机动车，并处200元以上2000元以下罚款；构成犯罪的，依法追究刑事责任。

非法安装警报器、标志灯具的，由公安机关交通管理部门强制拆除，予以收缴，并处200元以上2000元以下罚款。

机动车所有人、管理人未按照国家规定投保机动车第三者责任强制保险的，由公安机关交通管理部门扣留车辆至依照规定投保后，并处依照规定投保最低责任限额应缴纳的保险费的两倍罚款。

有下列行为之一的，由公安机关交通管理部门处200元以上2000元以下罚款：未取得机动车驾驶证、机动车驾驶证被吊销或者机动车驾驶证被暂扣期间驾驶机动车的；将机动车交由未取得机动车驾驶证或者机动车驾驶证被吊销、暂扣的人驾驶的；造成交通事故后逃逸，尚不构成犯罪的；机动车行驶超过规定时速50%的；强迫机动车驾驶员违反道路交通安全法律、法规和机动车安全驾驶要求驾驶机动车，造成交通事故，尚不构成犯罪的；违反交通管制的规定强行通行，不听劝阻的；故意损毁、移动、涂改交通设施，造成危害后果，尚不构成犯罪的；非法拦截、扣留机动车辆，不听劝阻，造成交通严重阻塞或者较大财产损失的。

违反道路交通安全法律、法规的规定，发生重大交通事故，构成犯罪的，依法追究刑事责任，并由公安机关交通管理部门吊销机动车驾驶证。造成交通事故后逃逸的，由公安机关交通管理部门吊销机动车驾驶证，且终生不得重新取得机动车驾驶证。

第四节　运输企业管理

一、道路运输及其企业

1. 道路运输在国民经济中的地位和作用

道路运输是我国五大运输方式中完成运输量最大、向社会提供就业机会最多、实现营业收入最高的一种运输方式。道路运输是国民经济结构中的先行和基础产业，其表现方式是生产过程在流通过程中的继续。没有现代化的道路运输,经济活动就要停顿,社会再生产业无法继续。随着我国社会主义市场经济体制的建立,道路运输在我国国民经济中的地位更加突出,其主要作用如下:

(1)道路运输在社会生产和消费过程中起着纽带和桥梁的作用。通过道路运输是经济活动的生产、分配、交换、消费环节和生产活动的产、供、销环节得以联系好互为整体,使经济系统得以循环运转。

(2)道路运输为不断满足人民物质文化生活中的“出行”需要提供了相当广泛的服务,现代人类社会的衣、食、住、行都与道路运输休戚相关。人们对生活水平和生活质量的要求越来越高,道路运输以其覆盖面大、对道路条件要求不高、运送速度快等优势,遍及广大地区,适应多方面、多种运输需要,为人们的出行提供了相当广泛的服务。

(3)道路运输对推动市场经济的发展起着重要的作用。道路运输可以实现“门到门”的直达运输,既能把工业产品运往广大的农村,也能把各种农副产品及时的运送到城市和工矿区,加强了城乡之间的交流,对推动市场经济的发展起着重要的作用。

(4)道路运输的时空效应为提高社会效益和企业的经济效益起到了积极的促进作用。现代汽车运输网络的高速发展,能不断缩短时间和空间的距离,改变人们的时空观念。发达的汽车运输能大量节省时间和缩小空间,减少在途积压资金,提高社会效益和企业的经济效益。

2. 道路运输业的特征

道路运输是人们利用汽车在一定道路上实现货物或旅客有目的的位移的过程。道路运输业就是专门利用汽车从事客货位移的行业,是一个特殊的物质生产部门。道路运输业作为国民经济的基础产业之一,与其他物质生产部门相比具有非常独特的特征,主要表现为:

(1)生产力要素的构成具有独特性。作为一般的物质生产部门,不管是工业还是农业,在从事劳动生产时,各个企业都必须具备生产力的三个要素:劳动力、劳动对象和劳动工具。但就道路运输这个特殊的生产领域来说,道路运输企业只具备劳动力和劳动工具,不具备劳动对象,当进行运输生产时,只能通过劳动力的付出和劳动工具的磨损为劳动对象提供运输服务,而不可能将劳动对象消耗或进行转化。

(2)在生产和消费过程中的独特性。作为一般的物质生产部门,其产品的生产过程和消费过程在时间上和空间上是相互分离的,它们生产的产品只有以商品的形式进入流通领域后才能被用户消费掉。而道路运输的生产过程和消费过程同时发生、同时结束,表现为运输企业使劳动对象产生位移的生产过程,劳动对象消费运输产品获得使用价值的过程。

(3)在产品形态上的独特性。作为一般的物质生产部门,其生产活动中劳动对象的形态或属性将被改变,劳动产品以实物形态存在。而道路运输的生产过程不改变劳动对象的形态或属性,只改变其空间位置,产品为非实物形态,既不能储存,也不能调拨,产品的消费也只是瞬间完成。

(4)在产品的销售方面的独特性。作为一般的物质生产部门,其产品的销售发生在产品生产之后。而汽车运输产品的销售活动则发生在生产之前,具有销售的前置性。运输企业的生产必须先有货源、客源,再组织运输生产,实现其位移。因此,运输企业的销售活动是运输生产的前提条件。

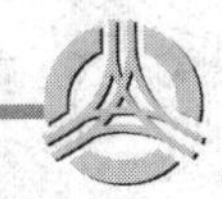

3. 道路运输企业及其相关企业

道路运输企业是指具有一定数量的载运工具、劳动力、资金等要素，主要从事汽车运输生产经营活动，为满足社会需要和获取利润，实行自主经营、自负盈亏、自我发展、自我约束的经营实体。一般分为客运、货运企业等。

道路运输企业的概念包含 4 个方面的含义：

(1)道路运输企业是经济实体，必须追求经济效益并获取利润。

(2)道路运输企业必须具有独立的法人地位，必须以自己的名义进行民事活动，享有民事权利和民事义务。

(3)道路运输企业必须能自主经营、自负盈亏。道路运输企业必须对运输市场和社会环境的变化及时主动的做出反应，保证自己的产品和服务在品种、质量、成本、供应时间上能随时适应社会和消费者的需要，具有经营上的自主权。

(4)道路运输企业必须承担社会责任。对于道路运输企业概念中的为满足社会需要应作较广泛的理解，它不仅指满足旅客和货主的需要，而且包括满足股东、银行、职工、交易对象、政府机关、地区社会、一切与之相关社会团体的需要，这就决定了企业不能只为自身谋取利益，而应该肩负社会各方面利益的责任。

道路运输相关企业直至从事与道路运输密切联系的有关业务的企业，主要有：汽车站(场)、机动车维修企业、机动车综合性能检测站、机动车驾驶培训学校等。

二、道路运输安全管理的概念和意义

1. 道路运输安全管理

道路运输安全管理，是指道路运输行政管理部门根据相关法律、法规和规范性文件，在管辖范围内，对道路运输企业的客货运输、汽车维修、驾驶员培训以及各种相关运输服务项目的各类安全技术标准、安全操作规程和从业人员的技术素质进行审核、指导、协调、服务、监督、检查和培训，防止企业在生产过程中产生旅客及其他人员伤亡事故及货物发生损坏、灭失等安全事故。总之，道路运输安全管理要使道路运输生产过程在符合安全要求的物质条件、技术保障和工作秩序下进行，防止人身伤亡和车辆、货物损毁及各种危险事件发生，从而保障人民的生命财产安全，促进国民经济持续、稳定、健康的发展。

道路运输企业安全管理是指道路运输企业认真执行道路运输法规、规范和标准，坚持安全第一、预防为主的方针，按照政府统一领导、部门依法监管、企业全面负责、群众参与监督、全社会广泛支持的原则，建立管生产必须管安全，谁主管谁负责的安全管理生产责任制，采取科学有效手段，制定切实可行的措施，把交通事故消灭在萌芽状态，确保乘客和货物的人身和财产安全，最大限度地为社会提供安全、及时、经济、方便、舒适的运输服务。

道路运输安全管理的作用：

通过有效的安全管理，创造良好的运输条件，使道路运输设备发挥最大的效能，尽可能地提高运输工具的完好率和工作率，使运输企业和国家获得最大的经济效益和社会效益。

通过采用各种有效的措施和手段，确保行车安全，最大限度地减少人员伤亡和财产损失，维护运输企业和道路运输行业的质量信誉，保障人民生命财产安全。

通过加强道路运输安全管理，防止犯罪分子利用车辆作案，维护社会治安，保证在政治文明、物质文明和精神文明建设的顺利进行。

2. 道路运输安全管理保障体系

要实现道路运输安全管理的既定目标，必须建立完善的道路运输安全管理保障体系。建立完善的道路运输安全管理保障体系，必须从影响交通安全的人员、车辆、站场和法规等几个方面来全面考虑。

人员是道路运输安全工作的主体。对所有道路运输参与者，包括道路运输管理人员，特别是驾驶员，要进行安全意识和交通法规教育；对驾驶员还必须定期进行心理、生理检测和技术培训，让不适合驾驶机动车者及时退出驾驶员队伍。这都是预防道路运输事故的措施。一旦出现道路运输事故，为了减少伤亡，还必须采取相应的补救措施，即建立健全事故伤害急救系统，满足应急的需要。

车辆是道路运输的关键。要搞好这一关键环节的安全，必须从新车的设计、制造和选购，在用车的安全检测、维护和修理等方面着手，保障车辆的使用性能，特别是与安全相关的性能，保持车辆良好的安全技术状态，完善车辆的安全结构，通过这些措施，力争把车辆机械事故降到最低限度，提高其行驶时的安全性。

站场是道路运输安全生产的枢纽，是对从业人员进行安全管理的指挥部。所以，完善站场的安全设施，加强科技投入，采用先进管理手段，是道路运输安全管理保障体系中不可缺少的环节。

道路交通安全法规是搞好道路运输安全管理的手段和依据。根据我国当前在道路运输法规建设方面的不足，要学习借鉴发达国家的先进经验，不断补充、完善我国的道路运输法规。新制定的法规要向国际通用法规靠拢，从而使我国的道路运输法规迈上一个新台阶。

只有搞好人员、车辆、站场和法规等几个方面的安全建设并协调好相互之间的关系，才能使道路运输安全管理工作形成一个完整的保障体系。

在上述道路运输安全管理保障体系中，道路运输安全管理部门除了切实履行自身的职责外，还要与其他有关部门密切配合和协调，以便使道路运输安全管理保障体系的各个环节落到实处。

三、道路运输企业安全管理工作的任务和内容

1. 安全管理工作的任务

道路运输企业安全管理工作的目的是强化道路运输企业安全生产主体地位，以科学管理的思路，建立企业安全管理制度框架，进行安全生产管理，保障道路运输安全，防止人员伤亡和经济损失。其基本安全方针是遏制特大事故，最大限度地减少重大事故，全面压缩一般事故。严格控制行车事故频率、事故死亡率、事故伤人率和经济损失率。

道路运输企业安全管理工作的主要任务是：

(1) 认真执行道路运输法规、规范和标准；

(2) 坚持“安全第一，预防为主，综合治理”的方针，按照“政府统一领导、部门依法监管、企业全面负责、群众参与监督、全社会广泛支持”的原则，建立“管生产必须管安全、谁主管谁负责”的安全生产责任制；

(3) 采取科学有效的手段，制定切实可行的措施，做好事故预防工作，把交通事故消灭在

萌芽状态；

(4)确保旅客和货物的人身与财产安全，最大限度地为社会提供安全、及时、经济、方便、舒适的运输服务；

(5)在当前要特别注意克服“重生产、轻安全，重经营、轻管理，重经济效益、轻思想教育”的“三重三轻”的思想，把“安全第一，预防为主”的方针真正落到实处。

2. 道路运输企业安全生产管理工作的主要内容

道路运输企业安全管理工作涵盖的内容很广泛，以保障行车安全为中心的运输企业安全管理工作的主要内容有以下几点。

1)确定安全控制指标

企业应按照安全管理目标的要求，制定阶段性的控制指标，对企业安全生产情况实行阶段性定量控制和考核。考核企业客、货运输安全性的企业安全生产评价指标有以下几种：

(1)
$$\text{万车公里事故频率}=\frac{\text{行车安全事故次数}}{\text{总行程}}\quad(\text{次/万辆}\cdot\text{km})\tag{5-1}$$

(2)
$$\text{旅客安全运输率}=\frac{\text{年(或月)客运总人数}-\text{旅客伤亡人数}}{\text{年(或月)客运总人数}}\times100\%\tag{5-2}$$

(3)
$$\text{安全行车间隔里程}=\frac{\text{报告期(年或月)营运总里程}}{\text{同期行车事故次数}}\quad(\text{km/次})\tag{5-3}$$

(4)
$$\text{货损率}=\frac{\text{货物毁损件(吨)数}}{\text{同期运送货物总件(吨)数}}\times100\%\tag{5-4}$$

(5)
$$\text{货差率}=\frac{\text{货物装运差错件(吨)数}}{\text{同期运送货物总件(吨)数}}\times100\%\tag{5-5}$$

(6)
$$\text{行包差错率}=\frac{\text{报告期行包差错件数}}{\text{同期行包托运总件数}}\times100\%\tag{5-6}$$

(7)
$$\text{行车事故死亡频率}=\frac{\text{报告期行车责任事故致死人数}}{\text{同期营运总里程}}\quad(\text{人/万辆}\cdot\text{km})\tag{5-7}$$

2)建立安全管理制度

道路运输企业安全管理制度主要包括：

(1)企业全员安全管理制度：明确企业全体职员安全工作职责。

(2)安全会议制度：安全委员会会议每季度召开一次，企业安全例会每月召开一次，驾驶员安全例会每周召开一次，如遇特殊情况应随时召开有关会议。

(3)安全事故分析会议制度：针对本企业和外企业道路交通安全事故及时召开分析会。

(4)安全生产公告制度：定期对本企业的安全生产状况、安全管理人员、驾驶员的违章情况进行公告。

(5)安全考核制度：对企业安全管理人员和驾驶员，进行日常管理和安全运营的全过程考核。

(6)安全检查制度：根据企业安全考核要求和运输重要季节的需要，适时组织企业内部安全检查活动。

(7)奖惩激励制度：制定奖惩措施，根据安全考核结果实施奖惩，并保证落实到位。

(8)安全责任追究制度：对安全事故严格按照事故原因未查清不放过、责任人员未处理不放过、整改措施未落实不放过、有关人员未受到教育不放过的"四不放过"原则,追究事故直接责任人和有关负责人的责任。

(9)从业人员培训制度:制订对安全管理人员和从业人员年度及长期的继续教育培训计划,明确培训内容和年度培训时间。

(10)行车日志制度:加强对车辆的运行管理,记录的主要内容包括:始发站、中途停靠站、终点站、停车时间、天气和道路状况,以及行车中发生的车辆故障、隐患、事故等。记录由驾驶员负责填写,企业有专人负责管理。

(11)驾驶员告诫制度:对驾驶员出车前要进行问询、告知,督促驾驶员做好对车辆的日常维护和检查,防止驾驶员疲劳、酒后或带病上岗,并将有关道路状况及天气情况及时告知驾驶员。

(12)档案管理制度:建立车辆技术档案、车辆保险档案、驾驶员档案、行车日志档案、事故档案等基础档案管理制度。

(13)企业安全生产管理所需要的其他制度。

3)明确企业权利与责任

各企业应依据经营业务范围和规模大小,明确企业自身的合法权利以及需要承担的责任和义务。企业权利包括:

(1)按照法律自主经营,自主选择企业经营发展模式,企业的合法权利不受侵犯。

(2)制定企业安全生产管理各项制度。

(3)组织企业安全检查,对企业驾驶员经营行为和营运车辆进行经常性监督。

(4)制定并实施企业安全奖惩激励措施。

企业责任和义务包括:

(1)贯彻执行国家有关安全生产的法律、法规和政策,完成上级下达的各项安全考核指标。

(2)使用符合国家规定标准的车辆从事道路运输经营活动,提供道路旅客、货物运输的安全操作规范和安全工作环境。

(3)采取积极措施降低运输安全风险,针对已认定的风险制定防范措施。国家强制性的第三者责任险和承运人责任险投保率达到100%,并积极参投其他商业险种。

(4)企业法定代表人为安全生产第一责任人,对企业的运输安全生产条件予以保障;分管安全的领导为直接责任人;其他分管领导对分管范围的安全工作负责。企业领导和职员都实行"一岗双责"制,即企业领导和职员既对分管的业务工作负责,又对分管业务范围的安全工作负责。

(5)企业应当建立完善的教育和培训程序,保证所有相关人员充分理解有关规定、标准和指南等,保证相关人员接受运输安全管理体系需要的培训,保证涉及运输安全的新聘和转岗人员熟悉其职责,保证企业制度信息传递渠道畅通、企业职员和从业人员熟知安全生产管理制度。

(6)客运企业要与汽车客运站签订安全责任协议,明确双方的安全责任,督促驾驶员严格遵守汽车客运站的车辆安全例检等安全规定。

(7)积极推行现代化科学管理方法,积极采用新技术、新工艺、新设备和新材料,不断改善

安全生产条件。

(8)企业对所属车辆及驾驶员(包括聘用)承担管理责任。

(9)企业要逐级实行安全生产责任追究制度。

4)建立安全管理机构、配备安全管理人员

企业及其二级经营单位应依法设置专门的安全生产管理机构。对需要履行安全生产职责的所有人员,企业应当用文件形式明确规定其责任、权利及相互关系。

安全生产管理机构应配备适应工作需要数量的专职和兼职安全管理人员,考察政治素质、政策水平、文化程度、专业素质、管理经验和健康状况等综合素质,安全管理人员应经企业统一培训、考核合格,方可上岗,安全管理人员应保持相对稳定。

一般中小企业推荐设立三级管理机构,大型企业推荐设立四级管理机构,机构设置见图5-2。

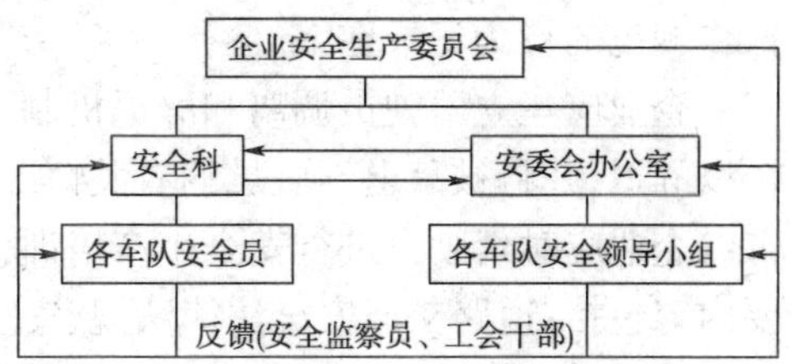

图5-2　三级安全管理机构图

安全生产委员会主任由企业法人代表担任,常务副主任由分管安全的负责人担任,副主任由党委书记、工会主席等人担任。

企业设安全部(处),负责全企业安全方面的指导和监督工作,配备专职安全管理人员,具体指导、管理、监督、协调全企业安全方面的工作。安全部(处)又同时履行安委会办公室职责,是全企业安全生产管理的职能部门。

企业下属的各单位,成立安全领导小组并设立安全科,配备专职安全管理人员;各基层单位(如车队)成立安全小组,并配各专职或兼职安全员。

企业建立以工会为主的安全监督机构和信息反馈渠道,以使安全管理工作更趋科学化。

5)做好安全生产基础保障工作

企业要从设备和经费等方面为确保安全生产提供必要的保障和支持。企业应当配备安全管理工作所需的交通工具、微机及配套设备等办公和安全检查有关设备。同时企业应将上年度营运收入的0.5%～1%作为安全费用,专项用于安全生产,保证安全生产事故的抢险救灾和善后处理工作等安全投入资金的稳定来源,形成企业安全生产投入的长效机制。

6)建立安全监督机制

企业应当任命指定人员,负责监控车辆的安全营运,直接与最高管理层联系,报告所观察到的缺陷,负责组织运输安全评审,提出纠正措施的建议。指定人员应具备安全方面的资格和从业经验,精通企业的各项安全生产管理制度。企业应当以文件形式明确规定指定人员的责任和权利。指定人员的责任和权利应包括:对企业安全生产工作进行监控;确保企业对车辆安全运行提供足够的资源支持。

此外,为保障各项制度和措施的顺利实施和执行,企业应当加强监督检查工作,实行专业监督、群众监督、举报监督等多种监督方式。

(1)专业监督:在企业安全管理机构统一领导下进行监督检查工作,各级专职、兼职安全员是专业监督的具体执行人。

(2)群众监督:以企业职员为主体,工会、共青团组织开展群众性安全生产活动,充分发挥乘客、新闻媒体及社会各界的监督作用。

(3)举报监督:企业应建立举报制度,公开举报电话号码、通信地址或电子邮件信箱。对接到的举报,企业应及时予以查处。

7)加强驾驶员的管理

营运驾驶员应当经设区的市级道路运输管理机构考试合格,取得相应的营业性道路运输从业资格证。

企业应规定驾驶员录用条件,经企业有关部门组织学习、技能考试和安全意识考核合格并取得企业车辆驾驶资格后,方能录用,对新录用的驾驶员要确定试用期。驾驶员的录用,需经企业安全管理部门审核批准,审核人员对被录用的驾驶员安全经历和安全意识负责。

企业应当对驾驶员安全营运的驾驶适应性进行不间断的考核,并对违反法律、法规及安全操作规范的行为记录在案。

企业应建立驾驶员调离和辞退机制,对经考核确认已达不到企业要求的驾驶员,应调离或予以辞退,并将被辞退驾驶员的有关情况抄报相关主管部门。

企业应对驾驶员进行安全生产培训,包括初次进入培训、定期培训、特殊情况培训等。主要内容包括:道路交通安全法律法规、安全行车规定、企业安全生产状况等。

企业应安排适应营运线路要求数量的驾驶员。

企业应当建立驾驶员信息管理系统。

8)加强营运车辆的管理

企业营运车辆购置、使用、经营方式和结构调整,应综合考虑各环节的安全保证因素,不得接受非产权所有车辆以企业的名义从事经营活动。

营运客车、重型货车、半挂牵引车和危险货物运输车,应安装符合国家标准的行车记录仪、GPS等运行状态监控设备。要落实专职人员负责监控车辆行驶动态,及时分析处理行驶记录信息,对违章行为及时处罚并向上级报告。

营运车辆应当保持技术状况良好,符合国家有关标准要求,消防、防滑设备齐全。客运车辆技术等级必须达到营运线路要求的条件;货运车辆技术等级必须与其经营业务相适应,其中危险货物运输车辆专用装置必须为经有关部门检测合格,并配备必要的通信工具。

进站营运车辆必须严格遵守《汽车客运站安全生产规范》的相关规定,自觉接受检查。

按照规定对车辆进行维护与检测:企业应当制定程序,保证车辆按照有关规定和标准以及企业制定的相关要求进行维护和检测;按照规定的时间、里程间隔或定期进行检查;报告不符合规定的情况及可能的原因;采取适当的纠正措施;保存这些活动的记录。

营运车辆改型与报废必须严格执行国家规定的条件要求,由企业统一进行办理。

企业应当建立营运车辆信息管理系统。

9)编写安全作业规范

依据不同岗位的工作特点和要求,企业要编制作业规范并印制成册,通过正规渠道让有关人员拥有并熟知。

安全作业规范内容包括:企业安全管理手册、安全管理人员工作规程、旅客运输驾驶员安全操作规程:包括出车前、收车后安全操作规程以及行车中在各种道路条件、气候条件和行车环境下的安全操作规程;危险货物运输驾驶员安全操作规程;危险货物运输押运员、装卸管理员安全操作规程;普通货物运输驾驶员安全操作规程;调度员安全操作规程;车辆行车记录仪,

GPS 的信息采集、分析和处理流程规程。

10）建立应急救援体系

企业应建立安全生产应急救援体系，设置应急救援机构，配备应急救援人员和物质、设备、经费等。应急预案应标识、描述可能出现的紧急情况，制定紧急情况的应急和报告程序，明确应急指挥、人员机构、应急车辆和设备的储备以及处置措施，建立和完善救援互助网络，同时应及时排查和整改安全生产隐患，对重大危险源实施重点监控，制订应急行动的训练和演习计划。

四、安全管理措施

1. 加强安全风险防范

道路运输企业必须具备与其经营范围相适应的责任赔偿能力，一旦发生责任行车事故，运输企业应具有承担赔偿责任的能力。运输企业加强安全风险防范能力的措施主要有：运输企业按国家规定，通过参加保险等形式，建立安全风险防范机制；企业必须将其各种不同经营方式的所有营运车辆全部纳入安全生产管理范围；企业领导要承担领导、管理、监督、检查、教育的责任，发生安全事故，实行责任追究制度；发生重大以上责任事故的运输业户，应限期整改，整改后达不到安全生产要求的，视情令其停业整顿直至取消经营资格。

2. 安全生产教育培训

为加强员工安全意识，提高企业员工工作技能，道路运输企业需要对员工进行针对性的教育培训，为保证培训效果，必须使培训教育工作制度化、经常化、正规化。

1）安全管理人员培训

企业安委会每年组织至少一次，培训时间不少于 5 天，参加培训人员包括安全处（科）长及所有安全管理人员；企业各下属单位安全管理部门根据上级教育安排，结合本单位安全生产特点及岗位需要，每年自行组织不少于两次培训，培训时间不少于 5 天，参加培训人员为本单位全体安全管理人员。

安全管理人员培训内容包括党和国家关于安全生产的方针政策、上级安全生产文件及指示精神、安全生产法律法规、安全生产管理基础知识、岗位操作规程等。

2）普通员工的培训

对于新招收的员工，应结合拟安排的岗位工作特点，在上岗前进行必要的技术、业务培训，使他们掌握基本的安全常识。

对驾驶员的教育培训工作由企业各基层单位安全科负责组织，培训内容包括国家关于安全生产的方针政策、安全工作的重要意义、职业道德规范、交通规则、安全规章制度、安全操作规程、安全行车经验、安全评比条件、典型交通事故案例分析等。

3）培训方法

教育培训方法可以多种多样，如请人授课、集中学习、传达文件、播放录像、收听广播、组织讨论学习、知识竞赛等。

为不影响生产，培训工作要因时因地制宜，要注意将脱产培训与在岗培训，企业培训与专门院校培训，普及性培训与提高性培训结合起来，以照顾各种不同的情况。

3. 安全生产会议

为加强安全生产源头管理，加强交流与协商，企业应经常性召开安全生产工作会议，一般按照周、月、季召开。

企业安全管理职能部门安全处(科)应每周召开一次安全生产例会，召集本处(科)人员参加，协商交流信息，总结一周安全状况，安排本处(科)工作。

企业安委会办公室每月底召开一次安全生产例会，召集本企业安全生产分管领导、安全管理职能部门领导参加，传达上级文件精神，通报上月安全生产状况，检查上月安全例会相关决议落实情况，部署下月工作。

企业安委会每季度末召开一次大型安全例会，由安委会主任或副主任主持，召集企业安委会全体成员、各下属单位负责人和各安全管理职能部门领导参加，总结上季度安全生产工作，研讨存在的问题，部署下季度安全生产工作。

每次会议要求参加人员要提前准备好书面材料，包括总结前阶段安全生产情况，指出存在的问题，拿出具体的应对措施和工作计划，准时出席，做好记录。会后抓好落实，及时上报，及时反馈。

4. 监督检查

1)监督检查的原则

(1)分级负责制:企业安委会对下属各单位的监督检查负责;各下属单位对本单位的监督检查负责。

(2)检查负责制:谁检查，谁签字，谁负责。

(3)配合协作制:各单位应积极配合检查，任何单位和个人不得妨碍和干扰正常的检查。

2)监督检查的方式

(1)自查:企业下属各单位根据经营业务特点自行制定检查办法和检查内容，各单位安全负责人负责组织自查，每次自查结果上报企业安委会。

(2)日常性检查:企业每季度组织一次常规性检查，检查具体时间可以视情况而定。

(3)专题性检查:企业根据国务院及相关部门、地方政府及有关主管部门要求，部署重要节假日、重点时间段期间、重大事件前后开展专项检查。

日常性检查与专题性检查在时间上接近或重合，或在内容上有一致性时，可以相互兼顾，结合进行。

日常性检查由企业安委会带队，有关人员参加;专题性检查一般由企业安委会临时组织相关人员组成专门检查组来实施。

3)监督检查的内容

监督检查的内容可以分为一般内容和特殊内容。

(1)一般内容。监督检查的一般内容根据企业或下属各单位的业务经营范围和工作特点来确定，主要包括查思想、查管理、查制度、查现场、查隐患、查事故处理等。

(2)特殊内容。监督检查的特殊内容是指根据季节、行业、经营业务等特点进行特殊检查的内容，包括春夏秋冬“四季”安全生产检查，“春节”、“五一”、“国庆”、“元旦”等节日安全生产检查，“安全活动周”、“安全活动月”、“安全警示月”等活动的安全生产检查。

4)监督检查的手段

安全生产监督检查采取“听、看、问、查、议、评”等方法进行，看现场管理，查基础资料，要

全面认真,一丝不苟,从细从严。

(1)"听"是指检查人员听取有关人员关于安全生产工作情况的汇报。

(2)"看"是指检查人员到现场实地检查安全生产管理工作情况和查找存在的各种安全隐患。

(3)"问"是指检查人员向被检查单位和人员询问有关安全生产情况。

(4)"查"是指检查人员查看各种安全资料、台账和记录等文件资料。

(5)"议"是指检查人员对"听"、"看"、"问"、"查"的情况进行汇总评议,形成评价结论、要求和意见。

(6)"评"是指对被检查单位、部门和人员的安全工作进行评价,反馈意见,提出要求。

5)监督检查的总结

监督检查工作完毕后,要认真总结,立卷归档。对特殊内容的监督检查要形成书面材料,逐级上报。对存在问题的单位、部门和个人,检查组要签发隐患整改通知书,隐患整改单位要制订限期整改方案和计划,落实整改责任人,加强整改期间的跟踪监控,加大防范措施,确保安全生产。

5. 安全生产隐患整改

为加强安全生产管理,迅速消除安全生产中发生的事故隐患,最大限度地减少一般事故,有效遏制重特大事故的发生,道路运输企业必须依据国家、行业和地方政府有关法律、法规以及企业内部相关制度,做好事故隐患的整改工作。

1)隐患及其分类

安全生产隐患是指可能导致事故发生的危险状态、人员的不安全行为和管理上存在的缺陷。根据隐患的危险性大小、可能造成后果的严重程度和经济损失情况,可以分为一般隐患、重大隐患和特别重大隐患三类。

2)隐患整改的原则

在进行安全生产隐患整改时,必须遵守以下原则:

(1)安全第一、预防为主的原则;

(2)"抓生产必须先抓隐患整改"和"谁主管谁负责"原则;

(3)迅速、及时、安全、彻底的原则;

(4)实行隐患单位第一把手负责制,重特大隐患整改期间昼夜监控和重特大隐患整改上报制。

3)隐患发现与备案

本着"企业各下属单位负责,安全办公室监督,职工遵章守纪"的原则,大力鼓励企业各下属单位通过自查或员工自己查找事故隐患。

所有事故隐患必须建立隐患档案,重特大事故隐患应"一事一档"。隐患档案内容一般包括:隐患单位、具体位置或部位、类型、相关图片、整改方案、整改责任单位、责任人、整改时限及标准要求,隐患整改阶段性总结及情况反馈意见、隐患注销和按照"四不放过"的原则查处事故隐患等相关资料。

一般隐患由隐患单位建档,并报其上级主管单位备案,重特大隐患由隐患单位建档,并报主管单位和企业安全处或安委会办公室。

4）隐患整改措施

人员的安全隐患应本着“发现一处，随时消灭一处”的整改原则，对人为隐患，要通过加强安全宣传教育，严抓各项制度落实，强化考核，拒绝“三违”现象，努力提高全员遵章守纪的自觉性和安全防范意识，消除人的不安全行为。

设备的安全隐患整改，要增加必要的安全投入，及时按相应技术规范和标准要求维修、加固、整治隐患部位，重视隐患部位的养护和跟踪监控，加强现场管理，建立隐患整改信息联络体系，确保隐患整改措施得力，责任到人，整改到位。

隐患整改要按计划及时限要求完成。对一时不能整改彻底或整改期限长的，要采取强有力和切实可行的安全监控及防范措施，制订相应重特大险情和安全事故应急处理预案，严格执行 24 小时昼夜值班制和领导代班制，确保万无一失。

5）整改工作的监督、检查

企业安全处或安委会负责协调、指导、监督企业内隐患整改工作，隐患单位对隐患整改的具体方案实施、监控、安全防范具体负责。隐患整改单位的主管单位负责隐患整改单位的组织落实，方案实施，隐患监控及事故防范等措施的实施，并进行检查、督促和全面管理。

要建立隐患整改定期调度制度，隐患单位每周检查一次整改情况，安全处每旬检查与验收一次管辖范围内隐患整改情况。隐患整改调度按照单位自查，并实行书面整改材料，单位负责人签章，确保隐患整改计划的严肃性，促进整改及时到位，实现企业安全生产。

6）隐患整改总结及信息反馈

隐患整改完毕，隐患单位要形成隐患整改总结，填写隐患整改反馈单，并按规定上报。同时，按“四不放过”的原则查处事故隐患，追究构成事故隐患的相关责任人，以警后事，杜绝类似情况的再次发生。一般隐患由隐患单位的企业安全处复查，合格后，签署意见，隐患注销。重特大隐患由地方交通主管部门安委会根据企业的检查意见，组织有关人员进行复审，合格后由复审小组签署意见，并上报安全管理部门注销隐患。

7）奖惩

对隐患整改，特别是重特大隐患整改及时、彻底的，安全处给予通报表彰，并对表现突出的职工给予一定的物质或资金奖励。

对存有隐患，尤其是重特大安全隐患瞒报，整改措施不力，或久拖不改，或不按规定及时整改的分公司，将取消评优资格，对因整改不彻底造成事故的，将追究隐患单位负责人和个人的责任。

五、事故处理机制

1. 事故调查

行车事故发生后应认真保护事故现场，采取措施排除险情，防止事故蔓延扩大，尽力抢救受伤人员。企业由安全管理部门牵头，纪检、技术、运务等相关部门人员参加，并吸收具有一定业务专长和资质的技术人员参加，组成专门事故调查小组，负责对行车事故进行调查，并提出处理意见。

发生一般事故，由所属单位安全管理部门调查处理；发生重大及以上事故，企业安全管理

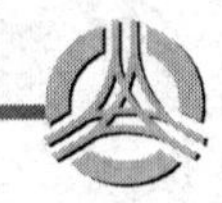

部门应立即报告所在地交通主管部门，由负责人率领事故调查小组去现场调查处理。

事故调查的主要内容如下：

(1)事故发生的地点、时间、道路情况；

(2)当事人的姓名、年龄；

(3)事故发生的基本过程；

(4)事故车辆的技术性能、安全设施设备情况；

(5)事故发生时的天气和周围环境；

(6)人员、车辆、货物受损情况；

(7)整理和分析调查资料，确定事故原因和责任。

2. 事故处理

行车事故的处理应以公安管理部门的裁决书为准。企业安全管理部门根据公安部门的裁决，提出对事故责任者的内部处理意见，报分管安全的企业负责人和安委会审批。

企业安委会根据事故级别、责任大小和所造成的影响，按企业有关规定，在审批对事故当事人处理决定的同时，追究相关单位、部门负责人的领导责任，视情节轻重给予行政处分；构成犯罪的，依法追究刑事责任。

重大、特大事故处理完结后，企业应及时写出事故处理的总结报告和整改措施，报所在地交通主管部门。

要建立完整的事故档案，重大及以上事故必须一事一档。

运输企业必须按规定填报安全责任事故统计及各种报表。

3. 事故责任的追究及奖惩

根据"管生产必须管安全"和"谁主管谁负责"的原则，为增强企业负责人的责任心和自觉性，对运输企业负责人要建立事故责任追究制度和奖惩制度。

例如广东省规定：企业发生重大及以上事故，且负全部责任或主要责任，具有下列情形之一的，对企业主要负责人处以 2 万元以上 10 万元以下的罚款，并追究领导责任；构成犯罪的，依法追究刑事责任。

(1)因渎职或玩忽职守导致事故发生，造成国家和人民生命财产严重损失或政治影响极坏的；

(2)对下级部门及人员反映的危及安全的行为置若罔闻，不及时采取措施制止和处理而导致事故发生的；

(3)纵容、包庇驾驶员及其他人员违章驾驶车辆或故意违反有关安全管理规定的；

(4)指使、强令他人违章驾驶车辆的；

(5)事故发生后，指示肇事人逃逸的；

(6)为逃避事故责任追究，互相串通，有意隐瞒不报或谎报的；

(7)发生了群死群伤特大安全责任事故的，或安全生产指标达不到要求的。

企业当年发生特大交通事故或安全指标不达标，且整改一年内仍不合格的，审批机关应降低企业的资质等级，同时重新确定其经营的客运线路类别。

被评为安全生产先进的企业，企业应给其负责人适当奖励，表现特别突出的，给予重奖；对在行车安全中做出显著成绩的集体和个人给予表彰、奖励，并与经济利益挂钩。

第五节　交通安全评价

交通安全评价是在系统分析的基础上,通过事故指标、隐患指标及风险指标等,对交通系统的整体安全性、交通安全管理的薄弱环节等进行比较和评价。根据评价结果选择确定保证系统安全的技术路线和投资方向,拟定安全对策等。

一、交通安全评价的基本概念

交通安全评价是指:以一个地区或一条道路为研究范围对象,通过收集资料、事故调查、现场测量等手段获得与研究对象范围内相关的信息,通过事故指标、隐患指标及风险指标等,应用适合的评价方法对研究范围进行安全程度的评价。

1. 交通安全评价分类

1)按研究对象分类

道路交通安全涉及交通基础设施等技术经济因素,机动化水平因素,因此,交通安全评价可分为交通系统安全水平评价(宏观评价)与道路安全评价(微观评价)。

宏观评价的主要目的在于分析随着区域的社会变革、经济和技术的发展,道路安全状况的变化,研究区域经济、车辆保有量、人口及其构成与道路安全(道路事故率)的相互关系,并在此基础上制定宏观的技术和政策方面的道路安全性改善措施。

微观评价是从不同的角度分析影响道路安全、产生道路交通事故的各种具体因素,以改善道路安全状况,制定技术与政策措施。对于道路与交通工程领域的工程技术人员,则着重研究道路、交通环境因素与道路事故的关系,以指导道路安全设计。

2)按照评价时间范围分类

对于交通安全评价,按照评价时间范围,可分为"事前评价"、"事后评价"。事前评价采用的是道路开通前的信息,事后评价采用的是道路营运后的信息。

2. 交通安全评价应遵循的原则

要进行交通安全评价,首先要确定评价方法索要遵循的原则,这样可以使评价指标的建立更有目的性,更容易得到认同。一般认为,评价应遵循以下 4 个原则:

1)科学性原则

所谓科学性原则是指评价方法能够真实的反映事物的本质,体现道路交通的安全性,要科学合理、客观公正。只要坚持科学性的原则,评价结果才具有可信性。

2)可行性原则

所谓可行性是指评价方法要切实可行。这就包括对基础数据的要求要切实可行,即应选择尽可能少并易于得到的数据进行评价;也包括评价过程的切实可行,即评价过程应清晰明了、易于操作。只有坚持可行性原则,评价的方法才容易为基层服务,被使用部门接受。

3)实际性原则

所谓实际性原则是指评价方法应紧密联系实际,脱离我国目前实际情况建立的交通安全评价方法是不能体现我国的道路现状的,是毫无意义的。只有坚持实际性原则,才能通过评价得出准确的结论,为整改措施提供可靠依据。

4)可比性原则

所谓可比性是指评价方法可以对道路交通安全性作出公正合理的比较,进而作出评判。可比性是建立评价方法和评价体系的重要标准。进行评价的目的就是要分出优劣,因而只有坚持可比性才能实现评价的目标,从而揭示事物的本质。

3.交通安全评价的制约因素

所谓综合评价是指对被评价对象从不同的角度去考察,在考察中要顾及尽可能多的影响因素。如果评价对象只有一个,则评价结论应当以“好”、“较好”或“不好”等形式表达;如果被评价对象不止一个,则评价结果应当是一个交通安全水平的排序。然而,建立这样一个评价模型并非易事,存在许多困难和障碍,主要表现在以下几个方面。

1)影响因素众多

交通事故的发生受许多因素的影响,比如,人口密度、人口的年龄构成、居住区的结构、车辆保有量及组成、交通流量、公共交通设施、路网长度及质量、地理及气候条件等。这些因素之间又相互关联、互相影响。由于每个因素只能反映是问题的一个侧面,若要全面评价交通安全水平,就应当在评价模型中引进尽可能多的变量。

2)定义不一致

各国对于交通事故的统计方法不尽一致,并且在统计标准和事故定义方面也有很大区别。例如,交通事故死亡人数的统计与事故次数、受伤人数及经济损失这三个统计指标相比,应当是争议最少的,然而,各国对事故后存活期限的规定却大相径庭。目前国际上推荐的方法是将事故后30天之内死亡者均作为交通事故死亡加以统计,但有的国家规定为7天,如中国、意大利;有的国家规定为6天,如法国;有的国家规定为3天,如奥地利;有的国家规定为1天,如西班牙、日本;甚至有的国家规定大于30天,如瑞士。

即便是相对事故率中的参照指标,如万车死亡率中车辆保有量的统计,也存在同样的问题,即各国对于机动车的分类和统计范围也不一致。

由于定义和标准的不同,为保证可比性,在构造评价模型时又不得不抛弃许多指标。这样,可供选择的评价指标的数目将大大受到限制。

3)事故统计不完善

事故统计中的大量遗漏和资料的不完整使指标的可比性进一步受到了影响。这种遗漏在涉及行人、自行车、摩托车等的交通事故中尤为突出。根据阿波尔(Apel)等人的调查,有时遗漏的数目竟高达1/3以上。在设计人员受伤的事故统计中,受伤的程度越轻,被遗漏的数目越大。

综上所述,一方面,由于影响交通安全的因素众多,为了避免评价的片面性,要求在评价模型中尽可能地多引进评价指标;而另一方面,由于定义的统计标准的不一致以及统计数据的不完整,为了保证可比性,只能引进少量的评价指标。这两方面相互矛盾,使得建立交通安全宏观评价模型的工作存在一定困难。

二、安全度评价指标

交通安全可以用交通安全度来表征,交通安全度即交通安全的程度,是使用各种统计指标,通过一定的运算方式来评价客观的交通安全状况。道路安全度是改进交通安全、考察交通

管理部门水平的一个重要评价依据。

1. 绝对指标

交通安全度评价绝对指标有4项,即事故次数、死亡人数、受伤人数、直接经济损失。这4项指标是安全评价的基础资料,现可用于同一地区或同一城市交通安全状况的考核与分析,也可用于同一地区或同一城市不同时期交通安全状况的比较,但无法对不同地区或不同城市的交通安全状况进行横向比较,更无法与国外交通安全状况进行对比,即缺乏可比性。此外,这4项指标也不能对事故量、事故后果和发生事故的可能性作出全面的评价,缺乏系统性。

2. 相对指标

除这4项指标外,根据交通安全度评价方法不同,可采用适当的相对指标来评价道路交通安全状况。

1)万车交通事故死亡率

这是一定时期内交通事故死亡人数与机动车保有量的比值,是反映交通事故死亡人数的相对指标,侧重于评价机动车数量对交通事故死亡人数的影响。

2)万人交通事故死亡率

这是一定时期内交通事故死亡人数与人口数量的比值,也是反映交通事故死亡人数的相对指标,侧重于评价人口数量对交通事故死亡人数的影响。但若用于不同的国家和地区,因交通环境相差较大,其可比性较差,不适用于像我国这样人口多、机动车少、路网密度低的国家。

3)交通事故致死率

这是一定时期内交通事故死亡人数与交通事故伤亡总人数的比值,它可以综合反映车辆性能、安全防护设施、道路状况、救护水平等因素的影响,是衡量交通管理现代化及交通工具先进性的一个重要指标。

4)亿车公里事故指标

亿车公里事故指标包括亿车公里事故率、亿车公里受伤率、亿车公里死亡率,侧重于评价交通量对交通事故的影响,只是一组评价指标,可综合反映交通工具的先进性、道路状况及交通管理的现代化,也是国外评价交通安全的常用指标之一。

5)综合事故率

综合事故率是万车死亡率和万人死亡率的几何平均值(或亿车公里死亡率的几何平均值),该指标同时考虑了两个参数对交通安全的影响。

6)交通事故预测指标

交通事故预测指标一般是对交通事故死亡人数或事故次数进行的预测。它是先根据历史统计资料整理出回归方程,然后将所求年度的参数代入,从而求出次年度的交通事故死亡人数或事故次数的预测值。将此预计值与当年实际值进行比较,可以对安全状况的改善程度进行评价,在这些回归方程中,最著名的是英国斯密德(R. J. Smeed)模型。除此之外,还有特里布罗斯模型、奥尔加模型和北海道模型等,这些回归方程考虑的影响因素各不相同,往往对同一地区具有较高准确性。

3. 交通安全综合评价指标体系

开展道路交通安全评价问题的研究,建立符合我国国情的科学的评价体系,借以正确评价我国交通安全的总体水平和各地区的交通安全水平,以期制定合理的、科学的安全对策,具有

重要理论价值和现实意义。

1)道路交通安全评价指标体系的功能

在对交通安全状况进行评价时,仅使用单项指标是不够的,必须使用一系列的评价指标组成一个评价指标体系,综合考虑人、车、路和环境诸方面因素的影响和作用,对交通安全状况作出全面和准确的评价,为安全决策和事故控制提供可靠的依据。

交通安全评价指标体系应具有两种功能:

(1)认识功能:即该指标体系应能使管理部门认识辖区内交通事故的总体规模和危害程度,引起其重视。

(2)激励功能:即管理部门可以根据指标判断辖区内交通事故的发展趋势,本辖区与相关区域之间管理水平上的差距,激励管理部门寻求改善管理水平的途径。

2)评价指标体系的结构

根据评价指标的功能分析交通因素的系统分析,交通安全综合评价指标体系应包括三类指标:事故总量指标(绝对指标)、事故率指标(相对指标)、管理水平指标。前两类指标是向管理部门提供认识功能,而第三类指标主要是提供激励功能。三类指标是一个互相联系的整体,是进行事故宏观分析和宏观管理的依据。其中,总量指标是一切其他指标的数据基础,事故率指标是比较通用的指标,管理水平指标则是从管理角度进行深入分析的工具。综合评价指标体系的结构如图 5-3 所示。

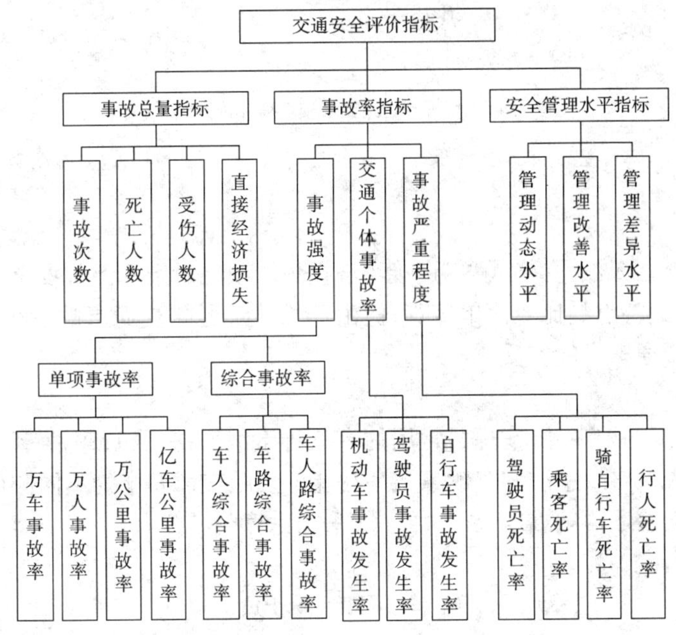

图 5-3　道路交通安全综合评价体系

3)交通安全度评价方法分类

目前国内外交通安全度评价方法,可以从两种不同的角度进行分类。

一种是按评价的对象分类,可分为宏观评价和微观评价。宏观评价只要是研究较大范围内的问题,往往以国家或省、市为对象;微观评价只要是研究局部的具体问题,如一条或一段道路、一个交叉口等。

另一种是按评价目的分为两类:一类用于评价道路交通安全水平;另一类用于评价道路交通安全管理学水平。

国内外现行的评价方法如图 5-4 所示。

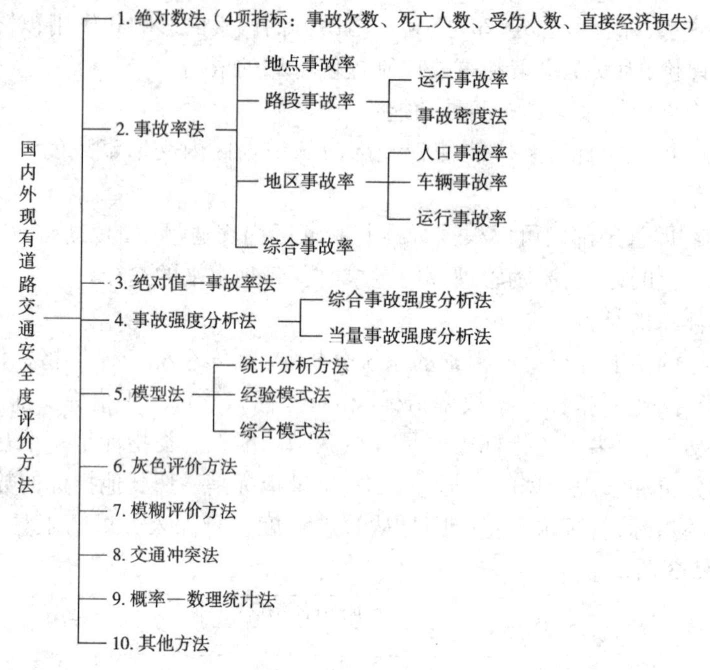

图 5-4　现有道路交通安全度评价方法

三、综合评价

1. 绝对数法

用事故次数、死亡人数、受伤人数、直接经济损失 4 项绝对指标评价安全度,是我国目前用的最普遍的方法。其特点是比较简单直观,但由于不涉及影响交通事故发生的主要因素的差异,因而不能揭示交通安全的实质。

2. 事故率法

作为交通安全度的宏观评价方法,常用的有三种事故率法:人口事故率、车辆事故率和运行事故率。其中,人口事故率法和车辆事故率法能够反映交通安全的不同侧面;运行事故率法较为科学,但目前交通运营量难以获得,故一般采用估算值。

1)人口事故率

$$R_P = (F/P) \times 10^5 \tag{5-8}$$

式中:R_P——道路交通事故 10 万人口死亡率(人/10 万人口);

F——道路交通事故死亡人数(人);

P——统计区域的常住人口数(人)。

2)车辆事故率

$$R_V = (F/V) \times 10^4 \tag{5-9}$$

式中:R_V——道路交通事故万车死亡率(人/万辆);

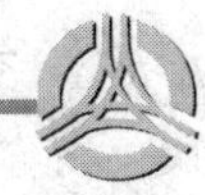

V——统计区域机动车保有量(辆)。

3)运行事故率

$$R_t = (F/T) \times 10^8 \tag{5-10}$$

式中:R_t——道路交通事故亿车公里死亡率(人/亿辆·km);

T——统计区域内总运行车公里数。

3. 模型法

现行模型法有两类,一类是统计分析模型,利用多元回归法建模;另一类是经验法建模。前者国外用得多,后者国内用得多。

1)统计分析模型

(1)斯密德(R. J. Smeed)模型

$$D = 0.0003\sqrt[3]{NP^2} \tag{5-11}$$

式中:D——交通事故死亡人数;

N——机动车登记数(辆);

P——人口数(人)。

(2)意大利特里波罗斯多元回归模型

$$\gamma = 58.770 + 30.322x_1 + 4.278x_2 - 0.107x_3 - 0.776x_4 - 2.87x_5 + 0.147x_6 \tag{5-12}$$

式中:γ——人口事故率(死亡人数/10万人);

x_1——交通工具机动化程度(km/km^2);

x_2——平均每平方公里道路长度;

x_3——居住在大城市中的人口比例(%);

x_4——19岁以下青少年所占人口比例(%);

x_5——65岁以上老年人所占人口比例(%);

x_6——小客车与出租车在车辆中所占的比例(%)。

2)经验法模型

经验法常用的安全度评价模式:

$$R = D_d/(365 \times K_1 \times 10^3) \tag{5-13}$$

式中:$D_d = D_1 + a_1D_2 + a_2D_3 + a_3D_4$

D_1——交通事故直接死亡人数;

D_2——交通事故轻伤人数;

D_3——交通事故重伤人数;

D_4——交通事故直接经济损失(万元);

K_1——经换算后的辖区道路长度内车辆运行公里数;

a_1、a_2、a_3——轻伤人、重伤人、经济损失与死亡的当量系数。

4. 事故强度法

1)综合事故强度分析法

$$K = \frac{M \times 10^4}{\sqrt{RCL}} \tag{5-14}$$

式中:K——死亡强度指标,K越小,安全度越高;

M——当量死亡人数，M =死亡人数+0.33重伤人数+0.10轻伤人数+2直接经济损失（万元）；

C——当量汽车数，C =汽车+0.4摩托车和三轮车+0.3自行车+0.2畜力车；

R——人口数，$R=0.7P$（P为人口总数）；

L——不同道路条件下的修正系数，如表5-6所示。

不同道路条件下的修正系数 表5-6

公路等级 \ 里程(km)	<50	50~500	500~2000	2000~10000	>10000
一级公路	0.8	0.9	1.0	1.1	1.2
二级公路	0.9	1.0	1.1	1.2	1.3
三级公路	1.0	1.1	1.2	1.3	1.4
四级公路	0.9	1.0	1.1	1.2	1.3
等外公路	0.8	0.9	1.0	1.1	1.2

2）当量事故强度

当量综合死亡率指标结构为：

$$K_d = 10^3 \times \frac{D_d}{\sqrt[3]{P \cdot N_d \cdot L}} \tag{5-15}$$

式中：K_d——当量综合死亡率；

D_d——当量死亡人数；

N_d——当量车辆数；

P——人口数；

L——公路里程。

K_d采用了当量值，且考虑的因素全面，基本概括了人、车、路对交通事故的影响。但当量死亡人数、当量车辆数、道路里程的标准化问题尚需研究。

5.概率数理统计法

$$Z = \frac{Y - \tilde{Y}}{\sqrt{\bar{Y}}} \tag{5-16}$$

式中：Y——事故的数目；

$\tilde{Y}$——事故理论允许值；

$\bar{Y}$——事故发生次数的估计值。

正常事故数：$1.96 \leq Z \leq 1.96$；

异常事故数：$Z < 1.96$或$Z > 1.96$。

Z越小，表明越安全。

6.4项指标相对数法

1）4项指标相对数法模型

4项指标相对数法是把不同类型道路交通事故的4项指标的绝对数占总数的百分比作为

一个相对指标,利用此相对指标可深入的认识各种道路类型交通事故的对比情况,判断各种道路类型交通事故发生的比例,计算公式为:

$$\eta = \frac{A_i}{\sum A_i} \times 100\% \tag{5-17}$$

式中:η——指标的相对数;

A_i——不同道路类型的交通事故各项指标的绝对数;

$\sum A_i$——各种道路类型的交通事故各项指标总数。

2)4 项指标相对数法应用

应用4项指标的相对数法可以从总体上对各种类型道路的交通事故进行分析,确定不同类型道路的交通事故比例分布。根据相关统计资料,对全国某年不同类型公路和城市道路的事故情况进行统计分析,确定了各种道路类型的事故次数和死亡人数的分布比例范围。

从表5-7中可以看出:

(1)总体来看,二、三级公路和城市主干路上4项指标的相对数较大,事故次数和事故的严重程度较高。

各种道路类型的事故次数和死亡人数分布比例范围　　表5-7

道路类型	各种道路类型的事故分布比例范围(%)	
	事故百分比 A	死亡人数百分比 B
高速公路	0~2	0~2
一级公路	3~16	5~22
二级公路	8~28	11~35
三级公路	2~11	3~27
四级公路	0~7	1~10
等外公路	0~4	0~5
快速路	0~2	0~3
主干路	21~40	12~34
次干路	5~22	3~18
支路	2~6	1~4
其他城市道路	3~11	4~12

(2)从公路的事故情况来看,二级公路上发生的事故在公路中的事故比例最大,其次是三级公路和一级公路。

(3)在城市道路中,城市主干路交通事故所占百分比最大,其次是次干路。

四、微观评价方法

交通安全微观评价分为路段评价与交叉口评价。

1. 路段评价

1)交通事故率法

路段交通事故率,以每亿辆公里交通事故次数表示。即:

$$R_N = \frac{D}{QL} \times 10^8 \tag{5-18}$$

式中：R_N——1 年间亿辆公里事故次数；

D——全年交通事故次数；

Q——路段年交通量，$Q = 365 \times AADT$（年平均日交通量）；

L——路段长度（km）。

交通事故率表示某一路段发生交通事故的危险程度，它与交通参与者违章行驶的状态有关，与交通流量紧密相连，因此是值得推荐的较为科学的路段安全评价指标。

公路亿车公里事故率的计算方法与城市道路相同，全国不同类型公路事故率某年的分布情况见表 5-8。

全国不同类型公路事故率分布 表 5-8

道路类型	高速公路	一级公路	二级公路	三级公路	四级公路
事故率（次/亿车·km）	8.27~13.27	23.72~59.29	12.71~44.49	15.96~31.91	21.84~43.68

从表中可以看出：

（1）一级公路、二级公路、四级公路的亿辆公里事故率最高，一级公路总体水平略高于其他公路，应加强事故预防措施；

（2）高速公路整体安全水平最高。

2）绝对数—事故率法

绝对数—事故率法是将绝对数法和事故率法结合起来评价交通安全度的方法。这种方法以事故绝对数为横坐标，以每公里事故率为纵坐标，按事故绝对数和事故率的一定值，将绝对数—事故率分析图画出不同的危险级别区，以Ⅰ区、Ⅱ区、Ⅲ区分别代表不同的危险级别（见图 5-5）。Ⅰ区为最危险区，亦即是道路交通事故数和事故率均为最高的事故多发道路类型，据此，可直观的判断不同路段的安全度。

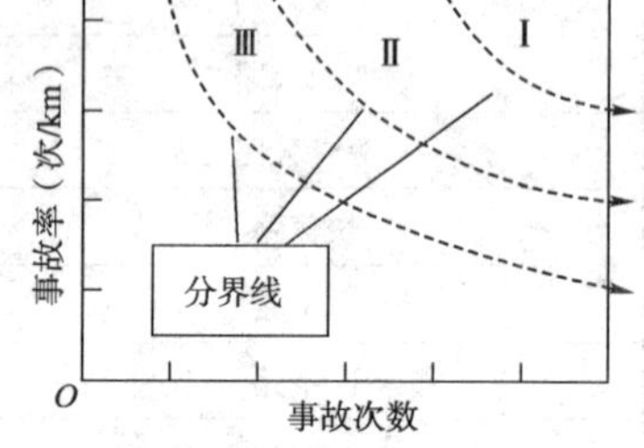

图 5-5　绝对数—事故率分析图

依据东北甲市和东北乙市某年的事故统计数据、交通量调查数据和道路里程的统计数据，按照公式计算亿辆公里事故率，不同类型道路事故率分布如表 5-9 所示。从表中可以看出，在城市道路中，亿辆公里事故率最高的是主干路和次干路，支路由于日平均交通量较低，也具有较高的事故率。因此，改善道路交通安全应考虑加强对主干路和次干路的管理，在主干路和次干路的道路设计和道路设施的设置上，应加强安全保护和注重预防的工作。

不同类型城市道路的事故率分布 表 5-9

道路类型	事故率（次/亿辆·km）		道路类型	事故率（次/亿辆·km）	
	甲市	乙市		甲市	乙市
快速路	6.51	—	次干路	32.74	50.32
主干路	37.88	51.51	支路	26.89	46.57

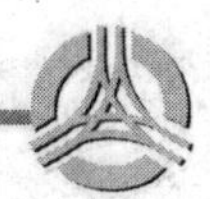

图5-6是甲市和乙市事故绝对数—事故率分析图，从图中可以看出，城市道路中最危险的道路类型为主干路。

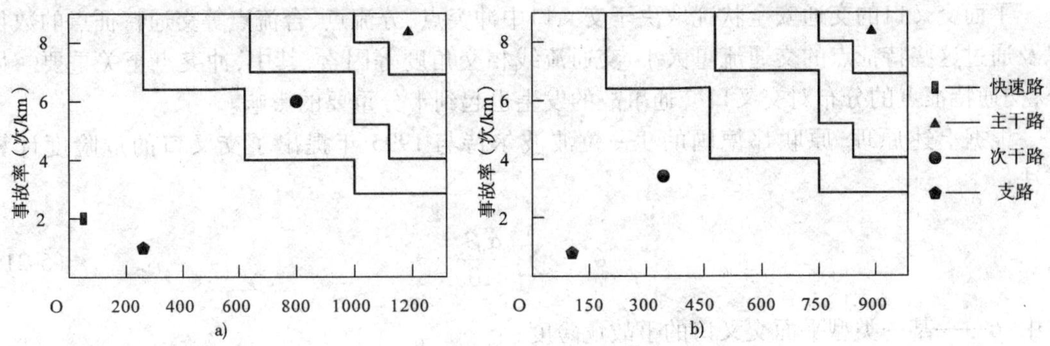

图5-6　城市道路事故绝对数—事故率分析图

a）事故次数（甲市）；b）事故次数（乙市）

2. 路口评价

1）交通事故率法

交叉口事故率是评价路口安全的综合指标，一般以求得的数据和安全目标值相对照，确定交叉口的危险等级。交叉口事故率用每百万辆车发生交通事故的次数来表示，即：

$$R_{M} = \frac{D}{V} \times 10^{6} \tag{5-19}$$

式中：R_M——交叉口事故率（次/100万辆车）；

D——交叉口范围内发生的事故次数；

V——通过交叉口的车辆数。

［例5-1］　某交叉口一年间共发生交通事故12次，伤亡7人，每天进入交叉口的平均日交通量为5000辆，试计算其事故率。

解：根据公式，该交叉口的事故率（R_{M1}）和伤亡率（R_{M2}）分别为：

$$R_{M1} = \frac{12 \times 10^{6}}{5000 \times 365}\text{次/百万辆车} = 6.6\text{ 次/百万辆车}$$

$$R_{M2} = \frac{7 \times 10^{6}}{5000 \times 365}\text{人/百万辆车} = 3.8\text{ 人/百万辆车}$$

2）速度比辅助法

速度比以通过交叉路口的机动车行车速度与相应路段上的区间车速的比值表示，即：

$$R_{I} = \frac{V_{I}}{V_{H}} \tag{5-20}$$

式中：R_I——速度比；

V_I——路口速度（km/h）；

V_H——区间车速（km/h）。

一般在交叉路口冲突点多，行车干扰大，甚至往往造成行车阻滞。因此，用速度比能够表征交叉口的行车秩序和交通管理状况。由于其是一个综合指标，且无量纲，它与交通事故率法结合使用,使之更具有可比性。

3)危险度判定

平面交叉口的交通安全状况取决于交叉口中冲突点、分流点、合流点等交通特征点的数目以及通过这些特征点的交通流量大小、交通流线相交角度等因素,其中,冲突点至关重要。另外,交通特征点的分布对交叉口交通事故的发生也起到十分重要的影响。

根据上述原理,原联邦德国的 T · 拉波波尔特与 1995 年提出了交叉口的危险度计算方法:

$$G = \sum_{i=1}^{n} \frac{\alpha_i \beta_i}{10} \tag{5-21}$$

式中:G——某一类型平面交叉口的事故危险度;

α_i——交叉口某一类型特征点的危险度,见表 5-10;

β_i——通过某一特征点的累计交通量。

对于同一类型的多个平面交叉口,分别计算出危险度后,根据数值大小,确定它们的排序。

交叉口不同相交角度车流 α 值　　表 5-10

交叉口的交通流特征点	交通特征点分布状况		交叉口的交通流特征点	交通特征点分布状况	
	分散的	密集的		分散的	密集的
分流点	2	1	合流点	4	2
交角为 30°的车流交叉点	6	3	120°	14	7
交角为 60°的车流交叉点	8	4	150°	18	9
交角为 90°的车流交叉点	12	6	在一车道上相遇的行车	20	10

3. 洛巴诺夫模型

苏联道路专家 E. M. 洛巴诺夫在分析本国平面交叉口道路交通事故统计资料的基础上,考虑到不同的车流方向、转弯半径以及车流之间的交角,提出了确定交叉口上交错点出可能发生事故的计算公式。即:

$$g_i = K_i M_i N_i \frac{25}{K_r} \times 10^{-7} \tag{5-22}$$

式中:g_i——某交错点上通过 1000 万辆汽车可能发生的交通事故数量;

K_i——该交错点的相对事故率;

M_i——该交错点上交叉的次要道路上行驶车流的交通量(辆/天);

N_i——该交错点上交叉的主要道路上行驶车流的交通量(辆/天);

K_r——年交通量月不均匀系数。

上式中的系数 25 是为了考虑一个月平均的工作天数,在这些天中道路的负荷要远远大于非工作天的负荷。对于新设计的道路,$25/K_i$ 的比值可等于 365。

对于最有代表性的情况,K_i 系数值见表 5-11。

不同道路交通条件下的 K_i 系数值　　表 5-11

交通条件	行车方向	交叉口特点	交叉口的 K_i 系数值	
			无设施	有渠化交通设施
车流合流	右转弯	$R<15\text{m}$	0.0250	0.0200
		$R\geqslant15\text{m}$	0.0040	0.0020
	左转弯	$R<10\text{m}$	0.0320	0.0200
		$10\text{m}<R<25\text{m}$	0.0025	0.0017
车流交叉	交叉	$\alpha\leqslant30°$	0.0080	0.0040
		$50°\leqslant\alpha\leqslant75°$	0.0936	0.0018
		$90°\leqslant\alpha<120°$	0.0120	0.0060
		$150°<\alpha<180°$	0.0350	0.0175
两种转弯的车流	车流向两个方向分流	—	0.0015	0.0010
	左转弯车流的交叉口	—	0.0020	0.0005
	转弯车流的合流点	—	0.0025	0.0012

同时提出使用1千万辆车通过交叉口所发生的道路交通事故数量来评价交叉口危险度的模型：

$$K_a=\frac{\sum_{i=1}^{n}10^7 g_i K_i}{25(M+N)}=\frac{\sum_{i=1}^{n}K_i M_i N_i}{M+N} \tag{5-23}$$

式中：K_a——交叉口的危险度；

M——次要道路上的车流量（辆/天）；

N——主要道路上的车流量（辆/天）。

根据 K_a 值，把交叉口按照危险度划分为一定的等级，见表5-12。

交叉口按危险度划分的等级　　表 5-12

交叉口危险度	不危险	稍有危险	危险	很危险
K_a 值	<3	3.1～8	8.1～12	>12

一般认为在新设计的交叉口上，危险度不应超过8。

五、灰色聚类评价方法

1. 灰色聚类评价模型

在评价道路安全水平时，有时不可能也没有必要获得统计信息的全部指标后再进行评价。针对交通安全信息不完全的特点，可通过对少量已知信息的筛选、加工、延伸和扩展，运用灰色理论的聚类评价方法来评价道路安全水平。

若评价对象个数为 n，评价指标项数为 m，其中，评价指标 $j\in\{1,2,\cdots,m\}$，评价对象 $i\in\{1,2,\cdots,n\}$，记 d_{ij} 为被评估样本矩阵，则：

$$d_{ij}=\begin{bmatrix} d_{11} & d_{12} & \cdots & d_{1m} \\ d_{21} & d_{22} & \cdots & d_{2m} \\ \cdots & \cdots & \cdots & \cdots \\ d_{n1} & d_{n2} & \cdots & d_{nm} \end{bmatrix} \tag{5-24}$$

2. 灰类及白化值的确定

采用概率统计方法确定评价标准,将评价指标的实际数据,经无量纲化处理,分析数据的累积百分频率,绘制累积百分频率曲线,在曲线上确定不同特定累积百分频率所对应的数值,作为各灰类的白化值,如图 5-7 所示。将交叉口的交通安全状况划分为 4 个级别的灰类:即优(A 级)、良(B 级)、中(C 级)、差(D 级)。选取 15% 和 85% 累积百分频率对应的点来确定优和差值,选取 40% 和 60% 累积百分频率对应的点来确定良和中值。4 个累积百分频率所对应的 λ_1、λ_2、λ_3、λ_4 分别为指标优、良、中差的白化值,确定后的各灰类白化值可在一定时间(如一年或几年)内保持稳定。

3. 灰类的白化权函数

交通安全评价 4 个灰类相应的白化权函数可用式(5-25)~式(5-28)及图 5-8 表示。

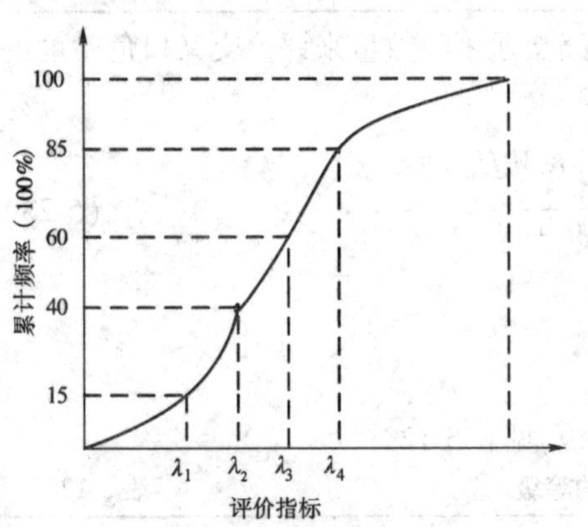

图 5-7　评价指标的累积百分频率曲线

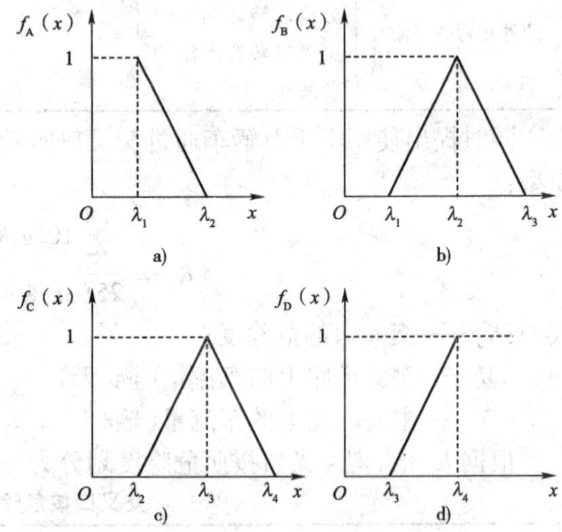

图 5-8　交通安全评价灰类的白化权函数

a)交通安全状况优灰类;b)交通安全状况良灰类;c)交通安全状况中灰类;d)交通安全状况差灰类

$$f_A(x)=\begin{cases}1 & x<\lambda_1\\ \dfrac{\lambda_2-x}{\lambda_2-\lambda_1} & \lambda_1\leqslant x\leqslant\lambda_2\\ 0 & x>\lambda_2\end{cases}\tag{5-25}$$

$$f_B(x)=\begin{cases}0 & x<\lambda_1\\ \dfrac{x-\lambda_1}{\lambda_2-\lambda_1} & \lambda_1\leqslant x\leqslant\lambda_2\\ \dfrac{\lambda_3-x}{\lambda_3-\lambda_2} & \lambda_2\leqslant x\leqslant\lambda_3\\ 0 & x>\lambda_3\end{cases}\tag{5-26}$$

$$f_C(x) = \begin{cases} 0 & x < \lambda_2 \\ \dfrac{x-\lambda_2}{\lambda_3-\lambda_2} & \lambda_2 \leqslant x \leqslant \lambda_3 \\ \dfrac{\lambda_4-x}{\lambda_4-\lambda_3} & \lambda_3 \leqslant x \leqslant \lambda_4 \\ 0 & x > \lambda_4 \end{cases} \tag{5-27}$$

$$f_D(x) = \begin{cases} 0 & x < \lambda_3 \\ \dfrac{x-\lambda_3}{\lambda_4-\lambda_3} & \lambda_3 \leqslant x \leqslant \lambda_4 \\ 0 & x > \lambda_4 \end{cases} \tag{5-28}$$

式中：$f_A(x)$、$f_B(x)$、$f_C(x)$、$f_D(x)$——交通安全评价指标A级、B级、C级、D级的白化权函数。

4. 聚类权的确定

若聚类权为η_{jt}，t为评价灰类，且$t \in \{1,2,\cdots,k\}$，k为评价灰类种数，则η_{jt}按下式确定：

$$\eta_{jt} = \frac{\lambda_{jt}}{\sum_{j=1}^{m} \lambda_{jt}} \tag{5-29}$$

式中：η_{jt}——第j项评价指标归入t种灰类的聚类权；

λ_{jt}——第j项评价指标属于第t种灰类的白化值。

5. 灰聚类分析

根据下式可求出第i个评价对象对于第t个灰类的聚类评估值σ_{jt}：

$$\sigma_{jt} = \sum_{j=1}^{m} f_{it}(d_{ij})\eta_{jt} \tag{5-30}$$

评价对象i的灰聚类评估序列$\sigma_i = (\sigma_{i1}, \sigma_{i2}, \cdots, \sigma_{ik})$，评价对象所属灰类为$k^*$，满足$\sigma_{ik}^* = \max\{\sigma_{i1}, \sigma_{i2}, \cdots, \sigma_{ik}\}$，从而确定聚类对象的安全状况等级。这里$k$取4，安全状况等级为优（A级）、良（B级）、中（C级）、差（D级）。

6. 应用示例

应用灰色聚类模型，可以进行交通安全状况的宏观评价和微观评价。微观评价的计算方法与宏观评价相同，以我国31个省、自治区、直辖市为评价对象，以万车死亡率、十万人口死亡率、万车当量总事故率和事故严重性指标为评价指标，以1998年的统计数据确定评价标准。计算过程如下：

（1）确定31个省、自治区及直辖市道路交通事故各评价指标4个灰类的白化值λ_{jt}为：

$$\lambda_{jt} = \begin{bmatrix} 0.2812 & 0.4191 & 0.5686 & 0.6968 \\ 0.3052 & 0.3805 & 0.4989 & 0.8605 \\ 0.0666 & 0.1410 & 0.2246 & 0.3949 \\ 0.2367 & 0.3334 & 0.4513 & 0.6790 \end{bmatrix}$$

其中，灰类$t = \{$优（A）、良（B）、中（C）、差（D）$\}$。

（2）计算聚类权η_{jt}：

$$\eta_{jt}=\begin{bmatrix}0.3161 & 0.3290 & 0.3261 & 0.2648\\0.3430 & 0.2987 & 0.2862 & 0.3270\\0.0749 & 0.1107 & 0.1288 & 0.1501\\0.2660 & 0.2617 & 0.2589 & 0.2581\end{bmatrix}$$

(3)计算聚类评估值，最大聚类评估值见表5-13。

最大聚类评估值 表5-13

序号	地点	σ_{ik}^*	序号	地点	σ_{ik}^*	序号	地点	σ_{ik}^*
1	北京	$\sigma_{11}^*=0.5799$	12	安徽	$\sigma_{(12)4}^*=0.4038$	23	四川	$\sigma_{(23)1}^*=0.5815$
2	天津	$\sigma_{21}^*=0.4304$	13	福建	$\sigma_{(13)4}^*=0.4304$	24	贵州	$\sigma_{(24)4}^*=0.5229$
3	河北	$\sigma_{31}^*=0.3767$	14	江西	$\sigma_{(14)4}^*=0.3297$	25	云南	$\sigma_{(25)2}^*=0.5657$
4	山西	$\sigma_{42}^*=0.4967$	15	山东	$\sigma_{(15)3}^*=0.4854$	26	西藏	$\sigma_{(26)4}^*=0.7334$
5	内蒙古	$\sigma_{52}^*=0.4369$	16	河南	$\sigma_{(16)2}^*=0.5523$	27	陕西	$\sigma_{(27)3}^*=0.4738$
6	辽宁	$\sigma_{63}^*=0.5677$	17	湖北	$\sigma_{(17)3}^*=0.5288$	28	甘肃	$\sigma_{(28)2}^*=0.5033$
7	吉林	$\sigma_{74}^*=0.4658$	18	湖南	$\sigma_{(18)2}^*=0.5482$	29	青海	$\sigma_{(29)3}^*=0.4045$
8	黑龙江	$\sigma_{81}^*=0.3753$	19	广东	$\sigma_{(19)1}^*=0.5582$	30	宁夏	$\sigma_{(30)3}^*=0.5024$
9	上海	$\sigma_{92}^*=0.4493$	20	广西	$\sigma_{(20)2}^*=0.4941$	31	新疆	$\sigma_{(31)4}^*=0.5717$
10	浙江	$\sigma_{(10)3}^*=0.4365$	21	海南	$\sigma_{(21)1}^*=0.7015$			
11	江苏	$\sigma_{(11)4}^*=0.7419$	22	重庆	$\sigma_{(22)1}^*=0.5118$			

(4)聚类评价结果：全国31个省、自治区及直辖市的安全状况聚类评价结果见表5-14。

全国31个省、自治区及直辖市的安全状况聚类评价结果 表5-14

优		良		中		差	
海南	重庆	云南	山西	辽宁	陕西	浙江	贵州
四川	天津	海南	广西	湖北	江苏	西藏	吉林
北京	河北	湖南	上海	宁夏	青海	新疆	安徽
广东	黑龙江	甘肃	内蒙古	山东		福建	江西

六、交通冲突评价方法

长期以来，我国及世界上大多数国家均采用以交通事故统计为基础的交通安全评价体系，但是，在交通事故统计的管理过程中，可能存在事故发生却没有立案、立案却未能进入统计、统计后又未必对外正式公布的各种情况，使事故统计数据不可避免的出现误、统、漏、报现象及不真实、不准确的数据统计分析。这些都将对管理决策产生误导作用。近年来，一种利用交通冲突技术非事故统计的间接评价法，成为国际交通安全评价的热点之一。

1. 交通冲突的概念

1)定义

交通冲突有很多不同的定义。一种以美国为代表的定义为：交通冲突是驾驶员的躲避行动或交通违章。躲避行动是由制动灯显示表明的车辆制动和由车道改变表明的原定行驶方向的改变。另一种以欧洲国家为代表，其定义为：交通冲突是交通行为者发生相会、超越、追尾等

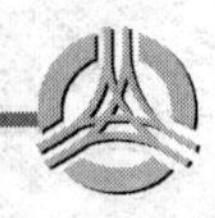

交通遭遇时,有可能导致发生交通损坏危险的交通现象。我国学者则将其定义为:两个或两个以上的道路使用者,其中一方采取非正常行为,如转换方向、改变车速、突然停车、交通违章等。除非另一方也采取避让行为,否则会处于危险境地。

2)分类

按照不同的分类方法,交通冲突具有以下种类:

(1)按测量对象的运动方向可分为,左转弯冲突、直行冲突、右转弯冲突。

(2)按发生冲突的状态可分为,正向冲突、侧向冲突、超车冲突、追尾冲突、转弯冲突。

(3)按冲突的严重程度可分为:严重冲突、非严重冲突。

研究表明,交通冲突的产生及数量、严重程度与相关交通流有密切的关系,同时,交通冲突也与事故数量有密切的关系。

2. 交通冲突技术在评价中的具体应用

1)危险度方法

$$危险度 = 实际危险量/危险量 \tag{5-31}$$

$$\begin{aligned}危险量 = &[冲突机会数 \times (事故数/冲突机会) \times 冲突动能]追尾\\ &[冲突机会数 \times (事故数/冲突机会) \times 冲突动能]左转\end{aligned} \tag{5-32}$$

$$实际危险量 = [事故数 \times 冲突动能]追尾 + [事故数 \times 冲突动能]左转$$

这里只考虑了最常见的左转弯冲突和追尾冲突。根据信号灯配时、流量和车头时距的分布规律,可以计算出各自的冲突机会数;根据车辆组成和车速可以确定各自的冲突动能。

当交叉口的几何尺寸、信号配时、信号相发生改变时,危险度也会有所改变。

2)概率方法

概率方法的主要步骤如下:

(1)选择研究的交叉口,对交叉口交通流量、交通冲突进行观测;

(2)对交叉口每天冲突观测值进行分组(根据冲突的离散程度确定分组间距),计算每组冲突值的 Gamma 概率分布和累计概率分布值。

(3)一般来说,90%以上的可信度足以满足精度要求,因此,根据当地政策、经济能力和工程分析需求等因素取概率分布函数的90%分位值 C_{90} 或95%分位值 C_{95} 作为冲突值异常与否的判断标准。

(4)评价同形式交叉口安全度时,如果某交叉口冲突观测值小于 C_{90} 或 C_{95},则认为该交叉口安全;否则,则认为该交叉口交通安全状况发生了显著变化,需要加以治理改造。根据冲突观测值大小,还可以估计出每一交叉口的安全程度。

此方法实际上是冲突技术与质量控制法的结合。

3)交通冲突灰色评价法

(1)交通安全评价因子的确定。交通冲突是两个交通行为者在空间运动时相互作用的结果。应用交通冲突技术,引入交通冲突与混合当量交通量的比值(*TC/MPCU*)定义其为交通安全评价因子,指标评价标准见表5-15。其中,交通冲突(*TC*)包括轻微冲突和严重冲突,混合当量交通量(*MPCU*)则是在常规的小汽车当量交通量中融入了自行车和行人流量。混合交通量的当量换算值见表5-16。

评 价 标 准　　表 5-15

分级	交通安全城市	TC/MPCU	分级	交通安全城市	TC/MPCU
1	特别安全	<0.01	3	安全边缘	0.02 ~ 0.03
2	安全	0.01 ~ 0.02	4	不安全	>0.03

混合交通量的当量换算值　　表 5-16

道路使用者	大货	大客	中客	小货	小客	摩托车	自行车	行人
MPCU	1.5	1.5	1.5	1.0	1.0	0.3	0.2	0.1

(2)交叉口的灰色聚类评价。基于交通冲突技术的交叉口安全状况灰色聚类评价过程如下：

①以城市交叉口为评价对象，以分时段的 *TC/MPCU* 为评价指标。选取研究地区不同交叉口交通安全指标的均值数据，通过分析数据的累积百分频率，绘制累积百分频率曲线，确定各灰类的白化值。以 33 个地区或城市 295 个交叉口的 *TC/MPCU* 值为例（见表 5-17），确定的灰类白化值为 $\lambda_1 = 0.015$，$\lambda_2 = 0.025$，$\lambda_3 = 0.029$，$\lambda_4 = 0.036$。

②由于只有 *TC/MPCU* 一个评价指标，故聚类权 $\eta_{jt} = 1$。

③根据白化权函数求出对应灰类的白化权函数值。

④聚类权估值按下式计算，就可求出第 i 个聚类对象对于第 t 个灰类的聚类评估值 σ_{it}。

$$\sigma_{it} = \sum_{j=1^{\#}}^{m^{\#}} f_{it}(d_{ij}) \tag{5-33}$$

式中：$j \in \{1^{\#}, 2^{\#}, \cdots, m^{\#}\}$，$m^{\#}$为交通冲突和交通量记录的时段总数。

⑤评价对象所属灰类为 $k^{\#}$，满足 $\sigma_{ik}^{*} = \max\{\sigma_{i1}, \sigma_{i2}, \cdots, \sigma_{ik}\}$，从而确定聚类评价交叉口的安全状况等级。

33 个地区或城市交通安全指标（TC/MPCU）统计　　表 5-17

地区或城市	交通安全指标	地区或城市	交通安全指标	地区或城市	交通安全指标
香港	0.006	成都	0.03	扬州	0.029
新加坡	0.016	昆明	0.041	金华	0.041
加央(Kangar)市	0.024	贵阳	0.051	镇江	0.022
曼谷	0.009	重庆	0.035	宁波	0.023
澳门	0.016	长春	0.033	常州	0.023
北京	0.026	广州	0.036	韶关	0.029
南京	0.028	南宁	0.022	蛇口	0.026
合肥	0.013	深圳	0.006	南山	0.025
长沙	0.036	珠海	0.029	玉溪	0.024
杭州	0.023	厦门	0.031	汕头	0.03
西安	0.029	中山	0.027	苏州	0.024

第六章 交通事故调查与处理

第一节 交通事故现场勘查

一、交通事故现场

交通事故现场是指交通事故所发生的空间场所，即发生事故的人员、车辆、牲畜、物体以及与事故有关的痕迹、物证所在的地点。交通事故现场是客观存在的，是分析事故过程的依据和判断事故原因的基础。

1. 交通事故现场的主要特点

1）现场存在的客观性和现场状态的可变性

任何交通事故，其现场都是客观存在的。即使当事人为了逃避责任，伪造或变动事故现场，也只能改变或者掩盖现场的某些现象，事故现场的客观存在是无法掩盖的。由于事故现场的一些痕迹、物证会随着时间逐渐消失，因此事故现场的状态具有可变性。

2）现场现象的暴露性与因果联系的隐蔽性

交通事故现场是交通肇事行为作用于周围事物的结果，必然会使车辆、道路、建筑物、行人等产生损害，这种损害必然在交通事故现场留下痕迹，这些现象是明显的、暴露的。但是这些事故现场之间的因果关系，特别是违章行为与事故后果的因果联系，确是十分复杂的、隐蔽的。

3）现场的整体性与形成事故过程阶段性

交通事故现场是一系列事故过程演变的终结表现，体现了整个事故过程的整体性，事故过程分析需要根据现场的全部内容，缺少事故现场的任何部分，都无法由事故现场的最终表现推演出整个事故过程。

交通事故现场的形成过程大致可分为事故前的动态阶段、碰撞过程的变化阶段和事故后的静态阶段，各阶段依次衔接组构成事故现场的整体。

4）交通事故现场的共同性和具体现场的特殊性

交通事故是千差万别的，但交通事故现场具有许多相同的现象。这些相同的现象构成了事故现场的共同性。例如事故现场的轮胎印迹、碰撞痕迹等都是交通事故特有的痕迹。但是每起具体的交通事故又具有其独特性，驾驶员对危险的识别能力，车辆的操控能力、空间环境等条件的差异，导致了绝对不可能有两个完全相同的事故现场，这构成了事故现场的特殊性。

2. 交通事故现场的分类

根据交通事故现场的实际情况，可以将交通事故现场分为原始现场、变动现场和再现现场三类。

1）原始现场

原始现场是指仍然保持交通事故发生后现场的原始状态，现场上的车辆、人员、有关散落物、痕迹等均没有改变或遭受破坏。

2)变动现场

变动现场是指交通事故发生后,由于人为或自然的原因,部分或全部改变了现场原始状态的现场。变动现场根据现场变动的原因又可以分为正常变动现场、伪造现场和逃逸现场。

正常变动现场是指为了抢救伤员、天气以及其他特殊原因等改变了事故现场的原始状态或者破坏了事故现场的痕迹。比如,为了抢救伤员而移动事故现场的车辆和相关物体;由于雨、雪、冰雪融化等自然因素的影响破坏了事故现场的痕迹等。

伪造现场是指当事人为了逃避事故责任、毁灭证据而故意变动或布置的事故现场。

逃逸现场是指当事人明知发生交通事故,为了逃避责任,在事故发生后驾车潜逃而导致事故现场变动。

3)再现现场

再现现场(恢复现场)是指事故现场撤离后,为分析事故或复查案件,根据现场勘察资料重新布置恢复的现场。

二、交通事故现场勘查

交通事故现场勘查是公安机关交通管理部门的现场勘查人员依据法律、法规和规章的规定,运用科学的方法和现代化的技术手段对交通事故现场进行实地勘验、检查和调查,并将结果完整地、准确地记录下来,将有关证据提取、固定下来的整个工作过程。交通事故现场勘查是判断交通事故案件的性质,发现和提取有关证据,证实事故发生经过事实或查获肇事车辆的基础,是分析鉴定事故责任的主要依据。

1.现场勘查的任务

1)查清事实,认定案件性质

有时,犯罪分子利用交通工具实施犯罪,这时案件的性质就不单是交通事故,需要移交主管部门处理。交通事故现场勘查的首要任务就是查清事实,认定所发生的案件性质是否属于交通事故。

2)查清交通事故损害后果

损害是交通事故后果的一部分。通过现场勘查确定交通事故参与者的伤亡状况、查清车辆和货物的损坏程度,核算事故经济损失,确定事故等级。

3)发现和提取现场痕迹、物证

事故现场的痕迹包括轮胎的印迹、车体痕迹、人体痕迹以及事故在路面上遗留的沟槽痕迹和挫划痕迹等。事故现场的物证主要有漆片、碎片、毛发、血迹、人体组织、泥土等。这些都是分析和再现交通事故的重要证据,在事故现场勘查时需要仔细、全面的寻找并提取这些痕迹和物证,为认定事故事实奠定基础。

4)再现事故发生过程、查明事故原因

通过交通事故现场勘查,弄清事故过程中,车辆、行人等的运动方向、速度、位置、状态,并结合道路条件和交通环境,警醒事故再现,查明事故发生原因,为正确认定事故责任提供依据。

2.现场勘查工作的主要内容

(1)抢救伤员;

(2)确定事故发生的时间和地点；

(3)勘察事故现场的道路和交通环境；

(4)认定事故当事人,查实身份；

(5)勘验现场痕迹；

(6)发现和提取物证；

(7)勘验事故现场各物体之间的相互位置关系；

(8)寻找证人、现场调查访问；

(9)清点现场遗留物品。

三、交通事故痕迹

物证是指能够据以查明案件真实情况的一切物品和痕迹。道路交通事故的物证主要是痕迹物证,包括散落物、附着物和各种痕迹。

1. 散落物

散落物可分为车体散落物、人体散落物及其他散落物。车体散落物主要包括脱离车体的零件、玻璃碎片、油漆碎片等;人体散落物主要包括人的穿戴物品和携带物品、人体被分离的器官组织等;其他散落物主要包括掉落地面的树皮、断枝、石头碎块等。

2. 附着物

附着物是在交通事故中形成的、附着在车辆、人体、路面等物体表面的物质。如油漆、油脂、橡胶、毛发、纤维、血迹、人体组织以及尘土等。

3. 各种痕迹

交通事故痕迹主要包括车辆的轮胎在路面上留下的轮胎痕迹,车辆的突出物或者鞋底等其他物体留在地面上的挫划、沟槽痕迹;车体表面的车体痕迹;人体或者衣物上遗留的痕迹和体表痕迹。

四、交通事故勘验照相

交通事故勘验照相是一种利用照片和视频图像记录事故现场原始状态、痕迹物证、事故有关物体以及各种物体间相互关系的勘查记录方式。

1. 交通事故勘验照相内容

交通事故勘验照相工作内容包括:

(1)完整地记录现场环境、位置和概貌。

(2)准确地反映事故现场物体的种类、数量、位置、形态和相互之间的关系。

(3)真实地记录事故现场的痕迹、物证。

(4)真实地记录车辆检验、尸体检验、现场实验等技术检验的过程和相关情况。

2. 交通事故勘验照相方式

根据拍摄目的和拍摄距离不同,交通事故勘验照相可分为:

(1)方位摄影。方位摄影是一种从远距离拍摄,用以反映交通事故现场所处的位置及其与周围事物的关系的摄影方式。

(2)概览摄影。概览摄影是一种从中远距离拍摄,以整个事故现场或者现场中心地段为拍摄内容,用以反映现场全貌的摄影方式。

(3)中心摄影。中心摄影是一种从近距离拍摄,用以反映事故现场中心、重要部位、痕迹的位置及与有关物体之间的相互关系的摄影方式。

(4)细目摄影。细目摄影是一种采用近距离或微距拍摄,用以体现事故现场路面、车辆、人体上的痕迹及有关物体特征的摄影方式。

(5)宣传摄影。宣传摄影是一种运用摄影技巧突出反映事故某一侧面的摄影方式。

3. 交通事故勘验照相方法

在事故现场,有时拍摄目标很大,无法获得目标的全貌,为了保证现场勘查的质量,需要采用不同的方法进行拍摄,常见的照相方法有:

1)回转连续拍摄法

进行方位摄影和概览摄影时,由于现场很大,即使使用广角镜头也无法获得全貌,因此可采用分段连续拍摄法。回转连续拍摄法是将相机固定在一个位置上,通过水平横向旋转的方式,分段连续拍摄数张照片,如图 6-1 所示。

2)平行连续拍摄法

平行连续拍摄法也是分段连续拍摄法的一种。与回转连续拍摄法一样,它主要用于方位摄影和概览摄影。平行连续拍摄法是保持相机与目标物体的距离、相机的焦距等均不改变,相对于被拍摄物体,相机平行移动,同时连续分段拍摄目标数张照片,如图 6-2 所示。

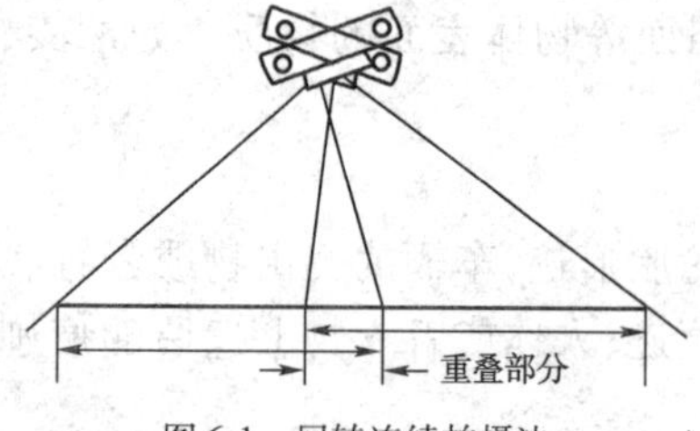

图 6-1　回转连续拍摄法

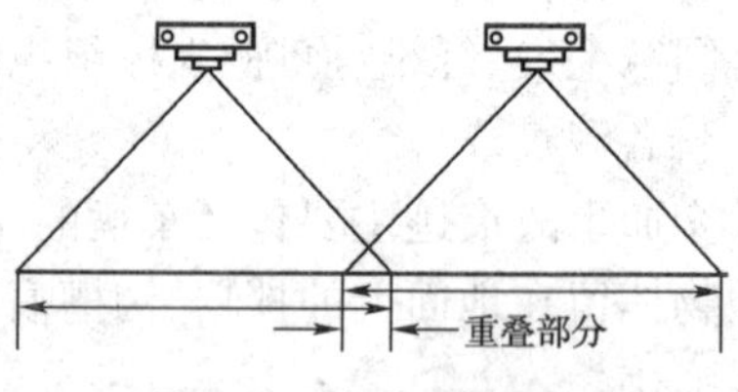

图 6-2　平行连续拍摄法

3)相向拍摄法

现场勘查需要拍摄的物体多为立体,为了展现被拍摄物体的全貌就需要采用多角度拍摄的方法。相向拍摄法是以被拍摄物体为中心,从两个相对方向拍摄物体,如图 6-3 所示。

4)多向拍摄法

多向拍摄法也是多角度拍摄的一种方法。与相向拍摄法一样,它主要用于中心摄影。多向拍摄法是以被拍摄物体为中心,从多个方位拍摄物体,能够全面、充分地反映被拍摄物体各个方位的具体情况,如图 6-4 所示。

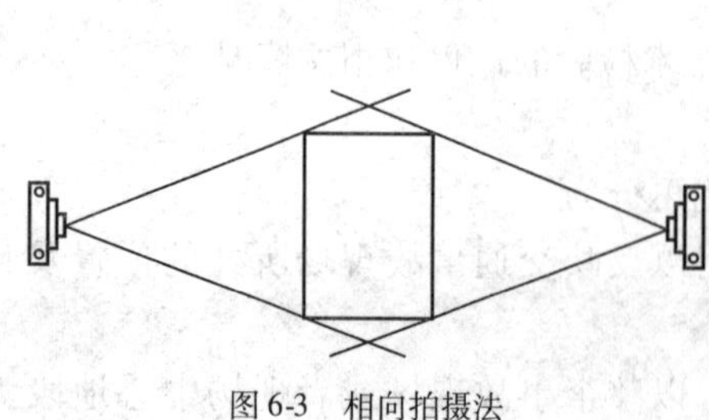
图 6-3　相向拍摄法

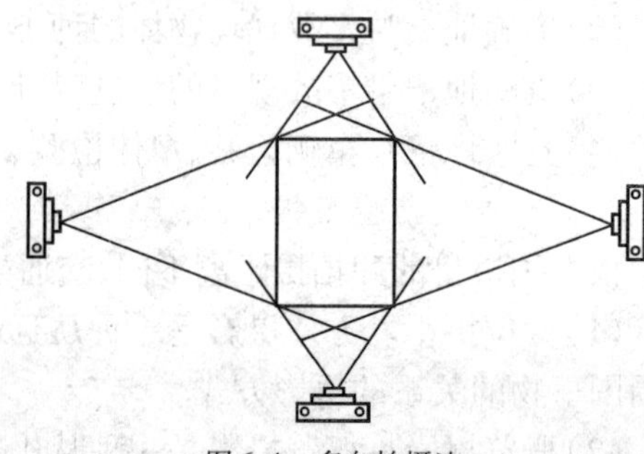
图 6-4　多向拍摄法

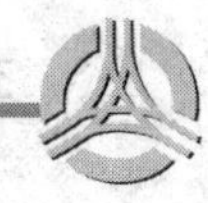

五、绘制交通事故现场图

交通事故现场图是使用规定的符号,以正投影原理绘制的现场示意图。交通事故现场图能够全面、形象地记录交通事故现场的原始状态。交通事故现场图是道路交通事故现场的客观反映,是现场勘查记录的方式之一,是交通事故处理的重要证据。现场图是认定事故事实、分析事故成因、认定事故责任的重要依据。必要时,还可以根据交通事故现场图恢复事故现场,进行事故再现。并且交通事故现场图能够补充现场勘查笔录和事故照片不能完全展现的现场各种现象之间的关系。

根据绘制的公正程度不同,交通事故现场图可以分为现场记录图和现场平面图两种。

现场记录图是在交通事故现场勘查时,按照标准图形符号绘制的记录交通事故现场情况的图形记录。

现场平面图是按照标准图形符号、比例绘制的交通事故现场平面图形记录,如图 6-5 所示。

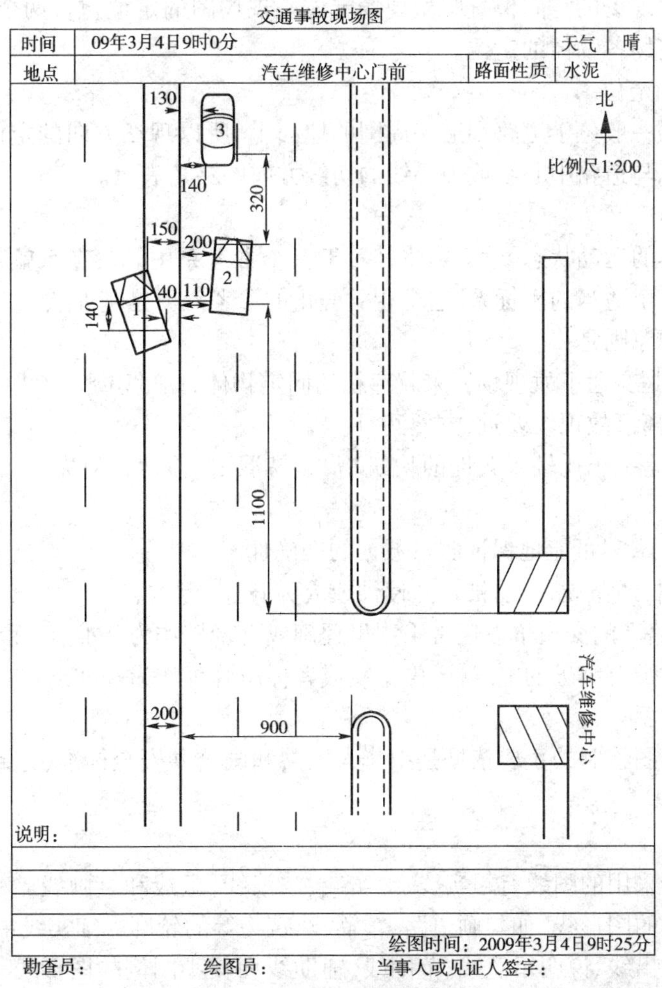

图 6-5　交通事故现场平面图

简而言之,现场记录图是在交通事故现场绘制的草图,现场平面图是根据现场记录图和现场勘查笔录绘制比例图。

一份完整的交通事故现场图应包括如下内容:

(1)事故的时间、地点、天气和路面性质;

(2)现场定位;

(3)现场的地物、地貌、交通设施和道路环境;

(4)道路、道路结构和尺寸;

(5)车辆、人体、物体的位置、形态及相关尺寸;

(6)痕迹的位置及尺寸;

(7)接触点的位置;

(8)相关文字说明;

(9)交通警察、当事人及证人的签名。

1. 交通事故现场定位

确定交通事故现场的空间位置叫做现场定位。现场图的定位包含两个方面:事故现场方向的定位和事故现场各物体的定位。

1)现场方向的定位

交通事故现场一般位于道路和道路周围的地面上,所以现场方向的定位通常是在现场图的右上角用方向标与道路中心线或中心线的切线方向的夹角表示。

2)选择基准点

研究一个物体的运动状态,就必须将其置于一个参考系中。参考系就是利用某个相对静止的参考点建立一个适当的坐标系,这个相对静止的参考点就是基准点。

基准点的选择原则是:

(1)基准点应是交通事故现场原来就存在的固定物体,如里程碑、电线杆、标志牌等。

(2)基准点距离事故现场要近,方便测量。

(3)基准点应是一个比较永久性的构筑物,不易混淆、移动和消失。如路侧的树木,土堆等不能作为基准点。

(4)基准点要小,尽可能地保证测量数据的准确性。

(5)基准点的材质坚硬,不易被自然侵蚀或人为破坏。

一般地,在公路上的交通事故通常采用里程碑或百米桩作为基准点,而城市道路上发生的交通事故通常采用带有编号的电线杆、停车线或者标志牌等作为基准点。

2. 现场图的制图规范

交通事故现场图绘制的主要依据是中华人民共和国公共安全标准《道路交通事故现场图绘制》(GA49—93)。

1)图线规格

交通事故现场采用的图线有粗实线、细实线、波浪线、虚线和点画线。粗实线主要用于可见的轮廓线和图例的图形线,如勾画道路、车辆、建筑物等的轮廓。细实线主要用于尺寸线、尺寸界线、剖面线、引出线、说明示意线、范围线、辅助线和较小图例的图形线。波浪线主要用作断裂处和变形处的边界线。虚线主要用作延长线和不可见的轮廓线。点画线主要用于测量基

线、对称中心线、轨道线和分界线。

2）尺寸标准

交通事故现场图除了要绘制现场的地形地貌、车辆、痕迹和散落物等现场元素外，还必须准确、完整、清晰地标出有关的尺寸数据，必要时还须有相关的文字说明。尺寸标准的方法应参照《总图制图标准》（GB/T 50103—2001）的有关规定。

3）图形符号

在绘制交通事故现场图时，常采用图形符号来代替实物的投影。图形符号应符合《道路交通事故现场图形符号》（GB 11797—89）中的规定，对于该规定中没有加以符号规定的现场事物，且又必须反映在现场图上时，可使用自定义符号。要求使用的自定义符号必须简单易画，认读明确，没有歧义，并在现场图中做图例说明。

4）绘图比例

一般情况下，使用于案卷纸张相同大小的16开或者A4纸进行绘图。特别复杂的事故现场图可采用更大的图纸，也可采用多张16开或者A4纸黏结绘制。根据事故现场的占地面积和图纸的大小确定比例尺，绘图时可优先选择1∶200的比例，也可根据需要选择其他合适的比例。

3. 交通事故现场图的绘制步骤

1）构思画面选择合适的比例

在绘制交通事故现场图之前，首先要观察现场车辆、人体、散落物以及痕迹等的分布情况，观察道路、地形地物、周边建筑物等现场环境，判断交通事故涉及的范围。根据上述情况构思现场图的画面，并按照图纸大小选择合适的比例。

2）确定道路走向并画出道路

用指北针确定道路走向，按比例宽度画出道路边线。在图纸右上角画出方向标，标注道路中心线与指北线的夹角。

3）画面布局

在道路上画好车辆，然后以车辆为中心，绘制其他现场物体。车辆和道路的尺寸比例应协调一致。绘制其他物体时，可以参照车辆和道路宽度，确定其在图上的位置和大小。

4）选择基准

选择基准点、基准线和定位方法。一张事故现场图尽可能只使用一个基准点，如果现场范围很大，需要使用多个基准点时，要确定并测量各基准点之间的相互关系。

5）测量并标注尺寸

在需要标注尺寸的位置画上尺寸界线和尺寸线，按照顺序，依次进行测量。图上采用的尺寸单位（m或cm）要统一。测量时，要将尺拉直，读数时应准确无误。

6）文字说明

对现场图上需要说明的事项，进行文字说明。文字说明的内容应当简明扼要。

7）复核签名

现场图绘制完毕，要进行认真的复核，并有现场负责人审定签字。

第二节　交通事故技术分析

交通事故技术分析是指应用现代的科学技术手段，通过推理、试验、计算等方法推断事故发生过程，查明事故成因。主要内容包括：车辆技术状况分析、车速计算、车辆驾驶员分析、事故形成过程分析等几个方面。由于驾驶员分析和事故形成过程分析需要考虑具体案例的实际情况，这里暂不讨论，本节重点讨论车辆技术状况分析和车速计算。

一、车辆技术状况分析

车辆技术状况分析是指车辆机械性能方面的检验，通过检验确定事故原因是机械故障还是人为原因造成的。机械性能检验包括：车辆的制动系统、车辆转向系统、车辆的灯光信号照明系统、发动机、轮胎等方面的性能检验。

1. 车辆的制动系统检测

制动性能是汽车的重要使用性能之一。制动性能的好坏直接关系到行车安全。汽车制动性能主要由制动效能、制动效能的恒定性和制动时的方向稳定性三个方面评价。

交通事故车辆的检验主要是检验事故车辆的制动系统是否具有足够的制动力，通常可以用车辆的制动距离、制动减速度和制动力来评价。检测方法有路试试验和台试检测两种。

1）路试试验

路试试验是指将车辆加速至预计车速，然后采取紧急制动措施，根据车速和制动距离进行车辆制动效能评价。具体试验步骤为：

（1）在封闭试验路段，将车辆加速至预计车速（一般为40～60km/h），保持车速。

（2）将挡位挂在空挡上，滑行5～10m。

（3）经过测试人时，采取紧急制动措施，测试人立刻按下秒表开始计时，直至车辆停止。

（4）记录车辆的制动距离和制动时间。

（5）重复上述试验3～5次。

用秒表计时的原因是车速表有10%以内的误差，通过秒表记录可以车辆的制动时间。车辆在紧急制动状态下，可以认为车辆作匀减速直线运动，

$$S = \frac{1}{2}at^2$$

式中：S——车辆的制动距离；

a——车辆的制动减速度，$a = \varphi g$，φ是车辆的附着系数；

t——车辆的制动时间。

2）台试检测

台试检测是通过制动试验台检测车辆各轮的制动力和驻车制动性能。路试试验只能反映整车的总体制动性能，而台试检测能够反映各车轮的制动状况，前后轴制动力分配及左、右轮制动力的差别。

台试制动力检测标准见表6-1。

台试制动力标准表　　表 6-1

机动车类型	制动力总和与整车重量的百分比		轴制动力与轴荷[1]的百分比	
	空载	满载	前轴	后轴
三轮汽车	≥45		—	≥60[2]
乘用车、总质量不大于 3500kg 的货车	≥60	≥50	≥60[2]	≥20[2]
其他汽车、汽车列车	≥60	≥50	≥60[2]	—
摩托车	—	—	≥60	≥55
轻便摩托车	—	—	≥60	≥50

注:1)用平板制动检验台检验乘用车时应按动态轴荷计算。

2)空载和满载状态下测试均应满足此要求。

2. 车辆的转向系统检测

1)技术要求

(1)机动车的转向盘应转动灵活,操纵轻便,无阻滞现象。机动车应设置转向限位装置。车轮转向过程中,不得与其他部件有干涉现象。

(2)机动车转向盘的最大自由转动量从中间位置向左或向右转角均不得大于:

①最大设计车速大于或等于 100km/h 的机动车为 10°;

②最大设计车速小于 100km/h 的机动车为 15°。

2)最大自由转动量的测量

测量机动车转向盘的最大自由转动量可以采用专业的设备(如:ZCA 型转向参数测量仪)进行测量,也可以用下面这种简单的方法估量。

(1)将转向盘顺时针旋转至车轮开始转动时,在转向盘上选择一记录点,并记录该点的位置;

(2)再将转向盘逆时针旋转至车轮开始转动时,记录该点的位置;

(3)测量记录点两个位置之间的弦长 L 和转向盘的直径 D ,并按照下式计算该车转向盘的最大自由转动量(如图 6-6 所示)。

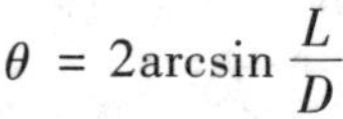

$$\theta = 2\arcsin \frac{L}{D}$$

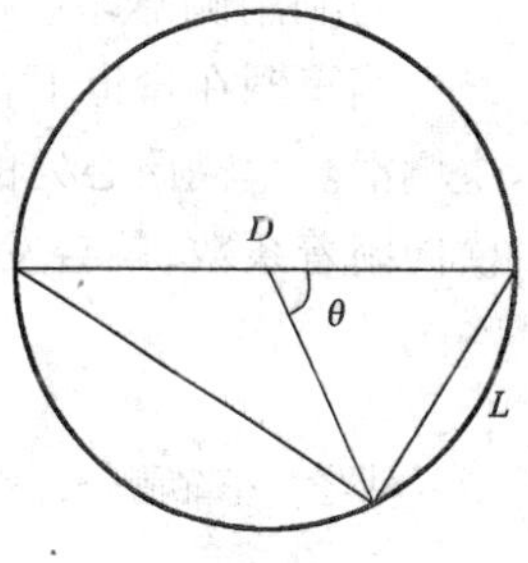

图 6-6　测量最大自由转动惯量示意图

二、车速计算

肇事车辆事故前的行驶速度是分析事故成因、认定事故责任的一个重要因素。根据肇事双方不同,可将交通事故分为:汽车碰撞事故、两轮车事故和行人事故三种类型。

1. 汽车碰撞事故

1)根据制动拖印计算车速

察觉危险时,多数驾驶员会采取制动措施避让,并在事故现场遗留制动拖印。在制动过程中,车辆的动能由轮胎与地面间的摩擦力消耗,根据动能定理,

$$\frac{1}{2}mv^2 = FS = mg\varphi S$$

式中：m——汽车总质量；

v——制动前行驶速度；

F——摩擦力；

S——制动距离；

g——重力加速度，一般 $g=9.8\text{m/s}^2$；

φ——车辆的附着系数，可以通过试验测得汽车在不同路面上的附着系数。

整理上式，可得车辆制动前的行驶速度为，

$$v=\sqrt{2g\varphi S}\quad(\text{m/s})\tag{6-1}$$

2）通过现场试验推算车速

根据公式(6-1)可知，制动距离与速度的平方成正比。如果事故后，肇事车辆损坏程度较轻，仍能正常行驶，可以利用肇事车辆在事故现场进行试验，来推算肇事车的行驶速度。

在事故现场，肇事车以一定的速度行驶，并采取紧急制动，利用试验用的车速和测量的制动距离与事故现场遗留的制动拖印长度进行比较，可推算车辆制动前的行驶速度。即

$$\frac{v_1^2}{v_2^2}=\frac{S_1}{S_2}$$

式中：v_1——事故发生时，车辆制动前行驶速度；

v_2——试验用车速；

S_1——事故发生时，车辆的制动拖印长度；

S_2——试验时测得的制动距离。

3）利用侧滑印迹推算车速

当车辆在弯道上行驶时，由于离心惯性力的作用，如果车辆的速度超过一定限值，就会发生侧滑。车辆质心处的离心惯性力等质量与向心加速度的乘积，如果这个值大于路面提供的横向附着系数，就会发生侧滑。也就是说车辆的侧滑临界条件为，

$$\frac{G}{g}\frac{v^2}{R}=ma_{\text{n}}=F_{\text{g}}=F_{\text{y}}=G\varphi'$$

那么，车辆侧滑的临界速度为，

$$v_\varphi=\sqrt{g\varphi' R}\tag{6-2}$$

式中：v_φ——侧滑临界速度，m/s；

φ'——车辆的横滑附着系数，它与车辆纵滑附着系数的关系为 $\varphi'=0.97\varphi+0.08$；

R——事故发生时车辆的转弯半径。

在事故现场，发生侧滑事故的车辆只留下了一条弧线，可以通过测量弧线的拱高和弦长计算转弯半径，如图 6-7 所示，设弧线上 AB 两点的弦长为 l，其中点 M 的拱高为 h，那么由直角三角形 OAC 知

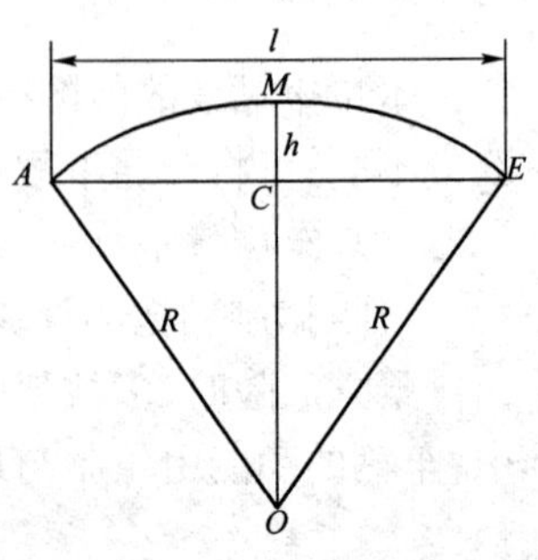

图 6-7　轨迹曲率半径

$$R^2=\left(\frac{l}{2}\right)^2+(R-h)^2$$

$$R^2=\frac{l^2}{4}+R^2-2Rh+h^2$$

所以

$$R = \frac{l^2}{8h} + \frac{h}{2} \tag{6-3}$$

4)两车碰撞事故

如图6-8 所示,1 车自西向东行驶,2 车自南偏东向北偏西方向行驶,在 O 点处相撞。以 1 车行驶方向为 x 轴,逆时针转 90°为 y 轴。假设碰撞前 1 车的速度为 v_{10},其速度方向与 x 轴夹角为 $\alpha_{10} = 0$(α 角都从 x 轴正向起按逆时针转计算),2 车的速度为 v_{20},其方向与 x 轴夹角为 α_{20} 。碰撞后,1 车的速度为 v_1,滑行方向角为 α_1 ,2 车的速度为 v_2,滑行方向角为 α_2 。那么根据动量守恒方程

$$m_1 \vec{v_1} + m_2 \vec{v_2} = m_1 \vec{v_{10}} + m_2 \vec{v_{20}}$$

把它分别投影在 x、y 轴上得到

$$m_1 v_1 \cos\alpha_1 + m_2 v_2 \cos\alpha_2 = m_1 v_{10} \cos\alpha_{10} + m_2 v_{20} \cos\alpha_{20} \tag{6-4}$$

$$m_1 v_1 \sin\alpha_1 + m_2 v_2 \sin\alpha_2 = m_1 v_{10} \sin\alpha_{10} + m_2 v_{20} \sin\alpha_{20} \tag{6-5}$$

这两个投影方程联立起来可以求解两车碰撞前速度。

$$v_{10} = \frac{m_1 v_1 \cos\alpha_1 + m_2 v_2 \cos\alpha_2 - m_2 v_{20} \cos\alpha_{20}}{m_1} \tag{6-6}$$

$$v_{20} = \frac{m_1 v_1 \sin\alpha_1 + m_2 v_2 \sin\alpha_2}{m_2 \sin\alpha_{20}} \tag{6-7}$$

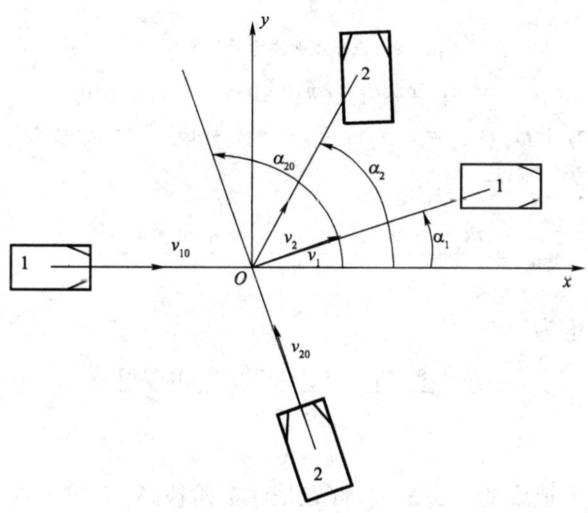

图6-8　两车碰撞示意图

2. 两轮车事故

汽车与摩托车的碰撞多数发生在交叉路口,因为摩托车两个车轮便于转向,机动灵活。当摩托车驾驶员发现快要撞上汽车时,立即转向还能避免碰撞。因此,碰撞的形式主要是汽车的正面撞击摩托车。

假设:m_1、v_{10}、v_1 分别为汽车的质量,碰撞前、后的速度;m_2、v_{20}、v_2 为摩托车的质量,碰撞前、后的速度;m_p、v_p 为摩托车驾驶员的质量、碰撞后的速度;S_1、S_2、S_p 分别为碰撞后汽车、摩托车及其驾驶员滑行的距离;θ_1 、θ_2 、θ_p 分别为碰撞后汽车、摩托车及其驾驶员滑行方向的偏角。

于是根据动量守恒定理有

$$m_1 \overrightarrow{v_{10}} + (m_2 + m_p) \overrightarrow{v_{20}} = m_1 \overrightarrow{v_1} + m_2 \overrightarrow{v_2} + m_p \overrightarrow{v_p} \tag{6-8}$$

假定摩托车行驶方向与汽车行驶方向垂直（正交），如图 6-9 所示，那么将方程（6-8）分别投影到 x 轴和 y 轴上得到：

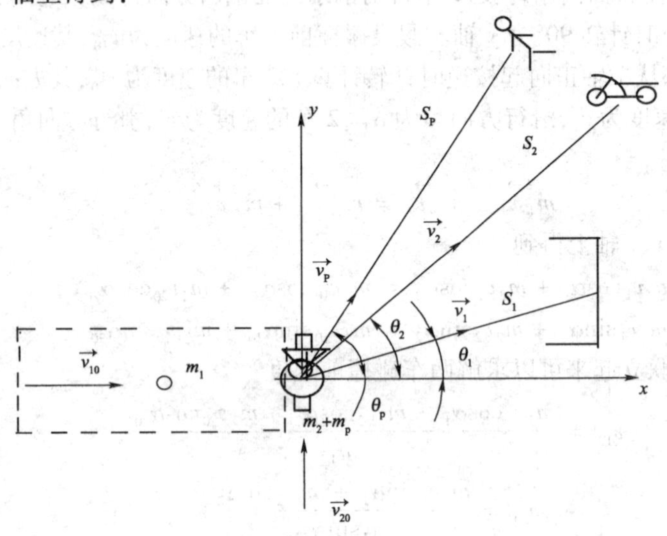

图 6-9　汽车正面碰撞摩托车

$$m_1 v_{10} = m_1 v_1 \cos\theta_1 + m_2 v_2 \cos\theta_2 + m_p v_p \cos\theta_p$$

$$(m_2 + m_p) v_{20} = m_1 v_1 \sin\theta_1 + m_2 v_2 \sin\theta_2 + m_p v_p \sin\theta_p$$

碰撞前汽车的速度为

$$v_{10} = \frac{m_1 v_1 \cos\theta_1 + m_2 v_2 \cos\theta_2 + m_p v_p \cos\theta_p}{m_1} \tag{6-9}$$

碰撞前摩托车的速度为

$$v_{20} = \frac{m_1 v_1 \sin\theta_1 + m_2 v_2 \sin\theta_2 + m_p v_p \sin\theta_p}{m_2 + m_p} \tag{6-10}$$

3. 行人事故

这种碰撞汽车对行人造成的伤害最大，首先是碰撞阶段，行人被加速到接近汽车的速度，身体的一些部位会接触到保险杠，发动机罩或者风窗玻璃。其次是飞离阶段，如果汽车采取了制动措施，那么人体就会飞离车辆，如果汽车没有减速，那么人体就会被车带走，并且可能掉在汽车行驶途中的任何地方，甚至可能落地后被汽车碾压。最后是滑移或滚动阶段，行人被摔到地面上以后，人体滑移或滚动到其停止位置，在此过程中，可能碰到其他的障碍物（如树、石头或路缘石等）造成进一步伤害。

如图 6-10 所示，人体以速度 v 被抛出而下落的飞行距离为 $x_1 = v \cdot t$，重心下落高度 $h = \frac{1}{2}gt^2$，两式联立消去 t，得 $x_1 = v\sqrt{\frac{2h}{g}}$。根据动能定理 $0 - \frac{1}{2}mv^2 = -mg\mu x_2$，人体在路面滑行

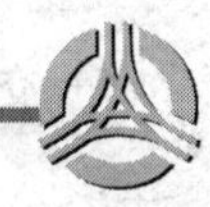

的距离 $x_2 = \dfrac{v^2}{2g\mu}$，则从碰撞位置到停止位置，人体的抛距 x 为

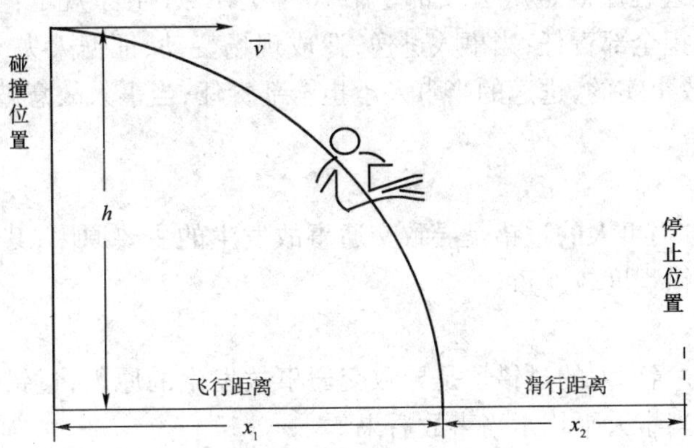

图 6-10　行人抛出示意图

$$x = x_1 + x_2 = v\sqrt{\frac{2h}{g}} + \frac{v^2}{2g\mu} \tag{6-11}$$

汽车的碰撞速度为

$$v = \mu \cdot \sqrt{2g}\left(\sqrt{h + \frac{x}{\mu}} - \sqrt{h}\right) \tag{6-12}$$

式中：v——汽车的碰撞速度（m/s）；

m——行人的质量（kg）；

g——重力加速度，$g = 9.8\text{m/s}^2$；

h——行人撞飞高度（飞出时人的重心高度）（m）；

x——抛距（m）；

x_1——飞行的距离（m）；

x_2——在路面的滑行距离（m）；

t——下落时间（s）；

μ——人体在路面上滑行的摩擦系数，通常取 $\mu = 0.4 \sim 0.6$。

第三节　交通事故责任认定

一、交通事故责任分类

交通事故责任是指公安机关交通管理部门在查明交通事故原因以后，根据道路交通安全管理的法律、法规和规章，对当事人在发生交通事故中所起的作用以及过错的严重程度，得出的定性、定量的结论。

根据《道路交通安全法实施条例》（国务院令第 405 号）第九十一条、第九十二条和《交通事故处理程序规定》（公安部令第 70 号）第四十五条规定，交通事故责任可分为全部责任、主要责任、同等责任、次要责任和无责任。

1. 全部责任

根据《交通事故处理程序规定》(公安部令第70号)第四十五条规定:“因一方当事人的过错导致交通事故的,承担全部责任;当事人逃逸,造成现场变动、证据灭失,公安机关交通管理部门无法查证交通事故事实的,逃逸的当事人承担全部责任;当事人故意破坏、伪造现场、毁灭证据的,承担全部责任。”

2. 主要责任

主要责任是指某方当事人的过错是导致交通事故发生的主要原因,其过错行为对交通事故发生的作用较大,过错程度较严重。

3. 同等责任

同等责任是指各方当事人的过错均是导致交通事故发生的原因,过错行为对交通事故发生的作用相当,由各方当事人平均承当事故后果。

4. 次要责任

次要责任是指某方当事人的过错是导致交通事故发生的次要原因,其过错行为对交通事故发生的作用较小,过错程度较轻。

5. 无责任

无责任是指交通事故当事人不承担任何责任。无责任可分为两种情况:第一种,无责任当事人在交通事故中无任何过错;第二种,无责任当事人虽然有一定的过错,但是交通事故一方当事人承担全部责任。

二、交通事故责任认定原则

按照交通事故当事人的主观过错是故意或者过失,交通事故责任认定的原则可分为故意造成交通事故的责任认定原则和过失造成交通事故的责任认定原则两种。

1. 故意造成交通事故的责任认定原则

根据《交通事故处理程序规定》(公安部令第70号)第四十五条规定:“一方当事人故意造成交通事故的,他方无责任。”

2. 过失造成交通事故的责任认定原则

1)根据路权原则认定事故责任

所谓“路权”,是道路上交通参与者依据道路交通安全管理法律、法规的规定,在一定空间和一定时间内使用道路的权利。路权由通行权和先行权组成。

通行权(也称作空间路权)是指交通参与者依据道路交通安全管理法律、法规的规定,在道路某一空间范围内进行交通活动的权利。

先行权(也称作时间路权)是指交通参与者依据道路交通安全管理法律、法规的规定,优先使用道路进行交通活动的权利。通行权和先行权有着紧密的联系,只有享有通行权的交通主体,才有可能获得先行权。因此,先行权是建立在通行权的基础上的。

按照路权原则认定当事人的交通事故责任的大小,大致有以下几种情况:

(1)交通事故一方当事人的违章行为是违反了通行权的过错行为,而另一方当事人的违章行为没有违反通行权,则由违反通行权的一方承担事故的主要责任,另一方承担相对应的责任。

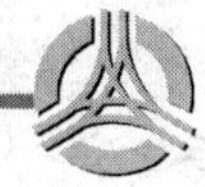

(2)当双方当事人都有通行权时,由违反先行权的一方当事人承担事故的主要责任,另一方当事人承担相对应的责任。

(3)双方当事人都违反了通行权和先行权的有关规定,如果都没有其他的过错行为,则双方当事人承担同等责任。

2)根据安全原则认定事故责任

根据《中华人民共和国道路交通安全法》(主席令第8号)第三十八条规定:"车辆、行人应当按照交通信号通行;遇有交通警察现场指挥时,应当按照交通警察的指挥通行;在没有交通信号的道路上,应当在确保安全、畅通的原则下通行。"

确保安全是指车辆和行人必须在保证交通安全的原则下通行,是交通参与者应履行的义务。

3)因果关系原则

交通事故中的因果关系是指,交通事故中当事人的违章行为与交通事故的发生及损害后果之间的联系,主要有独立因果关系、竞合因果关系和参与因果关系三种。

(1)独立因果关系。是指在交通事故中,只有一方当事人的违章行为是造成事故的原因,即由一方当事人承担事故的全部责任。这种因果关系有一因一果和多因一果两种形式。

(2)竞合因果关系。是指交通事故双方都有违章行为,且违章行为与交通事故的发生都存在着因果关系。这种因果关系有重复竞合和相互竞合两种形式。重复竞合因果关系是指任何一方的违章行为都可以单独地造成该起事故的发生;相互竞合因果关系是指如果一方的违章行为单独存在时,不一定会发生该起事故,必须是双方当事人的违章行为共同作用,导致事故的发生。

(3)参与因果关系。是指在交通事故中,以方当事的违章行为情节严重,与事故的发生存在直接的、必然的因果关系。而另一方当事人的违章行为与事故的发生也有一定的联系,但是这种关系是间接的、偶然的,这种因果关系就是参与因果关系。

4)特殊情况下的责任认定

(1)肇事逃逸。根据《道路交通安全法实施条例》第九十二条规定:"发生交通事故后当事人逃逸的,逃逸的当事人承担全部责任。但是,有证据证明对方当事人也有过错的,可以减轻责任。"

有这样一个案例:山东省某地,甲某驾驶一辆夏利轿车,行经某收费站,停车缴费后准备驶离。此时,乙某酒后驾驶摩托车行至此处,与夏利轿车追尾相撞,乙某当场死亡。甲某担心承担责任,驾车逃逸。在本起事故中,甲某事故后逃逸,但乙某系酒后驾车,且追尾碰撞正常停车的甲某,所以甲某负担事故的主要责任,乙某负担事故的次要责任。

但是本起事故又提出了一个新的问题:一方当事人没有任何的过错行为,仅因为担心责任而逃逸,而另一方当事人应当承担全部责任却没有逃逸,这种情况逃逸方是否还要承担责任?对于这个问题,条例没有明确的规定,这类问题还需要法律、法规的进一步完善。

(2)伪造现场。根据《中华人民共和国道路交通安全法实施条例》第九十二条第二款规定:"当事人故意破坏、伪造现场、毁灭证据的,承担全部责任。"

(3)行人事故。根据《中华人民共和国道路交通安全法》第七十六条规定:机动车与非机动车驾驶员、行人之间发生交通事故的,由机动车一方承担赔偿责任。但是有证据证明非机动车驾驶员、行人违反道路交通安全法律、法规,机动车驾驶员已经采取必要处置措施,减轻机动车一方的责任。交通事故的损失是由非机动车驾驶员、行人故意造成的,机动车一方不承担责任。

三、交通事故认定程序

交通事故责任的认定工作,一般应该按照下列程序进行:审核材料、提交"交通事故调查报告书"、上报审批、制作"交通事故责任认定书"、宣布送达和申诉复查。

1. 审核材料

在认定交通事故责任时,首先要对全部证据材料再作一次审核,整理汇总。

2. 提交"交通事故调查报告书"

"交通事故调查报告书"是对交通事故的说明,内容应当包括:

(1)交通事故当事人、肇事车辆、道路等的基本信息;

(2)交通事故的基本事实;

(3)交通事故的证据,包括检验和鉴定的结论;

(4)交通事故成因分析;

(5)当事人应承担的责任。

3. 上报审批

根据交通事故发生的原因,由办案人员填写"审批报告表",根据规定的审批权限,附上交通事故的全部案卷材料,逐级上报审批。

4. 制作"交通事故认定书"

交通事故认定经领导审查批准后,由事故办案人员负责制作"交通事故认定书"。"交通事故认定书"一式数份,一份存档,其余送达给各方当事人。

5. 宣布送达

交通警察按照规定制作"交通事故认定书"后,通知各方当事人到场,公布相关证据,说明交通事故认定的理由和依据,并宣布交通事故认定结论。"交通事故认定书"应当在规定的时限内经宣告后,送达给当事人,当事人应当在送达回执上签名确认,并注明日期。

6. 申诉复查

根据《交通事故处理工作规范》第六十二条规定:"各级公安机关交通管理部门应当成立由具有交通事故处理高级资格的交通警察组成的交通事故处理专家小组,负责交通事故认定的审核、复查工作。"

四、交通事故认定时限

根据《交通事故处理程序规定》(公安部令第70号)第十五条和第十六条规定,适用简易程序处理的交通事故应当当场制作交通事故认定书。

根据《交通事故处理程序规定》(公安部令第70号)第四十六条规定:"公安机关交通管理部门对经过勘验、检查现场的交通事故应当自勘查现场之日起十日内制作交通事故认定书。交通肇事逃逸的,在查获交通肇事逃逸人和车辆后十日内制作交通事故认定书。对需要进行检验、鉴定的,应当在检验、鉴定或者重新检验、鉴定结果确定后五日内制作交通事故认

定书。”

根据《交通事故处理程序规定》(公安部令第70号)第四十六条规定:“未查获交通肇事逃逸人和车辆,交通事故损害赔偿当事人要求出具交通事故认定书的,公安机关交通管理部门可以在接到交通事故损害赔偿当事人的书面申请后十日内制作交通事故认定书。”

第四节　交通事故处理原则

一、交通事故处理程序

根据内容的性质的不同,交通事故处理工作可分为:行政执法程序、行政调解程序和刑事办案程序。

1. 行政执法程序

根据当事人违法行为的程度,公安机关交通管理部门依法对当事人处以警告、罚款、暂扣驾照、吊销驾照和行政拘留等不同程度的处罚,这些均属于行政执法程序。此时,当事人的违法行为尚未构成交通肇事罪。

2. 行政调解程序

公安机关交通管理部门对交通事故损害赔偿进行调解,其性质属于对民事纠纷进行行政调解。在行政调解中进行的程序为行政调解程序。

3. 刑事办案程序

交通事故责任者的违法行为构成交通肇事罪,应当依法追究其刑事责任。此时的交通事故处理工作既有行政执法的性质,又具有性质侦查的性质。

根据交通事故处理程序的繁简程度不同,可分为简易程序和一般程序。

1)简易程序

根据《中华人民共和国道路交通安全法》第七十条和《中华人民共和国道路交通安全法实施条例》第八十九条规定,发生交通事故没有造成人身伤亡,当事人对事实即成因无争议的,可以自行协商处理损害赔偿事宜,也是公安机关交通管理部门处理交通事故适用简易程序的首要条件。

2)一般程序

根据《交通事故处理程序规定》第十九条、第二十条的规定,对于造成人身伤亡或者财产损失较大的交通事故处理应当适用一般程序。

二、道路交通事故行政处罚

公安机关及同管理部门为了维护道路交通秩序,预防和减少交通事故,根据道路交通安全法律、法规和规章的相关规定,对实施了道路交通安全违法行为但尚未构成犯罪的行为给予行政处罚。

1. 行政处罚的原则

根据《中华人民共和国行政处罚法》、《公安机关办理行政案件程序规定》和道路交通安全违法行为的有关规定,道路交通安全违法行为处罚应当遵循的原则是:

(1)教育与处罚相结合的原则;

(2)以事实为根据,以法律为准绳的原则;

(3)处罚法定原则;

(4)公正、公开的原则;

(5)及时的原则;

(6)以理服人、以礼待人的原则。

2. 行政处罚的种类

根据《中华人民共和国道路交通安全法》(主席令第8号)第八十八条的规定,对道路交通安全违法行为的处罚种类包括警告、罚款、暂扣或者吊销机动车驾驶证、拘留5种。

1)警告

警告是对道路交通安全违法行为最轻的一种处罚,主要适用于初犯和偶犯,并且要求同时具备道路交通安全违法行为情节轻微、危害后果较小。

2)罚款

罚款是对违法行为人在经济上给予制裁,迫使违法行为人履行金钱付给义务,是目前应用最广泛的一种行政处罚,也是道路交通安全违法行为处罚中最常见的一种处罚方式。违法行为人的单项道路交通安全违法行为的罚款限额为5~5000元。

3)暂扣机动车驾驶证

暂扣机动车驾驶证是指公安机关交通管理部门依法对道路交通安全违法行为人(机动车驾驶员)在一定时间内暂时剥夺其机动车驾驶资格的处罚方式。暂扣机动车驾驶证,可以单独适用,也可以与警告、罚款、行政拘留的处罚方式并处。

4)吊销机动车驾驶证

吊销机动车驾驶证是指对实施了严重道路交通安全违法行为的机动车驾驶员剥夺其驾驶资格的处罚方式。吊销机动车驾驶证是对当事人驾驶资格最严厉的一种处罚。被吊销机动车驾驶证后两年内不得重新申领;而对于由于交通肇事后逃逸,而被吊销机动车驾驶证的行为人终生不得再次申领机动车驾驶证。

5)行政拘留

行政拘留是指公安机关依法对道路交通安全违法行为人在一定时间内剥夺其人身自由,羁押于一定场所的处罚方式。拘留是道路交通安全违法行为处罚中最为严厉的一种。行政拘留的期限为1~15日,它只适用于有严重道路交通安全违法行为的人。

3. 累积记分制度

《中华人民共和国道路交通安全法》(主席令第8号)规定公安机关交通管理部门对机动车驾驶员违反道路交通安全法律、法规的行为,除依法给予行政处罚外,实行累积记分制度。累积记分制度从性质上看属于教育措施和管理措施,不是行政处罚。

道路交通安全违法行为累积记分周期为12个月,满分为12分。从机动车驾驶证初次领取之日起计算,累计12个月,在一个记分周期内记分达12分的,由公安机关交通管理部门扣留其机动车驾驶证。

《中华人民共和国道路交通安全法》(主席令第8号)第二十四条规定:"对遵守道路交通安全法律、法规,在一年内无累积记分的机动车驾驶员,可以延长机动车驾驶证的审验期。具

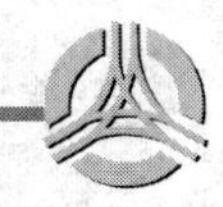

体办法由国务院公安部门规定。”

《机动车驾驶证申领和使用规定》第四十三条规定：依据道路交通安全违法行为的严重程度，一次记分的分值为：12 分、6 分、3 分、2 分、1 分 5 种。

《道路交通安全违法行为处理程序规定》第三十九条规定：“对违法行为需要记分的，记分分值标准按照《机动车驾驶证申领和使用规定》附件 3 执行。”《机动车驾驶证申领和使用规定》的附件 3 中对记分分值的规定具体参见第五章第二节三。

三、交通肇事罪

根据《中华人民共和国道路交通安全法》第一百零一条：“违反道路交通安全法律、法规的规定，发生重大交通事故，构成犯罪的，依法追究刑事责任，并由公安机关交通管理部门吊销机动车驾驶证。”

交通肇事罪是指违反交通管理法规，因而发生重大事故，致人重伤、死亡或者使公私财产遭受重大损失的行为。

1. 交通肇事罪的主体

交通肇事罪的主体是指达到刑事责任年龄，具有刑事责任能力，违反交通运输管理法规的人员。

根据《中华人民共和国刑法》第十七条的规定，不满 16 周岁的交通事故责任者不构成交通肇事罪，已满 16 周岁的交通事故责任者才可能构成交通肇事罪。

2. 交通肇事罪的量刑

根据《中华人民共和国刑法》第一百三十三条的规定：“违反交通运输管理法规，因而发生重大事故，致人重伤、死亡或者使公私财产遭受重大损失的，处三年以下有期徒刑或者拘役；交通运输肇事后逃逸或者有其他特别恶劣情节的，处三年以上七年以下有期徒刑；因逃逸致人死亡的，处七年以上有期徒刑。”对构成交通肇事罪的交通事故责任者进行刑事处罚，分三挡量刑。《交通肇事罪司法解释》对交通肇事罪与非罪的划分标准和量刑作出了具体规定。

1）交通肇事具有下列情形之一的，处三年以下有期徒刑或者拘役

（1）死亡一人或者重伤三人以上，负事故全部或者主要责任的。

（2）死亡三人以上，负事故同等责任的。

（3）造成公共财产或者他人财产直接损失，负事故全部或者主要责任，无能力赔偿数额在三十万元以上的。

（4）交通肇事致一人以上重伤，负事故全部或者主要责任，并具有下列情形之一的，以交通肇事罪定罪处罚：

①酒后、吸食毒品后驾驶机动车辆的；

②无驾驶资格驾驶机动车辆的；

③明知是安全装置不全或者安全机件失灵的机动车辆而驾驶的；

④明知是无牌证或者已报废的机动车辆而驾驶的；

⑤严重超载驾驶的；

⑥为逃避法律追究逃离事故现场的。

2）交通肇事具有下列情形之一的，处三年以上七年以下有期徒刑

(1)交通运输肇事后逃逸。

(2)交通肇事具有下列情形之一的,属于“有其他特别恶劣情节”,处三年以上七年以下有期徒刑:

①死亡二人以上或者重伤五人以上,负事故全部或者主要责任的;

②死亡六人以上,负事故同等责任的;

③造成公共财产或者他人财产直接损失,负事故全部或者主要责任,无能力赔偿数额在六十万元以上的。

3)处七年以上有期徒刑

交通运输肇事后逃逸,因逃逸致人死亡的,处七年以上有期徒刑。

参考文献

[1] 雷正保.汽车纵向碰撞控制结构设计的理论与方法[M].长沙:湖南大学出版社,2001.

[2] 雷正保,王素娟,付爱军,等.汽车碰撞的安全与吸能[M].长沙:国防科技大学出版社,2008.

[3] 雷正保,唐波,刘兰,等.车—路—护栏系统的碰撞安全性[M].长沙:国防科技大学出版社,2009.

[4] 雷正保,谢玉洪,李海侠.大变形结构的耐撞性[M].长沙:国防科技大学出版社,2005.

[5] 雷正保.自适应冲击能量吸收装置[P].公告日:2008.8.25,ZL200710034933.2.

[6] 雷正保.螺纹剪切式汽车碰撞吸能装置[P].公告日:2005.10.12,ZL03124568.4.

[7] 雷正保.防撞护栏[P].公告日:2007.5.23,ZL200410047095.9.

[8] 雷正保.变高度自适应公路护栏防阻块[P].公告日:2006.4.12,ZL200310110470.5.

[9] 雷正保,彭作,侯石静.The third-time leap of automotive safety technique[C].Seventh Asia-Pacific Transportation Development Conference & 21st ICTPA Annual Meeting,Southeast University, Nanjing, China,May 25-28, 2008.

[10] 雷正保,刘兰,侯石静.Research on the optimal structure parameter of interrupted type concrete straightroad barrier with certain length concrete frusta[C].FM2007 国际会议主题演讲及论文集论文,2007 年 10 月 31 日 ~11 月 5 日.

[11] 杜青云,雷正保,魏书彬,王志起.基于汽车安全状况的螺纹剪切式汽车碰撞吸能系统控制方法,2009 海峡两岸智能型运输系统学术研讨会论文集,台湾逢甲大学人言大楼启垣厅(台中市西屯区文华路 100 号),2009 年 5 月 20 ~21 日.

[12] 雷正保,杨兆.汽车撞击护栏时乘员的安全性研究[J].振动与冲击,2006.25(2):5-11.

[13] 雷正保,周屏艳,颜海棋,等.汽车—护栏系统耐撞性研究的有限元模型[J].中国安全科学学报,2006.16(8):9-16.

[14] 雷正保,杨兆.汽车—护栏碰撞系统的安全性研究[J].汽车工程,2006033,2006.28(2):152-158.

[15] 雷正保.汽车覆盖件冲压成形 CAE 技术[M].长沙:国防科技大学出版社,2003.

[16] 张永杰,等.交通运输法规[M].北京:人民交通出版社,2004.

[17] 张殿业.道路交通安全管理规划指南[M].北京:人民交通出版社,2005.

[18] 陈凤仁.交通运输安全学[M].大连:大连海运学院出版社,1990.

[19] 任福田,刘小明.论道路交通安全[M].北京:人民交通出版社,2001.

[20] 曹阳,刘小明,任福田,等.道路交通事故伤亡经济损失的计量方法[J].中国公路学报,1995,8(增 1):115-119.

[21] 李百川.汽车驾驶员适宜性检测及评价[M].北京:人民交通出版社,2003.

[22] 过秀成.道路交通安全学[M].南京:东南大学出版社,2001.

[23] 王武宏,曹琦,刘东明.汽车驾驶员操作可靠性分析及评定[J].汽车工程,1994,16(4):

207-213.

[24] 邓聚龙.灰色预测与决策[M].武汉:华中理工大学出版社,1986.

[25] 周维新.交通事故灰色预测模型的研究[J].西安公路交通大学学报,2000,20.

[26] 刘恩峰,郭夫榜,党耀国.灰色系统理论及其应用[M].北京:科学出版社,1999.

[27] 邓聚龙.灰色系统基本方法[M].武汉:华中理工大学出版社,1987.

[28] 中华人民共和国公安部、中华人民共和国交通部.机动车运行安全技术条件.北京:中国标准出版社,1997.

[29] 林柏泉.安全学原理[M].北京:煤炭工业出版社,2002.

[30] 李百川.道路运输企业安全管理[M].北京:人民交通出版社,2006.

[31] 裴玉龙.道路交通安全[M].北京:人民交通出版社,2004.

[32] 沈斐敏.道路交通安全[M].北京:机械工业出版社,2008.

[33] 徐毅刚.道路交通事故处理新论[M].济南:山东人民出版社,2005.

[34] 许洪国.道路交通事故分析与处理[M].北京:人民交通出版社,2004.

[35] 中华人民共和国公安部交通管理局.道路交通事故处理教程.合肥:安徽教育出版社,1989.